團體諮商

概念與歷程

Group Counseling:
Concepts and Procedures

Robert C. Berg

Garry L. Landreth　著

Kevin A. Fall

陳增穎　譯

GROUP COUNSELING

Concepts and Procedures
Fifth Edition

Robert C. Berg, Garry L. Landreth, and Kevin A. Fall

作者簡介

Robert C. Berg

　　教育博士（EdD），北德州大學（University of North Texas）榮譽
退休教授及南美以美大學（Southern Methodist University）兼任教授。

Garry L. Landreth

　　教育博士（EdD），北德州大學榮譽教授和遊戲治療中心創始人兼
中心主任。

Kevin A. Fall

　　哲學博士（PhD），德州州立大學聖馬科斯分校（Texas State
University-San Marcos）諮商學系副教授，也是諮商、領導、成人教育
與學校心理學等系所的課程方案協調負責人。

譯者簡介

陳增穎

現職：南華大學生死學系所助理教授

學歷：國立台灣師範大學教育心理與輔導學博士

美國伊利諾大學香檳校區訪問學生

經歷：諮商心理師高考及格

國高中輔導教師

諮商與心理治療實務工作者及督導

序

　　我們一向堅信團體是一種獨特的人際探索與成長範式，而團體的「成效」跟團體領導者的技巧和知能息息相關。經過數年教學、實務、督導、聯合演說與團體觀摩，我們兢兢業業地探討與評估團體的方法、理論和歷程，深深為團體強大的介入效果著迷。我們期望本書反映出個人身為團體領導者的發展歷程，也分享個人在實務現場的觀察與研究。

　　本書旨在鼓舞新手團體諮商師，也為團體領導者的實務努力喝采，期盼呈現出我們帶領不同類型團體的理念與實務，相互學習與師法。有志擔任團體領導者的學生會發現本書特別受用，本書不但說明如何成立諮商團體，也預先設想團體進行期間和結束時全程會面臨到的實際問題。

　　本書一向是團體諮商課程的主要參考用書。此外，我們希望本書可以協助諮商、心理學、社會工作、復健與社會學等人類服務學系所的學生明瞭團體諮商的概念與歷程。21 世紀以來，團體工作的社會影響力不言自明，教育現場的專業實務工作者及社區機構人員都應該擴展和加強自身的知能，成為工作場域善用團體動力的專家。

　　從許多方面看來，這是一本非常個人化的書。我們堅持保留團體工作直接服務的部分，而不僅是把本書當作理論撰寫。我們依然堅持帶領團體、教學與研究應並行不悖。因此，本書不是團體工作的食譜或操作手冊，而是分享個人的信念和經驗，由此形塑我們成為團體領導者甚至是成為一個人。我們深信這兩者是焦孟不離、密不可分的。

　　本書第一版發行時，James Muro 對團體諮商的論述讀來依舊發人深省。他對團體諮商的提問是本書進步的動力，在此我們要原文重現 Muro 的書評：

　　　　諸多學者認為團體諮商和團體輔導、團體治療的歷程大相

逕庭。他們的觀點雖無不妥，但卻無法清楚描述一位專業的團體諮商師應該具備的能力。顯然，這段裂口並非起於缺乏興趣。但是，諮商師／教師或實務工作者並不能單靠興趣就能成為合格的專業工作人員。

　　例如，為什麼如此個人和私密的諮商歷程要用團體的方式進行？該如何說明團體諮商和團體治療的細微分野？如果研究所畢業後，諮商師對小團體的關鍵議題仍然無力應付、倉促上場，那麼諮商的消費者、本國的兒童與成人如何相信諮商師宣稱的專業呢？團體諮商師必須要做什麼？必須要知道什麼？他們該成為怎樣的人？

　　讀者可在本書找到關於這些團體諮商歷程疑慮的答案。團體諮商的「為什麼」問題在本書皆以易讀易懂、人文關懷的說法加以解釋。讀者可以先從概論部分探究個人對團體諮商的看法。然而，形而上的哲學思考僅是團體諮商的冰山一角而已。

　　讀者只要依此方向而行，即可繼續修習必要的團體領導技巧，成為主動學習的團體領導者。團體動力的樣貌、團體的組成與維繫等機制在本書亦有清楚的論述。

下面擇要列出本書的特殊優點：

- 詳盡探討團體諮商的原理，強調團體是一個預防性的環境，一趟自我發現的旅程，一個重新定義自我、發展人際覺察的機會；
- 說明作者群的人格特性如何影響個人的團體理論取向；
- 提供有效催化團體的實用技巧建議；
- 檢視團體領導者的內在參考架構，克服新手焦慮；
- 由 Carl Rogers 本人親自分享他對團體成員的感受；
- 詳細說明如何成立諮商團體，完成催化團體早期發展階段的艱巨任務；

- 探討團體歷程開展時常面臨的問題，提出催化團體凝聚力的解決之道；
- 描述團體諮商結構常見的問題，解析如何運用結構；
- 全面探討諮商團體結束時的相關問題與歷程，包括結束、評估與追蹤；
- 深入探討兒童、青少年、成人及年長者的團體諮商歷程；
- 實用的團體諮商專業名詞彙編，提供初學者和資深的實務工作者快速檢索重要詞彙；
- 重點式描述受虐兒童、非行少年、慢性疾病患者、情緒困擾患者、成癮行為者的團體諮商。

　　除了上述所列之優點外，《團體諮商：概念與歷程》（第五版）（編按：本書為原文書第五版）也想讓研究生和實務工作者瞭解以下重要資訊，這也是第五版的特色，期使本書更契合讀者的需要：

- 新增「團體工作的多元文化與社會正義」一章，強調要勝任多元文化的社會，團體工作者應面對的重大議題；
- 擴大說明團體理論的應用並納入各作者整合理論至實務的取向；
- 重新修訂和改編領導者這幾章，關鍵的概念和要素一目瞭然；
- 深度探討開始帶領團體前應注意的規劃與執行流程，完整呈現從構想階段到第一次團體正式展開前的過程；
- 新增「協同領導：原理與實務」一章，涵蓋協同領導的各項議題——這是其他團體諮商教科書常忽略的主題；
- 新增「評量領導者與團體」一章，從領導者、團體和成員的角度評估團體。

　　兒童與青少年的團體工作各闢一章，讀者可以稍加留意這兩種團體的獨特性。

Berg、*Landreth* 與 *Fall*

譯者序

翻譯一向不是件簡單的事，但不知為什麼，我還是樂此不疲，甚至自費去外語大學的翻譯系進修，希望能無愧於原作者的心血。因為著書不易，身為譯者自當兢兢業業。

在翻譯本書的同時，一方面欣喜於能琢磨精讀，仔細推敲作者的含意，一方面又有相見恨晚的感覺，所以每天都要求自己須有翻譯進度，希望能在繁忙教學、研究課餘之時，早日將這本書引介給同好。誠如原作者所言，本書對從事諮商輔導、社會工作、心理、復健與社會學、人力資源、教育等學科的教師及學生皆能發揮莫大的助益。團體做為一種處遇方式，其優勢已是有目共睹，而且是必然的趨勢。專業實務工作者應具備運用團體處遇的知能，瞭解團體的歷史源流、使用目的、歷程與實務問題、協同領導、倫理守則、評量追蹤，探索自身的理論建構、接受完整的訓練、克服新手焦慮、瞭解多元文化族群等。這麼多需要學習的地方，有時會令人望之卻步、打退堂鼓，這其實也是原作者憂心之處，因此他們傾全力以淺顯易懂又不失重點的方式撰寫本書，期使有志帶領團體的學生和實務工作者「千里之行，始於足下」，不再覺得團體撲朔迷離。藉由本書對團體產生清楚的概念和指引，彷如帶著一張新且實用的地圖上路，內心必會覺得踏實，升起充分的信心。

本書的另外一個特色，即是附錄中的專業名詞彙編、團體工作專家學會的最佳實務指南、專業訓練標準、能力評估、多元文化能力準則與倫理守則等。這些都是實務工作者經常碰到且不能忽略的議題。原作者將其羅列在本書之後，可見他們浸淫團體領域之深刻，幫了我們這些後輩好大的忙。

　　最後，感謝心理出版社林敬堯總編輯推薦本書，高碧嶸小姐細心編輯讓本書更臻完善，相信讀者拿到本書時能感受到知識傳達出的無形力量，令人謙卑，亦令人心生喜樂。

增穎　於南華大學學海堂

目次

第一章

團體諮商的原理與歷史源流

物以類聚，人以群分。

中國諺語

　　進行諮商與心理教育時採用團體的方式已成為諮商師久經思索與施行的策略，以便有效地因應日益增多的個案負荷量。雖然節省諮商師的時間效益常被認為是團體諮商的主要誘因，但研究亦顯示團體為教育及諮商帶來的功用及優點可不僅止於方便而已（Erford, 2011）。團體諮商方案能帶給個人多樣的團體經驗，協助他們更有效地發揮功能、培養對壓力和焦慮的忍受力，以及提升工作和與他人相處的滿意度（Gazda et al., 2001）。

　　團體經驗能帶給成員哪些好處呢？這些經驗的特色及價值在哪裡？想當然耳，諮商師在進行團體諮商前，必須先清楚地瞭解它的原理。如果諮商師不瞭解如何催化歷程，更談不上效能了。以下的概念與動力說明了團體在改變過程中的獨特路徑。

預防性的環境

　　被大量的個案壓得喘不過氣來，以及面臨不斷升高的時間和腦力負

荷，諮商師必須持續評估他們現在使用的方式是否能滿足眼前激增的需求，想方設法地研究和琢磨新的取向。隨著諮商方案的擴充，諮商師也得成為改革創新者，以應付與日俱增的需求。然而，採納或整合新取向卻不能便宜行事。

大部分諮商師的職場為教育場域，而且幾乎是專業服務的機構，前來求助的個案多半已有長期的情緒或學業上的困擾。對大多數的學生來說，情緒或適應問題使他們更容易發展出不良的學習習慣和態度，結果導致缺乏學業成就、排斥教師權威甚至違抗社會當局。這類學生多半帶著憤世嫉俗的心情離開學校（中輟），也就是說，他們傾向於用拒絕往來的心態和社會對立。

諮商應具有預防和發展的功能，提供治療性的預防策略，避免學生產生情緒或適應困難。預防不良的學習習慣和態度所衍生的問題，將能協助更多學生獲得必要的學習經驗，以便對自己和社會都能做出正面的貢獻。

在問題還未發生之前加以預防的觀念及認識到團體的有效性，使得運用團體諮商的方式以滿足個別需求的趨勢方興未艾。已有充分的研究和實務經驗顯示，團體諮商歷程能協助個體成長。在分析大量的團體諮商研究和經驗談後，Erford（2011）指出，無論是實證研究或口耳相傳，皆能支持團體諮商有效的結論。也有數不清的量化和質性研究論文證實，團體工作能對不同類型的個案發揮效用（Baker et al., 2009; Burlingame et al., 2003; Shen & Armstrong, 2008; Steen, 2011）。

發現自我的契機

當個體處在團體中，他便不再只能用自己的眼光看自己。透過團體互動的過程，個體開始從團體的角度認識自我。也就是說，在團體中個體能獲得較多的自我覺察。他得直視他人的觀點，不能單單仰賴自己的主觀知覺。跟團體接觸後得到的回應

促使個體思考他人對自己的看法。經由團體互動，對自我的覺
察越深刻，個體就越能對自己的存在有更完整的認識，也越能
豐富自我概念，對社會充分展現正向的潛能。

（Cohn, 1967: 1）

　　上述的論點點出團體對發展適當的自我概念，以及對個人自我覺察
的重要性。善用團體的這項優勢，團體諮商能創造出接納性的氛圍，讓
成員嘗試新且更有效的行為表現。這個過程能催化每位成員發現嶄新的
自我，讓他人有目共睹。

　　對教育系統的啟示是：個體的行為與自我概念不謀而合，連個體的
抱負水準亦是自我概念作用的結果。

　　早在 1945 年的時候，Lecky 就指出未被父母親重視的兒童，很容
易在入學後看輕自己，認為自己很笨或學不來。現象我（phenomental
self）只會讓某些與既存結構相符的特定知覺滲入，因此 Rogers（1967）
曾說，所有行為的基本驅力都是為了維持及增強現象我。個體有以相當
一致的特定方式看待自我的傾向，其行為表現也會維持一貫性。

　　團體諮商提供個體一個探索行為模式的機會，因為這些行為模式可
能是狹隘的自我概念所致。雖然有部分的諮商方案僅是動動嘴皮子，但
大多數的諮商計畫都將發展正向的自我概念當作**重要**的目標之一。由於
每個人或多或少都會碰到困擾，因此團體諮商可從發展的角度運用在每
個學生身上，而不是等到問題發生後才實施。

探索他人

　　對於一對一諮商關係感到不自在的個人來說，團體提供某種程度的
匿名性，身處在團體中的個人較不怕引人矚目，成為目光的焦點。當團
體成員感到焦慮或害怕時，他們可以暫時不說話，但依然可從團體中他
人的經驗分享裡獲得參與感。也就是說，他們並非全面抽離。

無論是主動或被動發言，團體成員都會發現他們的問題並非世間僅有，不會再覺得自己很突兀、多餘或孤獨。當他們感覺自己不再那麼孤立時，才會開始放寬心，減少防衛性。面臨發展性的問題時最令人害怕的地方是，誤認沒有人曾經經歷過類似的困擾，以為自己身在一座孤島上。青少年特別容易有這種感覺。然而，當個人透過團體互動歷程發現其他成員也有困擾，同理心和歸屬感將油然而生，即使大家分享的困擾並非一模一樣（Kline, 2003）。

瞭解到個人問題的普同性能協助團體成員覺察並承認問題存在，進而願意在溫暖的關係脈絡下面對解決問題。因此，成員不再覺得他們的問題獨為世上罕見，他們會發現原來別人和他們走在相同的旅途上。

重新定義自我

個體生活在群體之中，在與他人互動的過程中，自我概念於焉成形，但也往往受到扭曲。扭曲的自我知覺與關係中的自我通常發生在家庭團體動力內。因應適應困難最有效的場合似乎就是運用團體關係，以吸納整合早先受挫的基本結構。

透過團體─諮商關係的歷程，團體成員會發現施與愛的意義，也能以有別於過往的正向方式接收他人的情緒支持和瞭解。自我知覺在最初造成扭曲的相似脈絡中重新定義。團體能重現原生家庭關係，提供「矯正性的情緒經驗」（corrective emotional experience）。

Pistole（1997）指出可從依附理論的觀點來探討此種扭曲現象。Bowlby（1988）也假設個體原初的依附行為乃是父母與兒童透過「運作基模」（working model）來建構調節。因此，團體諮商的目標即是協助每個成員清楚瞭解自己的依附行為，並釐清受到何種扭曲。團體諮商最主要的優勢在於能得到多元的回饋，並提供修正個人運作基模的機會，使個體得以形成和以往不同、但卻更健康或更安全的依附關係（Pistole, 1997）。

發展人際覺察

絕大多數的問題基本上都是社會與人際困擾。在團體—諮商關係中，團體成員可以與他人相應對照，從觀察他人的行為中瞭解自己的困境。團體提供立即性的機會來探索既新且令人滿意的關係連結方式。當個體能感受到安全、瞭解與接納，他們將會願意嘗試以更情感取向的方式和他人接觸，試驗新的行為。團體成員也能從人際關係中得到回饋。隨著這樣的體驗增多，個體會更確信改變的可能性。

立即性的時機得以讓團體成員即刻測試他是否有和他人產生連結的能力，改善人際關係技巧。對某些個體來說，看到同儕團體成員的表現能對他們的社會行為產生催化效果。看到及聽到他人坦蕩蕩地希望更瞭解自我，能鼓勵其他較小心翼翼的成員採取類似的行動。當個人能開放坦誠地談論不被其他的社交情境認可的感覺和態度時，就會對他人造成風行草偃的效應。在團體—諮商關係中，對自我和他人的感覺及態度都能在團體當下檢視與驗證，清楚瞭解個人的社會與人際技巧恰當與否。

檢驗現實的實驗室

團體能提供立即、第一手的機會，讓團體成員改變觀念，並學習更成熟的社會生活技巧。由於情緒困擾與不適應行為不僅有生理上的病因，還常起因於人際關係的煩擾。因此，團體就成為檢驗現實、修正偏誤的最佳情境。

在修通問題或困擾的時候，每個成員在團體諮商關係中所得到的多種回饋，非常接近真實的生活情境。Yalom（2005）就曾把團體視為現實的翻版，團體呈現了當下的社會現實狀態，讓成員檢視他們的行為。團體實際上是一個絕佳的練習場所，成員可藉此覺察自己的感受、對他人的感覺和行為，以及他人如何看待和對待自己。

　　團體─諮商關係內的團體結構以檢驗現實為基礎，具有相當大的彈性。在外面的社會裡，個體往往碰到的是僵化又固著的要求，成為自我探索與改變的絆腳石。諮商團體的靈活彈性，就像是一個正在直播的小型社會，可以讓個體自由發揮，並給他們機會測試現實的觀感。況且這樣的探索行動還不用擔心受到懲罰。

體驗重要的關係

　　在我們的社會裡，兒童很早就學會要自制、壓抑、不能承認情緒和感覺的存在，這樣才是合理適當的行為表現。結果造成兒童不知該如何面對自己的感覺、表達情緒，或是由衷地關懷與回應他人。在團體安全的氛圍下，個體可以漸漸卸下心防，開始去體驗他人的情緒，不再像以前一樣只能由諮商師來表現助人行為。

　　在團體內發展重要關係是行為改變的基本促發因素。團體成員的功能不只是被動的受輔者，在療程中，他們有時可以是受輔者，有時候也可成為助人者或治療師。經過這樣的歷程，團體成員似乎可以學到如何成為一個較好的助人者或同儕治療師。雖然成員可以吸納領導者的某些態度，從領導者身上學習，但助人行為唯有靠團體成員自己在諮商中求進步才行。也就是說，天助自助者。

　　無庸置疑地，在團體─諮商關係裡，團體成員既要付出，也要給予協助。與個別諮商不同的是，資訊的流動及關懷都來自同一個方向，但在團體裡，資訊和關懷是從四面八方而來，每個成員都要參與施與受的過程。對自我價值感低落及曾被拒絕的人，能夠體會到自己對他人有所助益，特別能促進成長。

成長的動力壓

　　在團體─諮商關係裡，改善的動力當下可見。朝向健全與健康的驅

力如此強勁,彷彿團體在「推動」成員進步。促成改變或改善的團體壓力來自於與其他成員的口語互動,讓成員知道何謂不適當的自我概念與扭曲他人的看法。在這種壓力系統下,團體成員經常有機會觀察其他人的行為給予回饋,也激勵其他人評說自己的行為。回饋帶動成長,這種朝向正面前進的壓力是一種富創造性的力量,鼓勵成員放下防衛和理智化,透過個人的分享讓成員體會到新的存在方式。

支持性的環境

當團體成員能從助人關係中獲益,他們體會到人際關係的價值時,就較不會感覺到無助及防衛。得到團體的接納及支持,被瞭解的感覺激發團體成員面對解決問題。被他人視為有價值的人,獲得瞭解及接納後,讓團體成員開始以較正向的角度看自己。自我意象的改變會帶動更正向的行動。

信任與被信任的經驗最能有效滿足人際疏離個案的需求,他們害怕被社會控制,因而退卻不前或採取不適應的行為模式。經由團體成員的互動及團體所提供的現實定向與回饋,能讓成員學到不同的人對他們會有不盡相同的影響與反應。

團體諮商的限制

雖然團體諮商擁有許多優點,也常成為較受青睞的諮商模式,但初學者應該在團體諮商的成效之外敏察它的限制。不是每個人都覺得團體是安全的,況且也有些人在情緒上還沒準備好要投入團體。若要假設每個人都會從團體諮商獲益那就大錯特錯了,因為有些人的確覺得一對一的關係較自在安全,而且連在個別諮商中要探索較深層的個人議題時都會抗拒,遑論在團體中了。更何況有些人的憤怒或敵意太強,讓團體的療效因子發揮不了作用。

　　年齡是必須考量的限制。要決定團體組成成員時，應避免年齡差距過大，尤其是兒童或青少年團體。五歲以下的兒童尚未發展出一些必要的社交與互動技巧，無法讓諮商團體有效進行。即便是資深的遊戲治療師也會發覺，帶領這個年齡層兒童的團體遊戲太具有挑戰性了。

　　有些人會利用諮商團體做為藏身處。他們參加形形色色的團體，情緒高昂亢奮，但似乎不想跟團體之外的日常生活關係，如配偶、子女、朋友或同事等開放坦誠。他們在團體中享受關懷及賞識，但是卻不願意把這些經驗類化到團體以外的世界，反而又跳到另一個團體，沒完沒了。對這些人來說，團體僅是讓他們透透氣但又不想改變或成長的地方。

　　一個人或許適合參加某個諮商團體，但並不表示其他人也合適。行為過於極端的人並不適合參與團體，他們會消耗團體的能量，阻撓親密的情感關係形成。還有那些得理不饒人、反社會、好攻擊、高敵意或自我中心的人，可能較適合個別諮商。脫離現實的人也不太可能從諮商團體中得到收穫。

團體的類型

　　2007 年，團體工作專家學會（Association for Specialists in Group Work, ASGW）根據團體目標、特徵及領導者的角色，闡述四種獨特的團體類型。這四種團體類型分別是：任務團體、心理教育團體、諮商團體和心理治療團體。在成立一個有功能的團體前最重要的一步，就是要決定哪種類型的團體較適合。每種團體及相對應要素請見表 1.1。

表 1.1　團體類型

團體類型	團體目標	領導者角色	團體大小	範例
任務團體	明確的、可測量的目標；透過既定歷程改善效能	設計議程與目標；協助團體達成特定的目標；協助團體集中焦點；進行組織的評估與評量	12-15 人	委員會、會議等等（例如員工會議）
心理教育團體	加強某種不足的技巧	辨識有待學習的技巧，設計課程加以處理解決；傳授新資訊並讓團體統整新學到的技巧	12-18 人（人數太多會難以進行）	親職團體；生活技巧團體；人際關係霸凌預防團體；「女孩本領」團體
諮商團體	預防、個人成長、內在與人際覺察	催化此時此地的互動，闡明內在與人際模式	8-12 人	任何不是以強調技巧不足的歷程或個人成長團體
心理治療團體	治療嚴重的心理困擾與疾患	探索並重建有問題的人格模式；在臨床照護上通常採取跨學科團隊合作的方式	8-10 人	絕大多數在精神醫療院所或門診進行的團體；主治某種疾患（例如情感性疾患）

催化團體的基本要素

　　團體討論的基本原則是帶領諮商團體的必要條件。團體領導者對團體成員的敏感度，反映出領導者是否能協助成員在團體中尊重彼此的程度。當成員以負責任的方式回應，並對他人的貢獻表達尊重，個體就越能看重自己。不管團體的主題或焦點是內容、感覺或兩者兼具，團體討

論的方式可讓個人體會到他對同儕關係具有獨特的貢獻度。

　　當個體越積極投入團體、對團體有所貢獻，他所學到的也越多。接著領導者要問自己的是：「我如何協助並鼓勵團體成員參與討論？」通常成員不會表達想法與提問，是因為沒人鼓勵他們這麼做。如果領導者或團體選擇討論的主題對團體成員深具個人意義，透過互動式的討論，將有助於把所學類化到個人的生活中。

　　這種取向的關鍵之處是領導者運用聚焦於個人的問題或回應，來協助團體成員將討論的內容和自己產生連結。如果討論的內容跟回應和成員的生活有關，他們就必須靠自己的力量去探索自我，而不是讓領導者用速成的方式告訴他們答案。協助團體成員探索及發掘新意義的提問或回應，也有助於他們學到如何在團體外的生活運用批判性的精神探討。對大多數的成員來說，學習如何為自己做點事的歷程可能跟學到答案一樣重要。

　　與一般大眾的觀念相反，其實大多數人都渴望瞭解自己，情況允許的話，他們會想要瞭解自己的信念和態度。但瞭解不是件簡單的事，瞭解有賴於個人費力地去探索、去發掘意義。

　　那麼，領導者要如何得知團體成員想學到什麼，或他們在苦惱什麼呢？這些問題的答案與團體討論的動力將隨著團體的進行浮現，端視領導者是否能滿足團體成員以下的七種需求。

1. 每位成員都想受到重視

　　領導者應讓每位成員都有說話、陳述意見及被傾聽的機會。當某些成員正想說話，卻被其他成員一再打斷或搶白時，這時領導者可指名請他們說話。重要的是領導者要對每位成員表現出關心的態度，每位成員都值得受到重視。例如領導者可以用下列說法來回應：「諾瑪，妳看起來似乎有心事，妳願意跟我們分享嗎？」或「鮑伯似乎欲言又止的樣子，我們應該給每個人說話的機會。」

2. 每位成員都想得到歸屬感與被接納

團體諮商不能有「受寵者」。每個成員都希望被需要，因此領導者應該避免只倚賴某些成員的答案或意見。由於每個成員都想要有被需要的感覺，所以領導者必須對每個人說的話投注真心誠意的興趣。當其他成員能表現出對他人的需要時，成員才會有歸屬感。

3. 每位成員都想被瞭解

領導者可以藉著重述或重複成員所說的話，來協助團體釐清困惑。瞭解他人意味著你要對該位成員付出全部的專注力，仔細地傾聽，這樣你所重述的話才能令他滿意。仔細聆聽發言者的話，嘗試去瞭解對方如何看待問題，即使領導者無法完全理解，盡可能地重述發言者的話也有助於填補代溝。另一個方法是邀請另一個成員解說發言者說了什麼。在領導者的示範下，其他團體成員可以學到如何去傾聽、理解，並讓發言者明白他們對他的瞭解。只有在他人將他的瞭解傳達給我們的情況下，我們才能知道別人正在嘗試瞭解我們。因此，團體最基本的原則是，當某位成員發言時，至少須得到團體中另一位成員的回應。

4. 每位成員都需要瞭解團體的目標或討論的主題

領導者的角色在協助團體成員知曉「我們在這裡做什麼？」。領導者可以邀請成員說明團體的目標，以幫助成員更充分地瞭解。領導者可以問：「你們認為我們討論的目的為何？」或者問：「該怎麼學習才能對你們更有助益？」接著等待成員的回應。有時候，領導者可能必須要指定某位從未發言的成員，但也不需要讓每位成員在每次團體中都有發言的機會。當成員聽到他人的意見時，從沒想過的新目標將開始形成。

5. 每位成員都要分享團體做決定的歷程

009

團體需要每個成員的參與，但有時候團體要靠領導者起而引導，以免一或兩位成員對團體強加他們的觀念，迫使團體附和。在這樣的情況下，領導者可以說：「瑪莉玲，妳和貝絲都很努力地要讓團體同意妳們的看法，但某些成員真的沒辦法認同。其他人覺得如何呢？」

6. 每位成員都希望團體或討論的主題要有助益，值得付出努力來參加

領導者可以邀請成員告訴坐在他右邊的人，團體或討論的主題帶給他什麼幫助，或者他們認為該成員可從團體中學到什麼。這個做法可用來協助彼此探討經驗的寶貴之處。

7. 每位成員都應看見其他成員的臉

如果團體成員排排坐的話，並無法達成有效的團體討論。以圍成一圈的方式安排座位，讓每個人都有機會面對面，至少可以在心理層面促進人際互動，因此，這是最基本的團體討論形式。這樣的安排可以促使參與者和團體中的其他成員溝通，而不會淪為只跟座位前面的權威人物對話。

團體諮商的歷史

在本書中我們採取的立場是，團體諮商乃是一套獨特的介入策略系統，與所謂的輔導（guidance），以及常被稱為*心理治療*（psychotherapy）的治療歷程各異其趣。在闡釋這些歷程運作的差異時，最為

困難的地方是，不管是在領導者訓練、實施方法和服務對象方面，都存在部分重疊的現象。

另一個問題是，在輔導、諮商與心理治療專業化的過程中，這些名詞——特別是圈外人——幾乎都會交錯使用。如過江之鯽、擁有眾多讀者的大眾化出版品，更讓這個問題雪上加霜，可以預見會帶給大眾某些錯誤的資訊。各種壓縮「快速」版的治療介入方式，從標榜高度實驗性質的到標新立異的「治療法」都有，不但令社會大眾眼花撩亂，還會用三個名詞欄位對照表加強視覺效果。

透過媒體時不時的放送，社會大眾接觸到天體營、EST、敏感度團體（內容包羅萬象，從無傷大雅到規劃周詳、系統性的自我覺察實驗等活動的統稱），還有原始吶喊（primal screams）等等。這些文化潮流對速食親密關係（instant intimacy）所造成的風潮，導致很多實務工作者及個案以狐疑的眼光打量團體。

重要的專業組織仍持續試圖為諮商／治療的功能加以定義、闡述與專業化。美國諮商學會（American Counseling Association, ACA）、美國心理學會（American Psychological Association, APA），以及 ASGW 皆制定了立場聲明書和小團體工作倫理守則，以因應團體中常會碰到的問題。

ASGW 的「最佳實務指南」

1998 年 3 月 29 日，ASGW 執委會通過「最佳實務指南」（Best Practice Guidelines）。這套標準是為了補充 ACA 在團體工作領域的準則，以規範諮商師在團體中的倫理責任，希冀培養能力更佳的團體領導者。這份文件代表 ASGW 會員的用心良苦，為美國的團體工作專業化邁進一大步。2008 年，ASGW 修訂了「最佳實務指南」（Thomas & Pender, 2008；見附錄 B）。

除了釐清小團體的諮商功能外，ASGW 專業訓練標準對「團體工

作」的定義如下（ASGW, 2000）：

> **團體工作**（Group Work）：是一套廣泛的專業策略，它運用
> 團體催化的知識與技巧，集合彼此獨立的個體，以互助的方式
> 達到個人、人際與工作有關的目標。團體的目標包括達成與工
> 作、教育、個人發展、個人與人際問題解決的任務，或治療心
> 理與情緒疾患。
>
> （p. 328）

早期的影響

　　團體諮商的歷史源流和團體動力的影響，以及團體輔導與團體心
理治療歷程的建構日益完善且息息相關。事實上，與諮商有關的團體在
1960 年代中期就引發專業人員的探索與好奇，努力地想界定清楚在團
體中進行諮商的概念，邁向專業化。不過仍有些人爭論說，重度的個人
問題還是以個別諮商的方式處理比較好。

　　儘管如此，團體仍是人類歷史上的自然現象。例如一些有組織的
團體，包括各式各樣的宗教運動、戲劇、道德劇等。其中最著名的是
一位美國波士頓的執業醫師 J. H. Pratt，他用「班級的方式」（class
method）展開系統性的團體治療（Flournoy, 1934）。1905 年，Pratt
採用直接教導的方式對結核病人進行衛生教育，很像我們現在所說的
輔導。在那麼早期的年代，Pratt 是否完全瞭解團體的心理效應不得而
知，但很快地，他的病人就從這種支持性的團體氛圍中獲益，比單從演
講中灌輸資訊的效果更佳。

　　不久之後，Alfred Adler 與 J. L. Moreno 開始在歐洲運用團體的方
法。Adler 會在團體面前諮商兒童，主要的目的是教導其他專業人員個
別諮商。再者，透過觀察而非干預，能使團體或觀眾從發問中互動，對

諮商有正面效果。像這種結合教學與諮商的方法已被阿德勒學派持續沿用至今。

在離開歐洲到美國之前，J. L. Moreno 就曾運用團體技巧協助維也納的街友，他深入險地，與街童、遊民和娼妓共處。根據 Gazda（1982: 10）研究，Moreno 是一個「在團體心理治療領域中非常有活力、爭議性極高但影響力很大的人物……Moreno 在 1925 年時將心理劇引進美國，在 1931 年時自創**團體治療**（group therapy）一詞，並在 1932 年又提出**團體心理治療**（group psychotherapy）一詞」。

其他在美國團體治療界舉足輕重的人物有 S. R. Slavson，他在 1930 年代引進稍後享有盛名的**活動團體治療**（activity group therapy），用來協助社會適應不佳的兒童。Rudolph Dreikurs 在芝加哥運用阿德勒取向的原理原則協助家庭與兒童。Carl Rogers 的案主中心取向，或稱現象學取向，大大推廣了二次大戰後的團體工作。由於訓練有素的人員短缺，加上重新建構與支持性治療的需求日殷，加速了將案主中心取向原理稍加修改以符合退伍軍人的團體工作。

團體諮商確切的起源難以考據，大致與團體心理治療和團體動力的影響有關。再者，很多早期的學者會交錯使用**輔導**（guidance）、**諮商**（counseling）和**心理治療**（psychotherapy）等詞。R. D. Allen（1931）似乎是首位在出版品上使用**團體諮商**（group counseling）一詞的人。然而仔細一看，他所描述的方法與程序較近似於現在所說的**團體輔導**（group guidance）。

實務工作者曾試圖釐清**團體輔導**和**團體諮商**兩個名詞，這些爭論在 1930 年代晚期及 1940 年代越演越烈。1942 年時，團體心理治療興起，S. R. Slavson 創立美國團體心理治療學會（American Group Psychotherapy Association, AGPA）。AGPA 是現存最久的團體專業組織，不遺餘力地促進跨學科的團體心理治療實務與研究。AGPA 出版了《國際團體心理治療學報》（*International Journal for Group Psychotherapy*），並審查團體心理治療學家的臨床認證資格。

在 1960 及 1970 年代，隨著團體諮商歷程日益普及，對名詞的爭論稍稍緩解。學校諮商師、公立機構與私人執業的專業化也增加團體諮商歷程的可信度和接受度。

George 與 Dustin（1988）亦論述團體動力與國家訓練實驗室（National Training Laboratories, NTL）運動的影響力。

1940 年代中期，緬因州貝瑟市某個訓練團體設計了一套方法來分析團體行為，這個團體的領導者曾與 Kurt Lewin 共事。Kurt Lewin 是麻省理工學院的心理學家，他認為人際關係技巧訓練在現代社會的教育十分重要，但卻受到漠視。在 Lewin 過世後不久，這個團體就著重經驗為本的學習，也就是說，要分析、討論，並在團體中改善自己的行為。觀察團體中其他人的互動與歷程，成員將更能瞭解自己在團體中扮演的功能角色，使其更有能力處理人際關係。由成員發展出來的溫暖、關懷的關係將能對他們自己造成深度的改變。

經由這些團體經驗的學習，參加完後的人組成了 NTLs，很快地變成企業界和教育界訓練團體領導者的模式。NTL 最主要的影響是強調團體運作的歷程，而不僅是內容。團體領導者著重的是成員如何說，以及說出來的效應為何，而不僅是話語的內容，因此團體成員在團體中的體驗不是學習表面的內容，而是如何學習，特別是透過人際關係來學習（George & Dustin, 1988: 2-3）。

1971 年，Gazda、Duncan 與 Sisson 等人主持一項調查研究，探究美國人事與輔導學會（American Personnel and Guidance Association, APGA）會員的團體工作歷程。他們的目的之一是為了區辨各種團體歷程間的差異。Gazda（1982: 23）總結道：

團體輔導與某些人類潛能開發團體是以預防為主要目的；團體諮商、訓練團體、敏感度團體及會心團體……則兼有預防、成長、治療等目的；團體心理治療以治療為目的。參與對象、參與者的困擾程度、進行場所、處遇目標、團體大小、進行時間

長短等，則相對反映出這三種型態團體特別強調的目的不同。

最後，George M. Gazda、J. A. Duncan 與 K. E. Geoffroy 創立了 ASGW，成為 APGA 的分會之一。1973 年 12 月，Gazda 被任命為第一任理事長。ASGW 致力於促進專業組織發展，探究各種團體工作的實務。除了「最佳實務指南」外（見附錄 B），ASGW 也編寫「專業訓練標準」（見附錄 C），以及「團體工作者多元文化能力準則」（見附錄 F）。

重要歷史日期與事件

1905：J. H. Pratt 時任麻省波士頓榮民總醫院醫師，為結核病人提供第一個正式的治療團體經驗。

1907：Jesse B. Davis 時任密西根州激流高中（Grand Rapids High School）校長，要求英文課班級每週都要進行「職業與道德輔導」（Vocational and Moral Guidance）。這可能是第一個學校輔導團體方案。

1908：波士頓職業局在 Frank Parsons 時任局長下於 1 月開幕。Parsons 過世後，職員開始以團體的方式輔導生涯未定向者。

1910：Sigmund Freud 在克拉克大學（Clark University）講座介紹他的理論。

1910：Clifford Beers 出版《我找回了自己》（*A Mind That Found Itself*）。

1914：J. L. Moreno 以 J. M. Levy 為名，發表團體方法的哲思論文。

1918：「進步主義教育學會」（Progressive Education Association）成立。

1918：軍隊採行「陸軍甲種和乙種測驗」（Army alpha and beta tests）。

1921：Moreno 成立「自發劇場」（Theatre of Spontaneity），為心理劇的前身。

1922：Alfred Adler 將集體諮商（collective counseling）運用在監獄及兒童輔導，是團體諮商的先驅者。

1924：社會心理學家 F. Allport 研究小團體現象。

1924：K. Gordon 將個別和小團體諮商加以比較。

1927：Elton Mayo 主導「霍桑研究」（Hawthorne Study）。

1928：G. Watson 成就斐然。

1931：R. D. Allen 發表〈高中團體輔導課程〉（A Group Guidance Curriculum in the Senior High School）一文，刊載於《教育》（*Education*）52 期，189-194 頁。他首度在文獻中使用**團體諮商**（group counseling）一詞，並介紹團體輔導的歷程。但團體諮商直到 1940 年代才出現。

1931：Moreno 引介**團體治療**（group therapy）一詞。

1932：Moreno 引介**團體心理治療**（group psychotherapy）一詞。Moreno 設計一套團體治療的範式，稱之為**心理劇**（psychodrama）。為團體治療和團體諮商奠定基礎。

1935：Trigant Burrow（心理分析式團體學家）著重團體行為的生物原則，他稱之為**種族分析**（phyloanalysis）。

1936：Louis Wender：心理分析團體模式。

1936：Muzafer Sherif：研究社會田野工作。

1930s：最著名的自助團體──戒酒匿名會（Alcoholics Anonymous, AA）成立。

1939：Paul Schilder（心理分析取向）強調個別團體成員間的互動。

1940：Kurt Lewin，著名的團體動力先驅者，他根據完形的「部分──整體」關係原理提出場地論（field theory）。

1942：Moreno 創立「美國團體心理治療與心理劇協會」（American Society of Group Psychotherapy and Psychodrama, ASGPP）。

1942：S. R. Slavson 創立「美國團體心理治療學會」（AGPA）。

1942：Carl R. Rogers 出版《諮商與心理治療》（*Counseling and Psychotherapy*）一書。

1946：Lewin 在康乃狄克州舉辦團體關係工作坊，並於緬因州貝瑟市成立「國家訓練實驗室」（NTL），為「基本技巧訓練團體」（Basic Skills Training [BST] Group）之濫觴，隨後演變成訓練團體（t-group）運動。

1947：Moreno 創刊《社會治療》（*Sociatry*），並於 1949 年更名為《團體心理治療》（*Group Psychotherapy*）。

1948：Wilfred Bion，英國塔維斯托克人際關係研究所（Tavistock Institute of Human Relations）：研究團體的凝聚力，以及團體中會促進成長或退化的影響因子。

1949：Slavson 創立《國際團體心理治療學報》。

1950：R. F. Bales 研究互動分析歷程，觀察團體中浮現的刻板角色。

1951：John Bell 首創為家庭進行團體治療。

1951：Rudolph Driekurs 首創親職團體。

1951：美國人事與輔導學會（APGA）成立。

1954：在「布朗對教育局案」（Brown v. Board of Education）上，美國最高法院駁回先前由「普萊西對弗格森案」（Plessy v. Ferguson）（1896）確立的「隔離但平等」政策。

1958：「國防教育法」（National Defense Education Act, NDEA）通過。

1958：Nathan Ackerman、Gregory Bateson 與 Virgina Satir（1964）修改心理分析團體模式以運用於家族治療工作上。

1958：Helen I. Driver 撰寫《運用小團體討論進行諮商與學習》（*Counseling and Learning Through Small Group Discussion*）一書，是第一本團體工作領域的教科書。

1960：Carl R. Rogers 是當代最有影響力的理論家，應用他的個人中心

技巧於團體中，並在加州拉賀亞人類研究中心（Center for the Study of Persons in La Jolla）任職期間自創**基本會心團體**（basic encounter group）一詞。

1961：Jack Gibb 檢視團體中的競爭與合作行為。

1964：Eric Berne 將**交流分析**（transactional analysis, TA）概念應用於團體工作中，出版《團體治療原理》（*Principles of Group Treatment*, 1966）一書。

1967：Fritz Perls 在人類潛能運動中，運用完形理論在加州東岸的伊莎蘭機構（Esalen Institute）舉辦多場工作坊。

1967：William C. Schutz 是人類潛能開發領袖，強調團體中非語言的碰觸、擁抱與體驗。

1967：George Bach 運用公平競爭解決衝突；Fred Stoller 說明馬拉松團體的優點與必要性。

1968：George M. Gazda 根據 Dwight Arnold 的領導角色，在 APGA 為團體工作有興趣的實務工作者創立**興趣團體**（interest group）。

1970：Jane Howard 撰寫《觸動》（*Please Touch*）一書，詳細記載她參加數個最受歡迎的「敏感度團體」（sensitivity groups）而成為記者的心路歷程。這本書雖然對會心團體運動的某些批評有所偏頗，但也強調了領導者和成員篩選的重要性。

1970：I. D. Yalom 根據他豐富的臨床經驗，提出治療團體的十個「療效因子」。

1970：《卡爾‧羅傑斯的會心團體》（*Carl Rogers on Encounter Groups*）一書出版。

1971：I. L. Janus 新創**團體迷思**（group think）一詞，說明團體有讓個人服從的力量。

1971：Yalom 與 M. Lieberman 研究會心團體，發現攻擊、挑戰、疏離的領導者會對團體造成災難性的影響。

1971：Robert R. Carkhuff 根據相當多的研究，發展出名為「系統化人

力資源發展／訓練」（Systematic Human Resources Development/Training, HRD/T）的模式。

1973：「團體工作專家學會」（ASGW）正式成為 APGA（現為美國諮商學會 [ACA]）的分會，Gazda 為分會理事長，致力於推動團體領導者的訓練標準與倫理守則。

1980：ASGW 正式通過「團體領導者倫理守則」。

1983：ASGW 執行委員會於 3 月 20 日通過「團體工作者專業訓練標準」。

1989：ASGW 增修「團體領導者倫理守則」新版。

1998：ASGW 訂定「最佳實務指南」。

1998：ASGW 訂定「團體工作者多元文化能力準則」。

2000：ASGW 修訂「團體工作者專業訓練標準」。

014

參考文獻

Allen, R. D. (1931). A group guidance curriculum in the senior high school. *Education*, 52, 189–194.

ASGW (2000). ASGW professional standards for the training of group workers. *The Journal for Specialists in Group Work*, 25, 237–244.

Baker, J., Parks-Savage, A., & Rehfuss, M. (2009). Teaching social skills in a virtual environment: An exploratory study. *The Journal for Specialists in Group Work*, 34, 209–226.

Bowlby, J. (1988). *A secure base*. New York: Basic Books.

Burlingame, G. M., Fuhriman, A., & Mosier, J. (2003). The differential effectiveness of group psychotherapy: A meta-analytic perspective. *Group Dynamics: Theory, Research and Practice*, 7, 3–12.

Cohn, B. (1967). *Guidelines for future research on group counseling in the public school setting*. Washington, DC: Guidance Association.

Erford, B. T. (2011). Outcome research in group work. In B. T. Erford (Ed.), *Group work: Process and applications* (pp. 312–321). New York: Pearson.

Flournoy, H. (1934). Chief steps in psychotherapy. *Psyche*, 14, 139–159.

Gazda, G. M. (Ed.). (1982). *Basic approaches to group psychotherapy and group counseling* (3rd ed.). Springfield, IL: Thomas.

Gazda, G. M., Ginter, E. J., & Horne, A. M. (2001). *Group counseling and group psychotherapy*. Boston, MA: Allyn & Bacon.

George, G. M., & Dustin, D. (1988). *Group counseling: Theory and practice*. Englewood Cliffs, NJ: Prentice Hall.

Kline, W. B. (2003). *Interactive group counseling and therapy*. Upper Saddle River, NJ: Merrill Prentice Hall.

Lecky, P. (1945). *Self-consistency: A theory of personality*. New York: Island.

Pfeiffer, J. W., & Jones, J. E. (1972). *Annual handbook for group facilitators*. La Jolla, CA: University Associates.

Pistole, M. C. (1997). Attachment theory: Contributions to group work. *Journal for Specialists in Group Work*, 22 (1), 7–21.

Shen, Y., & Armstrong, S. (2008). Impact of group sandtray therapy on the self-esteem of young adolescent girls. *The Journal for Specialists in Group Work*, 33, 118–137.

Steen, S. (2011). Academic and personal development through group work: An exploratory study. *The Journal for Specialists in Group Work*, 36, 129–143.

Thomas, R. V., & Pender, D. A. (2008). Best practice guidelines. *The Journal for Specialists in Group Work*, 33, 111–117.

Yalom, I. D. (2005). *The theory and practice of group psychotherapy* (5th ed.). New York: Basic Books.

第二章

團體工作的多元文化與社會正義

不要忘了正義是愛的公開表現。

                         Cornel West

好吧，我可能錯了，但我認為多元文化不過是一艘行駛於內戰時代的老木船。

                         Ron Burgundy

    團體工作的多元文化議題在過去幾十年來獲得許多回響與注意。Merta（1995）指出 Kurt Lewin 致力於消弭種族間的緊張局勢，堪稱將團體工作與多元文化議題連結並付諸行動的第一人。但 Lewin 死後，對多元文化的探究與應用卻也迅速無疾而終。1990 年代早期，隨著當代社會心理健康領域的多元文化觀點蓬勃發展，團體工作曾再度關注多元文化議題（DeLucia-Waack, 1996; Patterson, 1996）。1999 年時，ASGW 通過團體工作者多元文化能力準則（The Principles for Diversity Competent Group Workers）（ASGW, 1999）。

促進多元文化與社會正義的覺醒和行動模式

    社會正義與多元文化的概念如何融入團體工作的歷程可能讓人摸不

著頭緒，有些學者認為困難之處在於談論這個主題讓人不自在（Adams et al., 2007），或者認為這個主題本身就有點複雜，而且含義模糊不明（Ratts et al., 2010）。本章的目的在闡明團體工作中多元文化和社會正義的重要性，同時也提供讀者將之運用至實務工作的模式架構。

　　Ratts 等學者（2010）提出了「社會正義模式維度」（Dimensions of Social Justice Model），以發展性架構的方式概念化社會正義整合至團體經驗的程度。維度的度量從忽視社會正義、發展遲滯，到相當認可社會正義、發展成熟。這個模式為社會正義和團體之間的對話提供非凡的背景知識，也適用於稍後會談到的傳統團體階段發展理論（第八章），及協同領導關係發展（第六章）。它將團體議題視為非線性發展的歷程與本書的立場不謀而合，學起來一致明瞭。模式中的五個維度／階段將概述如後。

未諳世事

016

　　未諳世事的團體可謂不瞭解多元文化議題如何影響團體中個人內在與人際間的互動，對此缺乏覺察。這個階段的團體領導者會假設所有的互動都很普通且均等，鮮少將團體的溝通、衝突或回應歸因於跟社會正義的概念有關。如同 Ratts 等學者（2010: 162）說的：「此維度的團體領導者認為把團體帶好就好，無視種族、民族、性別、性取向、社經地位或宗教等多元文化因素。」此階段的團體領導者並非想傷害團體，只是沒意識到團體歷程中這些因素的價值。在缺乏洞察的情況下，所造成的後果是團體及成員有不被瞭解及重視的感覺，受到主流論述的壓迫，因為主流論述才是被團體接受的說法，導致團體停滯不前。正如 MacNair-Semands 曾言：「當此種動力在團體中成形，領導者必須趕緊介入修復，而不是讓可能有害的互動發生或一再重複。」（2007: 62）

範例

　　一位團體諮商師受聘於當地某機構帶領一個短期團體，該機構碰到的困難是士氣與工作關係問題。在團體開始前的訪談時，有一位非裔美籍員工（珍）和一位拉丁裔員工（曼紐爾）說出了他們的擔憂。他們說其他同事和督導（是一位白人）經常無視他們的發言，將他們排除在社交聚會及重要的工作機會之外。團體領導者很重視這項資訊，發覺這個互動模式就是溝通及關係會出問題的原因。以此為概念化，團體領導者沒有指出種族議題可能帶來的影響，反而以改善團體的人際互動和歸屬感為目標（即確保每個人都有機會在這個團體裡分享及得到處理）。結果，珍和曼紐爾就沒有機會表達他們被如此對待的擔憂，只能「乖乖參與」溝通的練習活動。雖然有段時間他們覺得跟同事親近多了，但潛藏的問題仍然存在。他們甚至更困惑、更受傷，因為他們的問題又被忽視了。

整合多元文化

　　在這個維度裡，團體領導者會摘下種族中心主義的有色鏡片，更願意認識每位成員豐富的文化內涵。團體領導者會觀察並協助每位成員看到彼此對團體經驗的獨特貢獻。在團體進行時很自然地與每個人的文化認同展開對話，在某些情況下，甚至會成為團體的重頭戲和獨特的目標。

　　當每位成員的認同都得到尊崇與探討時，團體領導者也要思考他在團體互動中的位置。做為一位實質的「當權者」（person in power），處理團體如何看待這個位階是一個與團體分享權力的絕佳機會。多位學者曾探討不同的權力分享方式，從與團體成員共同商討設定主題（Coker, Meyer, Smith, & Price, 2010），到直接處理團體內部權力的運用皆有（Burnes & Ross, 2010; Debiak, 2007）。

017

　　跟之前的團體經驗比較起來，這個階段對文化的欣賞與包容似乎有點突兀，但這是正常的經驗啟發現象。第一個階段像是懵懂無知，到了這個階段猶如眼前一亮。覺察文化生命力的存在，可以用來改善團體的權力結構。

範例

　　拋開以揭示種族孤立的感覺為討論內容，團體領導者可以帶領團體討論每個人的文化認同，以及它如何影響機構，甚至這個團體的關係連結。團體領導者雖然明白文化因素是當下問題的重點，但開啟對話並不容易。尊重潛在的不舒服感受，領導者首先營造安全的氣氛，例如可帶領一些活動來協助團體成員逐漸發展更深刻的連結。隨著團體的凝聚力增加，團體領導者加入文化認同的議題來幫助成員對彼此有更多的瞭解。每個人都有機會分享，他們獨特的背景與觀點也獲得重視，在接納的氣氛下，也讓珍和曼紐爾有機會說出他們的感覺，直接處理文化的因素。

解放的批判意識

　　在這個維度裡，覺察和整合多元文化是很基本的了，然而，光是發展出文化洞察仍不足以揭露這個問題。團體朝向第三維度發展的價值在於，團體領導者能催化成員覺察一個人的文化認同對自身和社會其實有更深遠的含義。當每位成員對自我有更多的瞭解，明白促成信念形成的情境條件為何時，他們也看到他人的成長學習。微觀與巨觀層次的洞察是改變的契機，也將每個人置於更大的脈絡裡。因此，要有更多的成長，必須超越自我責備，進一步瞭解非自己所能控制的外在環境層面。

範例

　　以這個團體來說，雖然每個人都能表達和確認自己的文化認同，但

團體需要的遠非如此。因此，團體領導者讓團體持續對話，以體現種族歧視對社區和社會的影響。團體要運用他們在團體內外的經驗，從社會議題的角度探討種族主義的角色與動力。持續對話的結果，將使每位成員對種族主義在自己身上產生的潛在效應有更多的覺察。不管是主流或非主流的文化團體成員，都能看出種族主義對機構的負面影響，恰恰反映一般社會大眾的觀點。當被排斥時，珍和曼紐爾可以減少內化羞恥的感覺，而他們的白人同事在面對沒有說出來的「種族歧視是你們的錯」時，也不需要那麼防衛。相反地，所有人都能瞭解、也準備好要在幾個方面做出改變。

賦權

　　知曉制度不公並且有意願改變它們未必能化為實際行動。在賦權這個維度裡，團體領導者順著先前階段所建立起來的動力，激勵出一種自我倡議的氛圍。Ratts 等學者指出當團體成員能找到他們的聲音，他們就能「發展出自信與必備的技巧，成為社會上自主性強的個體」（2010: 165）。由於團體是社會的縮影，能在團體中學習和試驗自我倡議的技巧，就成為開始此一重要歷程相當理想的場合。這篇文章收錄很多傑出的例子，說明如何將社會正義的議題整合應用至各種團體工作實務，也強調這個階段對個人及社區的重要性（Bhat, 2010; Dickey & Loewy, 2010）。

018

範例

　　在下面的例子裡，這個階段的成員不只覺察到種族主義與壓迫議題對自己、團體、機構組織、社區內部的影響，他們也渴望有機會能運用知識來帶動改變的風氣。這個過程始於讓每個人說出原先內在的聲音，練習在團體關係中以新的意見發言互動。全新的賦權體驗可結合團體討論、雙向回饋、情境角色扮演等來感受領悟，使成員識別新舊模式的關

聯，加以宣導倡議。看看下面的互動範例：

領導者：我要你們做一場角色扮演，情境是傑克（督導）正在討論新的
　　　　方案機會。來吧，傑克，請開始。

傑克　：好。我要跟大家宣布，我們剛剛收到一筆助學金，可以用來資
　　　　助一群中學生。

珍　　：太棒了！這才是我有興趣做的事，但我聽到自己說：「他才不
　　　　會想要妳來做呢！安靜點。」我也覺察到傑克說話時總是不看
　　　　我，使我更確信了我的想法。

傑克　：嗯……我沒有覺察到我沒看著妳。我知道我這麼做看起來似乎
　　　　有點貶低妳。奇怪的是我竟然同意妳的想法。珍，我知道妳喜
　　　　歡中學生，而且也能勝任這項職務。我想我沒有好好傳達這個
　　　　想法讓妳知道。

領導者：你們兩個都已體認到這些內在訊息如何干擾你們彼此的連結，
　　　　甚至可能影響周遭的人。接下來，你們該如何改變，並將改變
　　　　推己及人？

珍　　：很高興聽到他有想到我。我想說的是：「傑克，我真的想擔任
　　　　那個職務。」我也想知道他為什麼從不看著我（笑），但我猜
　　　　我已經跟他說過了。

傑克　：（笑）沒錯，妳是有跟我說過，雖然聽到有點難為情，但我很
　　　　高興妳有跟我說。我想我應該多找人商量，讓他們知道我的感
　　　　受，這樣他們才不需要猜來猜去的。

史都華：我有注意到傑克都不看珍，但我卻什麼都沒說。我也有覺察到
　　　　我從珍的沉默中得到好處，還有她和曼紐爾都被大團體孤立。
　　　　我記得有幾次因為他們不受重視，我才得到這些方案。我願意
　　　　改變我的表達方式，希望能鼓勵他們。我可以感覺到當我對這
　　　　個議題保持沉默時，只會讓事情更糟。

倡議社會正義

在最後一個維度，團體超越團體療程的限制，擴展至更大的社區，倡議更大的改變。當團體成員經驗到個人的改變，有機會在團體實踐新的存在方式，團體會感受到成長與改變的需要，進而想在社區或整個社會發揮影響力。團體成員會覺得追求個人成長的最佳下一步，即是能為更大的目標理想奮鬥。在這個維度上，有幾點應謹記在心：

- 這個維度可能不適用於你所帶領的每個團體。
- 身為團體領導者，確保你的團體成員對團體外的倡議無任何異議。秉持社會正義的精神，你不能將你的理念或價值觀強加給團體，這是壓迫性的行動。
- 你將超越所謂「正常的」諮商實務。如此一來，你內心可能會十分焦慮，也可能會和其他質疑你的取向的專業人員發生衝突。

範例

隨著時間推移，團體經驗到相當多的成長。每位成員皆能洞悉自己的文化認同，瞭解它對個人和專業的影響。在團體中，他們學到新的技巧以賦權每位成員，使其能運用文化知識與社會正義揭示機構內部的問題。他們也探討這些問題在社會上的普遍性，以及新的技巧如何推動更大規模的改變。在這個維度裡，團體決定走出團體室外，走入社區。他們參加當地的「終結種族主義」運動（"End Racism" movement），主動參與社區事務，贊助某些活動，共同發起三項重要的補助金計畫。透過這些活動，再一次提醒團體要不斷進行反思，並且以行動實踐社會正義。

團體領導的社會正義要素

當你努力想成為一位有能力的團體領導者時，記住，社會正義是團體動力很自然的一部分。為了確保你能覺察並持續關注這個議題，Bemak 與 Chung（2004: 37-39）提出數個建議，可以改善你的多元文化團體技巧。茲摘述如下。

1. 團體工作是獨特的諮商形式

如同第一章所提到的，團體有別於它種形式的諮商。帶領團體可以根據你在個別、伴侶、家族治療中學到的技巧，但也要具備一套特殊的技巧。由於團體的獨特性，瞭解多元文化議題在團體中如何以各種不同的方式顯現是很重要的。團體領導者不僅應使用從個別取向的諮商學得的脈絡，還要更上一層樓去瞭解這些議題如何在團體、此時此刻與互動中感受體驗。

2. 瞭解與運用能營造並傳播社會正義氛圍的多元文化技巧

020

在這點上，我們必須知曉多元文化能力與準則（ASGW, 1999），發展這些技巧並融入至團體工作裡。在這些準則中，有數個特定的能力面向必須要標示出來：

- 覺察白人特權如何影響自我和團體；
- 覺察壓迫與任何形式的「主義」（ism）如何影響自我和團體；
- 對多種群體有廣泛的認識，但不僅限於種族、民族、性別、性取向、宗教、政治與地域認同，還要覺察到大部分的人都是這些群體的綜合體；

・覺察在我們社會裡對許多個人與團體已設下許多根深柢固的障礙，以及這些障礙可能會如何存在於團體這個小型社會中。

3. 深入瞭解你自身的文化，以及它如何影響你對他人的觀感。接下來，瞭解它如何影響你對團體成員的觀感

很重要的是對自己承諾，願意用一生的時間來反思這些議題如何定義你自己，以及這些信念從何而來。當你越瞭解自我，你可以開始留意這些個人的信念如何與社區交相影響（巨觀層次），以及與小團體的互動（微觀層次）。個人覺察度越高，越有意願思索多元文化與社會正義的議題如何影響你的團體歷程，也能增強你將這個議題帶入團體歷程討論，促進團體成員覺察時的自在程度。

瞭解一至三項所討論的議題如何直接影響你的團體：如果你瞭解團體的獨特性，承諾自己願意去瞭解重要的多元文化知識與技巧，下工夫擴展覺察的視野，超越書本上的知識，那麼你就能做好準備，善用團體的力量來探討多元文化與社會正義的議題。這些「充滿勇氣的對話」（courageous conversations）（Singleton & Linton, 2006）包括願意開放心胸討論不同的意見與觀點。領導者必須敢於面對衝突，甘冒風險以身作則，討論壓迫與不公平的話題。領導者必須考量團體對領導者角色的觀感，以及這些看法如何影響團體對話。

摘要

心理健康領域就像是社會的縮影，也一直認為人類的生活情境就是文化交互作用下的產物，團體工作必須不斷地加強彼此的對話交流。這個「維度模式」讓讀者看到團體中社會正義的發展狀態，也讓讀者在發展領導技巧的同時，能夠思考這個層面的領導能力。

對團體工作初學者來說，在學習新的團體技巧之外，仍得試著概

念化多樣的認同型態，還有它們對團體互動的影響，可以想見負荷有多重。坦白說，即便是經驗豐富的專家都不容易分清楚。我們會把多元文化的議題放在本書第二章，乃是期待讀者能夠覺察這些影響力確實存在，而能學到更全面性的團體動力。這些要素並非自外於團體，反而在所有團體當中都是不容忽視的潮流。在受到它們的衝擊之餘，我們希望讀者能看重這些歷程，由此豐富你的經驗。

021

參考文獻

Adams, M., Bell, L. A., & Griffin, P. (Eds.) (2007). *Teaching for diversity and social justice* (2nd ed.). London and New York: Routledge.

Association for Specialists in Group Work (1999). Principles for diversity competent group workers. *Journal for Specialists in Group Work*, 24, 7–14.

Bemak, F., & Chung, R. C. (2004). Teaching multicultural group counseling: Perspectives for a new era. *Journal for Specialists in Group Work*, 29, 31–41.

Bhat, C. S. (2010). Assisting unemployed adults find suitable work: A group intervention embedded in community and grounded in social action. *Journal for Specialists in Group Work*, 35, 246–254.

Burnes, T. R., & Ross, K. L. (2010). Applying social justice to oppression and marginalization in group process: Interventions and strategies for group counselors. *Journal for Specialists in Group Work*, 35, 169–176.

Coker, A. D., Meyer, D., Smith, R., & Price, A. (2010). Using social justice group work with young mothers who experience homelessness. *Journal for Specialists in Group Work*, 35, 220–229.

Debiak, D. (2007). Attending to diversity in group psychotherapy: An ethical imperative. *International Journal of Group Psychotherapy*, 57, 1–12.

DeLucia-Waack, J. L. (1996). Multiculturalism is inherent in all group work. *Journal for Specialists in Group Work*, 21, 218–223.

Dickey, L. M., & Loewy, M. I. (2010). Group work with transgender clients. *Journal for Specialists in Group Work*, 35, 236–245.

MacNair-Semands, R. R. (2007). Attending to the spirit of social justice as an ethical approach in group therapy. *International Journal of Group Psychotherapy*, 57, 61–66.

Merta, R. J. (1995). Group work: Multicultural perspectives. In J. G. Pinterotto, J. M. Casas, L. A. Suzuki, & C. M. Alexander (Eds.), *Handbook of multicultural counseling* (pp. 567–585). Thousand Oaks, CA: Sage.

Patterson, C. H. (1996). Multicultural counseling: From diversity to universality. *Journal of Counseling and Development*, 74, 227–235.

Ratts, M. J., Anthony, L., & Santos, K. N. (2010). The dimensions of social justice model: Transforming traditional group work into a socially just framework. *Journal for Specialists in Group Work*, 35, 160–168.

Singleton, G. E., & Linton, C. (2006). *Courageous conversations about race: A field guide for achieving equity in schools.* Thousand Oaks, CA: Corwin.

第三章

團體工作與理論

你想找尋的，只有向你自身去探求。

Yoda

團體工作理論

　　理論是諮商不可或缺的一部分，它協助諮商師概念化和瞭解從個案那裡獲知的眾多資訊。理論不是抽象、應用在個案身上的一套表面化技巧，而是反映出諮商師的發展觀、治療觀與改變觀（Fall et al., 2010）。由於理論跟每位諮商師的價值觀息息相關，個人諮商理論的建構與發展往往是一段非常個人化與繁複的過程。

　　在個別諮商時，理論是邁向改變的無價地圖，在團體裡，它也擔負同樣的目的，但團體領導者在團體中要處理的資訊和複雜度尤甚，更彰顯出理論的可貴。由於理論和諮商師的價值觀與哲學觀密不可分，你在個別諮商時的模樣和在團體的模樣實無二致。這可是個大好消息！這意味著你毋須全盤改弦易轍，只要擴展你的視野，加入團體人際關係互動的知識即可。

　　許多研究生已選修一系列的理論課程，這些背景知識有助於你從團

體的視角整合和探討理論。在本章中，我們會舉例說明數個團體工作理論，在將理論發展視為個我旅程的精神下，我們會談談將理論運用於團體工作的個人經驗。

團體工作理論應用實例

個人中心學派

由 Carl Rogers 建立的個人中心團體治療（person-centered group therapy），特色是領導者本身的影響力所塑造的團體氛圍。諮商師必須一致，具備同理心、真誠和無條件正向關懷團體成員等核心條件。如果領導者能對團體展現出這三個核心條件，成長的氛圍將油然而生，讓成員得以實現個人的潛能。

非指導性是個人中心取向的特色，強調團體氣氛。雖然 Rogers（1967）認為領導者和成員各以不同的方式影響團體，但重點在成員身上。Rogers 也強調成員要主動交流，有強烈參與的動機，引導團體前進。有許多實務工作者誤認個人中心學派的團體領導者被動無能，但事實並非如此。儘管成員的互動是重點，**但案主中心學派的治療師必須主動傾聽，持續與團體和自我產生連結**，以維繫成長的氛圍，永遠保有一致性。

Rogers（1967）建構出一套專屬於個人中心取向的團體發展階段模式。根據 Rogers 的研究，團體發展模式的順序如下：

- 四處磨菇（milling around）；
- 抗拒自我表達與探索（resistance to personal expression or exploration）；
- 描述過去感受（description of past feeling）；
- 表達負面情緒（expression of negative feelings）；

- 在團體裡表達和探索個人有意義的部分（expression and exploration of personally meaningful material）；
- 表達團體當下的人際感受（expression of immediate interpersonal feelings in the group）；
- 團體發展出療癒的能力（development of a healing capacity in the group）；
- 自我接納（self-acceptance）；
- 撕下虛假的面具（the cracking of façades）；
- 接受回饋（the individual receives feedback）；
- 面質（confrontation）；
- 建立團體外的助人關係（helping relationships outside the group sessions）；
- 形成基本會心（the basic encounter）；
- 表達正向的情緒與親近的感受（expression of positive feelings and closeness）；
- 行為改變（behavior change）。

　　一般說來，領導者自身須具備核心條件，以此培養團體療癒的氣氛。此種氣氛終能形成成長和改變的氛圍。以下的對話顯示團體以案主中心的方式進行互動。

治療師：妳今天好像很煩躁不安。

瑪　麗：我想尖叫，我很洩氣！我搞不懂！

史蒂芬：我可以感覺到妳的坐立不安。如果妳想尖叫，那也沒關係。

梅莉莎：沒錯。我的意思是，如果妳發洩一下妳的怒氣，或許妳會有不一樣的體會，我也會覺得更靠近妳。但我不確定妳是否也希望我們能親近一點。

韋　恩：我想梅莉莎的意思是說，如果妳能稍微敞開心胸，或許能找到

妳在團體中的角色定位。

瑪麗　　：我花了很長時間才能承認我很洩氣，我真的很害怕你們會笑我或把我踢出團體。我不善於表達怒氣，但我也會生氣。謝謝你們包容那部分的我。

治療師：看得出來整個團體都感受到那個真誠一點點的瑪麗了。

完形學派

　　由 Fritz Perls（Perls et al., 1951）發展出來的完形學派，目標是掃除阻撓個體活在當下的障礙。團體由治療師引導，強調此時此刻的互動。Polster 與 Polster（1973）認為團體領導者就像個創作者，是激勵成員負起個人選擇責任的催化劑。完形學派治療師根據成員的說話內容制定團體主題，領導者鼓勵每位成員盡可能地體驗當下，接觸自我的未竟事務。為了協助成員體驗，領導者會採用各種技巧與實驗。

　　所有能運用在個案的實驗一樣適用於團體工作。團體的好處是當治療師協助某位成員解決未竟事務時，其他成員亦間接從此時此刻的參與中獲得協助，著手處理個人的未竟事務。語言練習、夢工作、繞圈子、熱席（hot seat）等實驗，皆能讓成員當場練習接觸自我和他人，為實際發生的事負起責任，不要再做無謂的假設。

　　以下的互動對話顯示完形學派重視當下的行為與經驗，以及領導者的指導性。

治療師：里歐，我注意到當瑪麗談到她的成就時，你好像很不安。甚至我現在跟你說話時，你的手也握得緊緊的。

里歐　　：我哪有，我有在聽，大概吧！（雙手仍然緊握。）

治療師：告訴我，你的手現在打算跟你說什麼？讓你的手說話。

里歐　　：它們想說的是：「我真的很焦慮，我說不出我的感覺，我很緊張，關節嘎吱作響。」

治療師：沒錯，去感覺你的不安。緊握你的雙手，感覺你沒說出來的話。

里歐　：（放開雙手）我真不敢相信她找到工作了。我討厭女人！我覺得被騙了。

治療師：里歐，跟這種感覺多相處一會兒，然後站起來繞一圈，對每位成員說出你在團體中的不安。以「我覺得不安，因為……」開始。

阿德勒學派

以 Alfred Adler（1956）的理論為本，將個體心理學加以發揚光大的是 Dreikurs（1950）。阿德勒取向強調每個人都是完整、具有社群想像力的個體，每個人的行動都有目的性。團體的互動反映出個體的生活型態，領導者可在團體中觀察成員的行為，進而知悉行為的目的。從阿德勒取向的觀點視之，團體就像個社會實驗室，所有的改變都發生於社會脈絡之中，團體是鼓勵行為改變的絕佳場所。

領導者以自然且自發的態度與團體互動，整體的目標是培養團體和個人的社會興趣，遵循以下四個階段：(1) 建立關係；(2) 分析；(3) 洞察；(4) 重新定向。領導者鼓勵成員運用團體的社會脈絡探索行為的意義，通力合作修正自私的行為，進一步擴展社會興趣。

以下對話顯示領導者嘗試請某位成員探索早期回憶，以帶領團體看到行為背後的目的。

治療師：金，我注意到每次小玉感傷的時候，你都會取笑她。你是不是對她這種表達情緒的方式不以為然？

金　　：我不知道。

大衛　：我也看到了。你想要保持理性，好像情緒會傷害你似的。

金　　：它們才不會傷害我呢！我只是不習慣看到別人那麼感性。

025

治療師：如果團體太「感性」，你認為你會失控且難以自拔，是嗎？

金　　：沒錯，正是如此。

治療師：金，你是否記得第一次被強烈的情緒淹沒的時刻。你可以向大家描述一下那個場景嗎？

金　　：我不確定你的意思是什麼。四歲的時候（停頓一下），因為弄壞我最喜歡的玩具，我就大哭。我媽警告我只有小寶寶才會哭，我覺得自己像個笨蛋，但又嚇得停不下來。

治療師：然後呢？

金　　：除非我不哭，否則我媽就不跟我說話，所以我只好拚命止住眼淚。從那時起我就不怎麼哭了。

治療師：你那個「我不能哭，否則我媽就不要我」的信念似乎類化到其他人身上。不知道你是否也在試著把小玉從你曾感受到的痛苦中拯救出來？

金　　：也許吧（低著頭），奇怪的是，就算小玉在哭，我還是喜歡她。

治療師：從她大方地表露自己的情緒，或許你也學到了很多。現在你可以用新的覺察做出新的選擇。

理情行為學派

　　由 Albert Ellis 創立的理情行為治療（Rational Emotive Behavioral Therapy, REBT）著重處理成員的非理性信念。帶領 REBT 團體時，領導者面質成員那種絕對（absolute）和魔幻神奇（magical）的思考方式，通常他們的話語裡會夾雜必須（must）和應該（should）兩個詞。領導者的特質是指導性與全神貫注，強調要接納每位成員，但溫暖並非關係的必要條件。領導者駁斥每位成員的非理性信念，教導他們如何自我駁斥，鼓勵團體成員相互駁斥（Ellis, 2001）。

　　以下對話呈現 REBT 如何駁斥非理性信念及成員的互動過程。

瑞夫　：當別人回絕我的邀約時，我感覺自己就像個白癡。

治療師：你是在跟自己說：「我真是糟透了！」或「我真是沒救了，我今天又收到一張好人卡。」你是這個意思嗎？

瑞夫　：沒錯，聽起來很蠢。我知道我不該這麼想。

麗塔　：你「不該」那麼想？誰跟你這麼說的？

瑞夫　：整個社會吧，我想。

喬治　：嗯，我是這個社會的一分子，但我可不會這麼說。昨晚我也被發卡了，那我也沒救嘍（笑）。

楚迪　：我也是吶！

瑞夫　：不，你們才不是！我的意思是說，如果我被拒絕了，我就會覺得自己很沒價值。

班　　：如果這個月還沒辦法約到對象，最糟的情況會是什麼？

瑞夫　：我就是個輸家……

楚迪　：而且……

瑞夫　：而且沒有人會想跟我在一起，包括你們。

治療師：很好，瑞夫。我們來試試看。站起來繞一圈，告訴每個人你一個約會都沒有，問問他們的想法，也記下大家的回應。

瑞夫　：好吧。

一般考量

026

　　選擇團體歷程理論時，實務工作者可整合理論與自己的人格和理念。結合某種特定的理論時，諮商師的信念和理論的宗旨應一致，並少用那些便利或大眾化的方法。我們要花些篇幅談談作者各人的理論，以及如何將之運用至團體工作中。

Garry（本書第二作者）的團體中心理論

團體中心取向（group-centered approach）要能發揮作用，有賴於領導者對自己和每位成員的態度。接納自己和每位成員，對每位成員都有能力為自己負責的想法深信不疑，相信他們在自我引導下可以產生更積極正向的行為。Hobbs（1964: 158）指出此種支持團體成員的態度是：

> 擱置評價他人對錯的衝動。尊重他人是完整的個體，有權利為自己的行動付出和生活方式做決定。更重要的是，相信個體有做決定的無限潛力，既可充分地滿足小我，最後亦能成全大我。

因此，團體領導者最主要的目標就是協助團體成員獲得足夠的安全感，自行決定要不要改變。只有當個體可以自主決定不想改變時，真誠的改變才有可能發生。

團體中心取向最獨特的部分是「個體的行為相當理性，雖隱微但亂中有序地朝個體亟欲實現的目標前進」的信念（Rogers, 1957: 202）。也就是說，領導者提供的知識和訊息不是那麼重要，個人對自我的感覺才是行為差異的主因。每個人都各自擁有對自我和世界的看法，這就是個人的真實，是個人從日常生活經驗中發現自我的基礎。

人格理論

團體中心取向的人格發展以三大核心概念為基礎：

- 人（the person）；
- 現象場（the phenomenal field）；

• 自我（the self）。

（Rogers, 1951）

人就是個體整個人，包括：思想、行為、情緒和生理。現象場是個體所有的經驗，無論是在何種意識狀態下。內在和外在的經驗成為個體對生命的基本內在參考架構。個體知覺到的所有經驗都是真實的（reality）。

基本前提是，每個人都「生活在以自己為中心、變動不居的經驗世界」（Rogers, 1951: 483）。個體是有組織的、完整的自我，以此回應變化中的經驗世界，因此會牽一髮而動全身，造成改變的連鎖效應。亦即，個體是一個內在互動不停歇的完整系統，鍥而不捨地邁向自我實現。此種精益求精、日新又新的過程，是要讓自己成為更獨立、成熟的個體。個體行為是目標導向的，是為了滿足個人在現象場內的需求，形成了個體的真實。個體的需求影響他對現實的知覺，也就是說，想要瞭解個體的行為，就必須瞭解他對現實的知覺。因此，領導者應避免評斷個體的行為，而應用心地去瞭解個體的內在參考架構（Rogers, 1951）。

027

團體中心理論人格發展的第三項重要概念是自我。在與周遭重要他人和現象場互動的時候，還是嬰兒的個體慢慢地分化出自我。根據Patterson（1974）的研究，個體唯有在社會或團體中才能發展自我，成為一個人。自我隨著與現象場不斷互動的結果產生發展與變化。Rogers（1951: 501）對自我結構的描述是：

一個用來覺察、有組織的自我知覺系統。它的組成要素包括：對本身個性及能力的認識；對自己和他人、自己和環境的看法及概念；與經驗和目標相關的價值觀；正向或負向的目標與理想等。這幅自我及關係中的自我（self-in-relationship）組織圖在意識中若隱若現，與相關的正負向特質和關係並存，也在過

去、現在或未來中盤旋不去。

對自我的覺知引發想得到他人正向關懷的發展需求。對正向關懷的需求是一種雙向互惠的行動，在滿足他人正向關懷需求的同時，個體也滿足了自己的需求。正向關懷需求的滿足與否跟自我經驗有關，促成自我關懷需求的發展。此種「自我關懷感成為左右個體行為的普遍構念，發展出自己的生命力，逐漸毋須仰賴他人實際的關懷」（Meador & Rogers, 1984: 154）。

團體中心對人格和行為的看法

Rogers（1951）闡述 19 個跟人格和行為有關的假設，做為瞭解人類行為和動機的概念架構，成為團體中心諮商的哲學觀。從這些假設可看出團體中心理論對人和行為的看法，提供瞭解團體成員的基礎。

每個人都處在以自己為中心、變動無常的經驗世界裡。個體具有完整的自我，以此回應所經驗到和所知覺到的現象場，這就是個體的真實。隨著個體的發展及與環境的互動，個體一部分的私人世界（知覺區）（perceptual field）慢慢地形成「我」〔me，不同於自我（self）〕，其後關於自我、環境、自我與環境關係的看法於焉成形。人有自我實現、維護及提升經驗自我的傾向。行為基本上是目標導向的，對個體如何在現象場內滿足需求有舉足輕重的影響。因此，瞭解他人行為最好的據點就是這個人的內在參考架構。

個人的行為大致與自我概念相符，跟自我概念不一致的行為則摒棄不用。心靈的自由或適應良好只有在自我概念跟個人的經驗相符時才有可能，否則個體就會經驗到緊張或適應不良。與自我概念不一致的經驗會被視為威脅，個體的行為會變得越來越僵化，以捍衛現行的自我概念。如果自我完全沒有受到威脅，個體就可以彈性地修正自我概念，涵容先前與自我概念不一致的經驗。此種統整良好或正向的自我概念讓個體更善解人意，人際關係更好（Rogers, 1951: 483-524）。

治療關係

在探討治療關係之前，我要重申團體中心的理念。每個人都不知不覺地朝向適應、心理健康、成長發展、獨立、自主的方向前進，統稱為「自我實現」。這是與生俱來追求內在平衡的傾向，引導個體前進應該去的方向。

所以，團體中心取向諮商師的焦點是個體的內在自我，個體有能力改變，不受制於過去，人才是重點，而不是問題。知道個體適應不良的原因或程度並不是建立治療關係的必要條件。如果只專注在問題上，我們就會對個體這個人視而不見，誤以為他的問題比他這個人更重要。沒有必要下適應不良的診斷，因為它不是處方取向（prescriptive approach）的治療觀。諮商師要處理的不是個體遭遇的特定問題（Landreth, 1991）。瞭解這一點，我們才能進一步討論團體中心對治療關係的看法。

如果我想協助團體成員，我必須貼近他們跟大家共享的所有經驗，我得溫柔地靠近他們的情緒世界，凝神諦聽他們的想法和敘說。我希望我對團體成員所有的回應，都出自我內心深處對他們的瞭解，盡我最大的能力進入他們內在情緒和想法的經驗世界，也就是當下經驗到的、感受到的、表達出來的和活著的這一刻。我也期盼聽到成員說他很想分享生命中害怕、困頓的時刻，但又擔心說出來的話，我和其他成員可能會拒他於千里之外。他們看似漫無目的，實則勇者無畏，經歷到想被聽見、可又擔心被評價與批評的內在衝突。當此時，部分脆弱的自我仍抱著一絲姑且一試的渴望，用曖昧不明、拐彎抹角的方式旁敲側擊。但稍不留意的話，這些隱晦或潛藏的訊息很容易從我們的眼皮底下溜走。

在許多關係裡，個體似乎只能模模糊糊地覺察到一部分他願意分享的表層自我或經驗，有些關係甚至讓我們不想覺察。其他時候我可以敏銳地感受到自我在呼喚，想被聽見、被接納。這個人似乎在大聲疾呼：「有人聽見我嗎？有人在乎我嗎？」當我們的關係正在發展的此刻，我

會讓我的態度、用詞、情緒、聲調、臉部和肢體表現——我這整個人——都深刻地傳達出我所聽到的、所瞭解的、所接納的訊息，要讓對方感到安全、被接納、被欣賞。在這樣的時刻，我的回應像是輕輕地打開對方面前的那一扇門，我們相伴前進的旅程正要展開。我所有的姿態都在告訴對方：「其實，我也不太確定門的那一邊會是什麼。但我知道無論有哪些事情會嚇壞你或你不想面對，我都願意陪你一起跨過那道門。我會完完全全地與你同在，我們一起來看看那邊的風景。我信任你一定有能力面對和因應我們一起發現的事實。」

我曾諮商過的一位女士寫信表達她對溫暖接納的反應。她寫道：「你讓我最欣賞的一點，就是你允許我恐懼害怕，即使你和我都知道我這麼做實在沒什麼道理。你信任我，我也開始信任自己。真的很謝謝你。」Rogers（1952: 70）說這樣的關係是：「與治療者的安全關係讓自我結構鬆動了，先前受到否認的經驗重新得到覺察，並整合至已修正的自我中。」

邁向自我分化的歷程，始於我付出的溫暖、興趣、關懷、瞭解、真誠與同理心能被團體成員覺察和體會。團體其他成員亦有能力付出這些條件，如果能加以傳達並被感受到，對成員的影響更是不得了。在此種催化性的態度氛圍下（Rogers, 1980），團體成員漸漸倚賴自身的資源，引導自己的行為，修正自我概念和態度。也因此，改變的力量在團體成員身上，而不是我所提供的指導、建議或資訊。如同 Rogers（1961: 33）所言：「若我能提供某種關係，對方將會發現他自己本身就有能力藉此關係來成長和改變，個人的發展也隨之發生。」這種關係其後即被視為團體中心領導者最基本的治療態度，願意去瞭解團體成員，這就是關係發展的歷程。根據 Rogers（1967）的研究，以下幾點是促進人格改變的必要及充分條件：

- 兩個人有心理上的接觸。
- 團體成員處在不一致（incongruence）的狀態，十分脆弱或焦

慮。

- 領導者在關係中是一致的（congruent）或統整的（integrated）。
- 領導者對團體成員表現出無條件的積極關注。
- 領導者同理瞭解成員的內在參考架構，努力地將此種經驗傳達給成員。
- 團體成員感受到領導者的同理性瞭解和無條件積極關注。

　　以此取向觀之，是人、而不是問題，才是關注的重點。如果我們過於強調問題，就會忘了人的存在。在團體中發展出來的關係，以及團體成員因此種關係爆發出的創造力，促成團體成員的改變與成長。毋須處心積慮尋求改變。Rogers（1959: 221）的觀點是：「心理治療乃是將早就有發展潛力的個體的能力給釋放出來。」雖然團體成員會提及某些特定的過往經驗，但當下卻是最值得關注的時刻。在這個過程中，團體成員應為自己負責，而且他們有能力自我引導，練習自我負責，表現出更正向的行為。

030

Robert（本書第一作者）的整合取向

　　或許是因為人性的複雜和生命中面臨的各式各樣問題，多數我熟識的團體領導者最終都逐步採用折衷的團體理論。我選用「逐步」（evolve）這個詞，因為我認為新手諮商師和團體領導者剛開始必須選擇一種契合個人人格與風格的理論，直到滾瓜爛熟瞭若指掌。透過不斷的練習精進，團體領導者可以嘗試採用禁得起時間考驗的介入技巧，最後再選定最適合己用的策略。我反對新手團體領導者一開始就將折衷主義視為介入模式。我個人的偏見是，折衷取向的團體領導者最好建基在既有的理論上，面臨團體問題時方有一致性的處遇，以符合團體最大的利益。

　　我個人對於人如何學習及改變的動機，主要受到以下學者和學派

的影響，包括：Carl Rogers（1951-1980s）與 Robert Carkhuff 的理論、新心理分析學派（neopsychoanalytic school），特別是 Karen Horney 的實務工作、完形學派（Gestaltists），以及較近期的 Harville Hendrix（1988）的理念，成為我探討人格發展和治療歷程觀點的核心。

人格發展

至今依然爭論不休、難以下定論的就是由來已久的「遺傳 vs. 環境」問題。我們越來越瞭解基因對人體的影響。雙胞胎及日益精密的染色體研究顯示，遺傳對性情和行為的影響超乎過去的想像。

我認為遺傳與環境的關係密不可分，未來可能依舊神秘難解。學習在人格發展中仍扮演強勢的角色，個體終其一生都在做選擇。

學習至少在出生時便開始了，有學者甚至認為學習在懷孕期間就開始了。人類的大腦每秒能夠處理上百筆感官輸入資訊，連世界上最複雜精密的電腦都相形見絀，難以與人類的大腦匹敵。當然，我們不是有意識地處理每件訊息，這樣大腦會負荷不了。儘管如此，某些腦部研究學家咸信我們所有的經驗都儲存在腦部某個地方。

我會從腦部開始談人格，是因為個人所有的發展經驗形塑了我之所以為我成為現在的樣子。我認為早期經驗最重要，它們被轉化為情緒妥善地儲存，沒有被思考和評價等功能更為強大的大腦皮質處理和污染。大腦裡最古老原始的邊緣系統是感覺和情緒的儲藏室。早年的記憶與未經評價的正負向經驗，都儲存在腦部這個區域。

大腦最原始的部分沒什麼批判性，在滿足安全感、溫暖和撫育、刺激和性等需求上不遺餘力。大腦皮質是大腦相當晚期才演化出來的部分，賦予我們邏輯與批判性思考、評估、做決定、組織生活的能力。不知是好還是壞，它也協助我們更能控制原始大腦或邊緣系統的衝動。

當我們「學到」文化所期待的適當行為後，我們也學會要節制原始的渴望與欲求。由於我們大多數人記不清五歲以前的早期經驗，我認為形塑人格的經驗多半被昇華或潛抑，以至於不在我們的意識覺察範圍

031

內。儘管如此，它們仍在潛意識層面強烈影響我們現在的自我知覺和世界觀。

　　個體的獨特性乃是天生的情緒自我這部分和個人選擇的生活方式，兩者精密交互作用下的結果。我們對自己的認識是所有經驗內化的總和，包括我們覺察到的經驗，更重要的是，也包括那些雖被大腦存檔但卻不為意識覺察的經驗。

　　我們最引頸企盼的早期需求，對畢生的發展和自我感覺的影響最為深遠。對安全的基本需求縱貫一生。當我們在做重大生活決定時——例如生涯選擇到伴侶選擇，這些動機的影響力皆佔有一席之地。

　　就我個人而言，嬰兒呱呱大哭降臨到這世界一點也不足為奇。我們從世界上最溫暖、最滋養的環境——子宮裡誕生。在媽媽的子宮裡，所有的需求都得到立即持續的滿足，那是個溫暖、安全、無憂無慮、無可取代的地方。在睡覺或痛苦的時候，我們有時會做出被妥善保護的胎兒姿勢，在嚴重退縮的精神病患身上也會看到此種退化的行為，從另一個角度看，那也是一種適應的行為。我用這個例子是想說明安全感在健全人格發展上實有舉足輕重的地位。

　　如果我們有足夠的智慧慎選早期的照顧者，並在雙親呵護備至的關愛下成長，我們就有絕對的優勢往健康、建設性的方向成長發展。然而，即使是最細心的照顧者也無法滿足所有的需求，因此生命就變成學習的過程，得學會一些技巧應付挫折。這些早期的經驗深切地影響個體的世界觀。個體可能認為這是一個安適、溫暖、滋養、值得信賴的環境，抑或是疏離、冷酷，甚至不友善、得小心提防的世界。

　　早期需求受挫的經驗會引發焦慮，左右我們的人際關係。有的人喜歡接近、依賴他人，有的人則是保持距離或獨來獨往，還有些人與他人勢同水火，有攻擊或仇視的人格傾向。

　　Horney 首先談到這些基本人格型態，類似 Hendrix（1988）依關係歸類的**水乳交融型**（fusors）（親近他人）和**天涯孤獨型**（isolators）（逃避他人）。這個理論認為依賴或水乳交融型人格者喜歡親近他人，

032

以此逃避跟童年創傷有關的焦慮。水乳交融型的人幼年時期未從主要照顧者處獲得足夠的關注，因此長大後特別渴望得到關愛、肢體接觸和得到他人一再地保證。水乳交融型的人害怕被拋棄，因此他們會不惜一切地追求如膠似漆、如影隨形、莫逆之交的關係。

反依賴（counterdependent）或天涯孤獨型人格者過去曾被過度保護或被拒絕，因而發展出「我才不需要任何人」的獨立姿態。天涯孤獨型對關係極度慌張焦慮，避之唯恐不及。對他們來說，關係太費神、太花時間了。他們常嚷嚷需要個人空間、自由，要在關係中保有主體性，他們最害怕對方讓他喘不過氣來，或被對方搞得昏頭轉向，陷入無法自拔的境地。

基本人格型態雖然在我們的潛意識層面運作，但卻暗中對當前的關係和團體造成莫大的影響。成人極有可能衍生出多種防衛機制，以迴避最恐懼的事情——被拋棄或陷得太深。說來諷刺，當水乳交融型和天涯孤獨型的人長大後，他們竟會被彼此吸引，發展為情人關係，欲藉此治療早年的創傷。矛盾的是，雖然天涯孤獨型一開始會被水乳交融型散發出來的溫暖和接納引誘，因為對方擁有他早年得不到的特質，但好景不長，水乳交融型對親密的要求越來越明目張膽，天涯孤獨型的內心則越來越痛苦，因為對方實在是太黏人、太任性了！

反之亦然：當水乳交融型的親密需求步步進逼，天涯孤獨型的回應卻逐漸疏離冷漠。雙方為了各自滿足潛意識的需求費盡心機、爾虞我詐。結果，水乳交融型覺得天涯孤獨型很薄情寡義，天涯孤獨型也被水乳交融型嚇得逃之夭夭。

想讓自己過得更好，就得治療這些兒時創傷。其實，我們最恐懼的，恰是我們最需要的！兒時創傷是主要照顧者的未竟事務結下的後果。生命的旅程就是要為這些殘留在幕後、但卻持續影響現在行為的處境畫下句點。一旦我們進入一段對生命將有重大影響的關係，它就可以對抗我們的背景經驗。也就是說，我們會投射潛意識的議題到成員或團體身上：「這個人可以讓我更完整」或「這個團體的人可以幫助我成

長」。

　　相對於個別人格的理論，我投入團體工作。我習慣把團體概念化為家庭經驗重現，在團體裡重新檢視甚或重演早期的創傷。個體的基本人格型態在團體裡無所遁形，因為界線、信任、權力和親密等議題都會激發相同的防衛機制和角色，和「現實」世界如出一轍。

治療關係

　　身為團體領導者時，最適於我個人的角色是「好爸爸」。我認為 Rogers 對核心人際條件的看法相當正確，不過，雖然這些條件很重要，但我個人在團體裡的角色要更廣些，因成員的成熟度和洞察層次而異。我喜歡立即地回應成員，溫和地挑戰他們的優點和缺點，我時時提醒自己，醫治舊創傷最好的方法就是呵護與細心的照顧，人難免會對街坊鄰居甚至家人攻擊、生氣、頂撞。我相信團體成員最需要的是一個安全的避風港，在我的接納和尊重下，我要營造安全的氣氛，讓成員能夠信任我、信任其他成員，最重要地，要信任他們自己。

　　我堅信團體成員值得擁有我最好的服務，因此充分的準備與休息是為了走更長的路，期能在情緒上更貼近和專注。我盡我所能地仔細留意他們傳達出的訊息。

　　所謂完全的同在，可不是只有傾聽和關懷而已。Carkhuff（1969）對人際條件和整體觀的研究是我身處團體的典範。雖然我不會大言不慚地灌輸我的個人價值觀，但我希望我在團體裡是個有人味的人，也就是說，有時我須指出我的喜怒好惡，我個人的偏見、成見和意見。和團體成員共處的時候，我也會以尊重的態度當場提出我的質疑和回應。

　　在大部分的情況下，我的人際功能較團體成員為佳、更具覺察力。在協助團體營造治療的氛圍上，我負有較大的責任。然而，我也謹記我只是團體中的一分子，我的影響力仍是有限的。我時時留意團體的氛圍，所以，「我們如何齊心協力」向來是團體須檢視的議題。

　　最後，我想說的是，我全部的生命經驗，包括歡笑與淚水、高峰與

033

低谷、輸贏成敗、大喜與大悲——都是我的一部分，都在某方面成就我為一位團體領導者。這些全是最寶貴難得的學習經驗，也是我專屬的個人治療。當然，團體成員的人生經驗最能協助我為他們創造信任與成長的氛圍。

Kevin（本書第三作者）的阿德勒取向

　　人，生於團體，長於團體，因此人也只能在團體中才能達到最佳的改變。Alfred Adler 是團體工作的先行者，不僅是因為他重視團體動力，他也認識到人是鑲嵌在社會裡（social embeddedness）的產物。他早期的工作和教學都採取團體的形式，在團體的場合進行個別治療，很像市民大會（town hall meeting）。雖然詳細解說 Adler 的理論超乎本書範疇，但我會簡短地說明 Adler 的發展觀，接著闡述我如何統整這些概念至我所帶領的團體。

人格發展

　　阿德勒學派認為發展是流動的歷程，個體奮力不懈地超越自卑，追求卓越。呱呱落地時，我們都是赤裸裸和無助的個體，此種「微不足道」（inferior）的狀態造成了自卑感，促使我們不遺餘力地想和他人產生連結和歸屬感（力爭上游）（superiority）。當我們還是小寶寶時，這種拚勁是生存所需，其後，它協助我們與他人建立關係。以此種初步的自卑感為起點，我們都各自以獨創的方式在所屬的環境裡找尋歸屬感。我們發展出建立歸屬感的策略，形成我們的生活型態，行之有年。生活型態就是我們歸屬感的藍圖，也就是個體的**人格**（personality）。

　　我們的第一個社會、第一個團體，就是我們的家庭。人格不是個別真空包裝的產物，我們是在社會情境中創造自我。當我們將所學類推至外在現實世界時，就是再一次地將我們的生存策略應用至其他的社群團

體。從阿德勒學派的觀點視之，要好好瞭解一個人，應從團體／社會脈絡著眼。但我們須留意，環境不是決定生活型態的主因，相反地，個人對環境的看法才是人格發展最重要的面向。例如人如何克服貧窮，或同一個屋簷下的兄弟姊妹為何有天壤之別，個體自有其獨到的見解。

　　綜觀人的一生，每個人都在盡力追求歸屬感，以實現阿德勒學派所謂的生命任務。這些任務反映出個人生命的存在面向。這些任務有：愛、工作、友誼、自我和靈性。探索個體如何滿足每項生命任務，你對人的瞭解將更為深刻。

　　Adler 認為人類的社會性是健康與適應不良之間重要的分野。他獨創「社會興趣」（social interest）一詞，以此描述歸屬感的動力和個人對社會的貢獻。社會興趣是所有人天生的潛能，可從個人的生活型態一窺端倪，以社會興趣為生存策略的人，行為特徵是合作與互惠，社會興趣缺缺的人卻常以損人利己的方式逃避社會承諾。社會興趣是阿德勒理論獨一無二的概念，看到它這麼強調社會連結，就可知阿德勒學派為什麼那麼適用於團體工作了。

　　個體會想尋求諮商，是因為沒有妥善地履行生命任務，阿德勒學派認為人之所以會沮喪氣餒，就是因為他們的生存策略已過期不堪使用。焦慮和憂鬱症狀通常是沒辦法實踐生命任務時所編出來的藉口，例如，「我呀，焦慮成疾，不能工作。」或「如果我的憂鬱症狀輕一點，我就可以跟別人建立真正的關係。」面臨此種挫折無奈，個體通常需要額外的協助，重新思考滿足生命任務的方法。想要多瞭解阿德勒學派理論和觀點，請參閱 Fall 等學者（2004）、Sonstegard 與 Bitter（2004）或 Dinkmeyer 與 Sperry（2000）。

治療關係

　　我的領導風格是要讓每位成員成為改變過程的合作夥伴，但他們可以自行定義這個過程。在合作、安全的氛圍下，團體敢於分享和相互扶持。合作是指團體願意開放討論，共同商訂團體規則，訂定團體方針，

並盡量少給建議。提供資訊無傷大雅，尤其是心理教育團體，但我總會在必要時強調團體歷程，特別關注團體成員的需要。

　　營造合作的氣氛乃是為了讓團體成員自我負責和瞭解自身行為的目的，這是阿德勒學派諮商的兩大重點。**自我負責**（self-responsibility）意味著每個人都得為自己的行為、思考和感覺負責。**目的論**（teleology）指的是我們所有的行動、思想和情緒都有目的性。目的彰顯我們的生存策略，為了追求卓越所選擇的終南捷徑。合而觀之，這兩大主軸是團體最有力的改變因子。探索個人行為的目的，鼓勵成員承擔行為責任，從他們最能掌控的對象——自己——著手改變。身為團體領導者，我要強化團體合作探索的力量，協助成員彼此敦促，為個人的問題負責，如此一來團體才更有效能。對青少年和家暴加害人進行處遇時，這些要素的價值不容小覷。在我的團體裡，即便這兩種人都喜歡把自己的問題歸咎於其他人，團體觀察員也很少聽到他們怨懟自己的父母或配偶。

　　我也相信若要成為有效的諮商師，我必須成為社會興趣的榜樣。除了營造互助合作的氛圍外，我真誠地和團體成員同在。如果我留意或感覺到團體有某些事情正在醞釀形成，我會立即和團體成員分享。我認為團體領導者不可能永遠完美無瑕，事實上，只要是人就會犯錯，所以當成員指出我的缺失時，我不但不介意，反而很開心，它讓我有機會向成員示範如何一同面對和處理錯誤。

　　整體而言，我會受到阿德勒學派的吸引，主要是因為它跟我對人性改變的看法共鳴，人性與生活型態相呼應的說法深得我心，也讓我更加瞭解團體成員。強調責任這部分對我而言即是賦權（empowerment），它說：「無論你的處境為何，你總有力量改變。」我喜歡這段話。我的領導風格時而主動介入，時而凝神傾聽；我既可挑戰他們，同時又能跟他們站在同一陣線，攜手合作。

發展你的個人風格

　　我們簡短地揭露個人的團體取向，闡明每位作者對團體經驗的看法與感受。沒有所謂唯一正確的方法，相反地，最重要的是你的團體領導者面具和你的真我是否相符一致。講白話點，如果你很虛假，早晚會露出馬腳。當你繼續閱讀本書，你會發現團體歷程的訊息令人目不暇給、眼花撩亂。我們鼓勵你埋首浸淫在團體的知識時，千萬不要忘卻成為一個有效助人者須具備的要素。這些要素包括你的發展觀、病理觀和改變觀。如果你不斷勉勵自己向前探索，我們相信你要成為心目中理想的團體領導者將會易如反掌。

參考文獻

Adler, A. (1956). *The individual psychology of Alfred Adler*. Edited by H. L. Ansbacher & R. Ansbacher. New York: Basic Books.

Carkhuff, R. R. (1969). *Helping and human relations: A primer for lay and professional helpers*, vol. I. New York: Holt, Rinehart & Winston.

Dinkmeyer, D. & Sperry, L. (2000). *Counseling and psychotherapy: An integrated individual psychology approach* (3rd ed.). Columbus, OH: Merrill/Prentice Hall.

Dreikurs, R. (1950). *Fundamentals of Adlerian psychology*. New York: Greenberg.

Ellis, A. (2001). *Overcoming destructive beliefs, feelings, and behaviors*. Atascadero, CA: Impact.

Fall, K. A., Holden, J. M., & Marquis, A. (2010). *Theoretical models of counseling and psychotherapy* (2nd ed.). London and New York: Routledge.

Hendrix, H. (1988). *Getting the love you want: A guide for couples*. New York: Holt, Rinehart & Winston.

Hobbs, N. (1964). Group-centered counseling. In C. Kemp (Ed.), *Perspectives on the group process* (pp. 156–161). Boston, MA: Houghton Mifflin.

Landreth, G. L. (1991). *Play therapy: The art of the relationship*. Muncie, IN: Accelerated Development.

Meador, B., & Rogers C. (1984). Person-centered therapy. In R. Corsini & D. Wedding (Eds.), *Current psychotherapies* (4th ed., pp. 142–195). Itasca, IL: F. E. Peacock.

Patterson, C. (1974). *Relationship counseling and psychotherapy*. New York: Harper & Row.

Perls, F., Hefferline, R., & Goodman, P. (1951). *Gestalt therapy: Excitement and growth in the human personality*. New York: Dell.

Polster, E., & Polster, M. (1973). *Gestalt therapy integrated: Contours of theory and practice*. New York: Brunner-Mazel.

Rogers, C. (1951). *Client-centered therapy: Its current practice, implications, and theory*. Boston, MA: Houghton Mifflin.

—— (1952). Client-centered psychotherapy. *Scientific American*, 187, 70.

—— (1957). A note on the nature of man. *Journal of Counseling Psychology*, 4, 202.

—— (1959). A theory of therapy, personality, and interpersonal relationships as developed in the client-centered framework. In S. Koch (Ed.), *Psychology: A study of a science* (pp. 184–256). New York: McGraw-Hill.

—— (1961). *On becoming a person*. Boston, MA: Houghton Mifflin.

—— (1967a). The conditions of change from a client-centered viewpoint. In B. Berenson & R. Carkhuff (Eds.), *Sources of gain in counseling and psychotherapy* (pp. 71–85). New York: Holt, Rinehart & Winston.

—— (1967b). The process of the basic encounter group. In J. F. Bugenthal (Ed.), *Challenges of humanistic psychology* (pp. 263–272). New York: McGraw-Hill.

—— (1980). *A way of being*. Boston, MA: Houghton Mifflin.

Sonstegard, M. A., & Bitter, J. R. (2004). *Adlerian group counseling: Step by step*. New York: Brunner-Routledge.

第四章

全方位領導訓練

練習，練習造就完美。完美本身就是個缺點，有缺點才會激發
改變。

Michael Stipe

團體領導者的風格

雖然團體理論與領導者介入策略的發展和過去 35 年來已不可同日
而語，進步神速，但 Lewin 等學者（1939）、White 與 Lippitt（1968）
早期的領導研究仍堪稱經典，可據此概念架構評估團體領導。基本上，
他們的著眼點是團體成員參與決策的程度，在他們的研究中，領導風格
可分為以下三種：(1) 權威型；(2) 民主型；以及 (3) 放任型。

權威型領導者

這類型的領導風格偏向獨裁專制，強調領導者的權力與權威。領導
者採取高度直接指導的態度，看重任務是否達成，較不在意歷程，雖然
團體領導者剛開始會和團體共同協商目標，但通常是由領導者決定和評

估什麼是達成目標的最佳方式。權威型領導者擅長帶領心理教育團體和任務團體。

民主型領導者

這類型的領導者如字面所見，是平等主義取向。他們強調團體氣氛和凝聚力，鼓勵所有團體成員共同訂定目標和方向，重視歷程更勝於內容，民主型領導者允許團體參與歷程，扮演知識提供者的角色。這類型的領導風格很適合帶領諮商、心理治療和心理教育團體。

放任型領導者

這類型的領導者在團體中扮演被動的角色，由團體承擔自己的方向和目標。領導者擔任技術顧問的角色，僅在必要時提供歷程詮釋和協助。這類型的領導特色適用於支持性團體，以及在團體歷程較後期的階段，讓團體成員負起更多的責任。

Lewin 等學者（1939）、White 與 Lippitt（1968）發現了一些有趣的差異，特別是團體成員的滿意度、積極性與團體任務效能等方面。權威型與民主型領導者的團體會認真應對任務，然而，放任型領導者所帶領的團體就沒那麼嚴謹了。若領導者在團體中缺席，權威型領導者的團體會偏離任務，民主型團體會以同樣的步調繼續，放任型的團體反而會**加快**他們的工作進度。

如預期所見，權威型團體會比較依賴領導者，滿意度較差、批評聲浪高、要求強勢。友善及合作是民主型團體的特徵。相較於權威型和放任型，團體成員通常比較喜歡民主型的領導者。

領導風格與團體效能、滿意度間有密不可分的關係。團體成員期待領導者能始終如一，達成團體的發展需求。Fall（1997）探討領導者在催化心理安全感上所擔負的角色，發現整個團體進行期間，團體成員會

認為這是領導者的責任，而非自己和其他成員的責任。這個結果顯示，雖然和成員共享責任的民主型領導者最受愛戴、最有效能，但領導者終究是領導者，不該「等同於」團體成員。

　　每位團體領導者都必須探討和決定什麼是最有效、跟自己的風格最一致的領導型態。「恰到好處」的領導風格靠的是經驗和練習。我們建議訓練階段的領導者應在督導下試驗幾種不同的取向。最有效、最令人滿意的是那些能夠找到運用起來相對從容、又能結合個性與理論基礎的領導者。

　　Kottler（1983）寫道，團體領導者是「完全發揮功能的典範」。他認為團體領導者是一個令人心悅誠服的對象，能充分掌握他的個人世界。領導者渾身散發出自信、專業、經驗豐富、沉著冷靜的態度。Kottler 認為「自我超越」（personal mastery）是圓滿生活必備的技巧。他進一步說明如下：

> 追求自我超越的治療師是個自強不息、關心自我和他人心理健康福祉的人，他們以行動追求真理，勇於探索未知和冒險追尋理想的生活。最重要的是，他們與時並進，致力於自我超越、健行不已。
>
> （Kottler, 1983: 92）

此外，還有些推論性假設支持這個自我超越模式。

- 團體領導者越能自我精進，就越具有專業效能。
- 團體領導者和成員一樣，不斷地精益求精。看到個案為了自身和人際的困擾而傷神，都會讓領導者捫心自問：「我有沒有修通了這個問題呢？」雖然利用團體時間修通個人問題不合倫理，但團體領導者少不了會用療程間的空檔反省個人相關的議題，為該議題畫下完美的句點。

039
- 團體領導者越有解決個人問題的效能，就越能成為成員的標竿，以此鼓勵他們上行下效。團體領導者應該比團體成員早一步修通自己的議題。
- 人不可能十全十美。每位團體領導者都應嚴以律己，追求更高層次的自我超越。要做出建設性的改變，首要之務就是確認需要改變的行為。

（Kottler, 1983: 92-93）

　　Kottler 列出一連串團體領導者可據以自我評估的特質，包括：自信、敢於冒險、幽默、變通、創造力、自律、全神貫注（專注於當下）、不易受負面情緒干擾、誠實、活力充沛、慈悲等等。

　　團體技巧與策略常與特定的理論取向有關，完形、存在和敘事取向都有獨特的技術。另一方面，團體功能，尤其是歷程取向的團體，探討的主題較廣。團體氣氛、凝聚力、信任程度、互動型態等都涵蓋在這類範疇裡。

　　最後，造詣修為精深的團體領導者會不斷地評估檢視他和每位團體成員、以及整個團體間的關係。領導者的人際關係是有效團體領導的重要面向，也就是我們接下來要討論的**人際技巧**（interpersonal skills）。

人際技巧訓練的原理

　　人際技巧是界定人與人之間關係品質的行為群組，它注重的是對待他人的行為舉止素質。人際技巧常被稱為溝通技巧，大部分的系統性研究也強調口語和非口語行為的溝通。人際技巧的研究和量化最主要受到心理治療和溝通理論的影響。

　　人際技巧的概念發展與隨之而興起的訓練，掀開這些技巧的神秘面紗。顯示這些技巧可透過學習而獲得，所以文化、環境、社會期待、社會與個人價值等影響因素，都是治療師和溝通理論學者關注的重點。

　　從歷史演進的軌跡來看，將人際層面整合至治療、為其打下基礎者當推反對 Sigmund Freud 過度以生物因素解釋人類行為，因而分家形成的新佛洛伊德學派（neo-Freudians）。例如，社會民主主義者 Alfred Adler，率先認為人是社會性的人（social beings），個體的行為具有目的性，是目標導向的。晚期如 Karen Horney 的理論則強調文化對形成神經性自我的影響。最重要的人際理論學者首推 Harry Stack Sullivan，他強調須探討個案的主觀世界，為往後的理論學家所奉行。

　　F. C. Thorne 的研究與其心理治療的折衷取向，進一步嘗試以更平衡與整合的方法和廣闊視野看待人類行為。隨著 Carl Rogers 的《當事人中心治療》（*Client-Centered Therapy*）（1951）一書問世，更是強調當事人的主觀現象學世界。治療師與當事人間的關係是主軸，關係的發展歷程受到更嚴密的檢視。Rogers 最劃時代的貢獻，即是找到治療性人格改變的必要與充分條件。除了以「全人」（whole person）的角度看待當事人外，Rogers 更主張在培養治療師與當事人間建設性的關係時，有一些相當關鍵的「催化性」（facilitative）核心條件。這些條件就是治療師給予的同理心、溫暖與真誠一致。

040

　　Charles B. Truax 與 Robert R. Carkhuff（1967: xiv）以嚴謹的研究致力於發現能使當事人受惠、有效的諮商與心理治療應具備的要素。從他們日積月累的研究中可看出方法學上的突破。他們發展出具有信度的量表以測量正確的同理心、非佔有性的溫暖，和治療師的自我真誠等人際條件。

　　於此同時，溝通理論學家化繁為簡，從眾多的學科領域中綜合出一套人際溝通原理。Samovar 與 Rintye（1970）強調人類的語言顯示出某些共同要素，人類的注意力具有高度的選擇性。他們主張人們會主動尋找自我意象、行為、知覺的資訊間的一致性，並藉由扭曲他們無法改變的資訊或避開這些資料，以維持知覺的一致性。

　　Samovar 與 Rintye（1970）強調主動式傾聽使收聽者能聽進較多的資訊。社會角色與地位會影響組織中的溝通，沒有任何一個象徵或字詞

代表固定被指對象（fixed referent）——也就是說，字詞的「意義」依發話者或收聽者而定，跟字詞本身無關。他們也指出非語言訊息如何影響人類的溝通，這些都是人際溝通研究的基本原理。

以 Rogers 與 Truax 的理論為本，Robert R. Carkhuff（1983a）進而提出人際評分量尺，擴充人際溝通範圍。Carkhuff 及其同僚發展出一套主要用於治療情境的人際助人模式，但理論上可應用於所有的人際互動。他們的模式基本上為訓練與學習取向，重點在個人的區辨能力，或完全理解訊息內容與歷程的能力。正確接收訊息的能力取決於收聽者的專注程度。他們的研究證實可以透過技術訓練改善個人的專注技巧。

個人如何回應訊息是建設性溝通能否持續的關鍵，也是後續行動的基礎。有六種人際條件會影響溝通的有效性，包含三個催化條件與三個行動條件。

催化條件

如果溝通時能盡其所能地展現這些條件，它們將能催化個人去探索與瞭解自我。

- **同理心**（empathy）。暫時與他人融合，透過這個人的眼光看世界。有能力瞭解他人的經驗與感覺。
- **尊重**（respect）。表達關懷與相信他人的潛能。
- **具體化**（concreteness）。協助他人聚焦在正談論的感覺和經驗上。

行動條件

如果溝通時能盡其所能地展現這些條件，它們將能引導個人以自己的意念採取行動。

- **真誠一致**（genuineness）。能在關係中向他人展現真實的自我。
- **挑戰**（confrontation）。能就事論事，向他人指出言語、行動和現實知覺不一致之處。
- **立即性**（immediacy）。能瞭解自己和他人之間當下的感覺和經驗。

助人的基本假設

人際技巧發展（interpersonal skills development）是強化個人潛能時不可或缺的第一步，Carkhuff（1983b）名之為**人力資源發展**（human resource development）。

助人的義務，即是在他人生命中的關鍵時刻**挺身而出**，於此同時，一肩挑起願意協助的**責任**（responsibility）。如果我們決定不想只當他人感覺和想法的「傳聲筒」，就必須允諾接受這個艱巨的責任，動用所學的助人技巧以確保使命達成。

上述的說法意味著我們要做出承諾，願意盡己所能成為有效的助人者。這也意味著我們有該做的事——學習必要的肢體、心智與情感技巧——以提供有效有用的協助，透過我們的言語和行動成為足以堪任的典範與良師。

讓我們來檢視助人歷程的兩個基本假設。

助人者—受助者：普世關係

基本上，兩人或多人之間的交流可劃分為助人者—受助者兩個角色。在互動的過程中，一人為助人者（或「多聞」者），另一人則是受助者（或「寡聞」者）。助人者—受助者關係的關鍵因素為人際效能，即個人在身體、心智與情緒的整體影響力。附帶一提，助人者—受助者的角色並非固定不變，而會依求助的性質和相對「多聞」的程度有所轉

變或對調。

　　溝通交流時，助人者在以下三個面向中，至少有一項以上的優勢：

- **身體**（physical）──從生理條件看來，助人者的活力充沛、耐力更久。
- **心智**（intellectual）──助人者善於將適當且相關的資訊創新應用、獨樹一幟。
- **情緒**（emotional）──助人者完全覺察個人的感覺和人際的影響力，依情境需要表現出同情心和決斷力。

042
關係是「向上提升還是向下沉淪」

　　人類溝通交流的第二個最主要假設是，關係是「向上提升還是向下沉淪」（for better or for worse）──有益或有害。最基本的問題是：「我適合當助人者嗎？」如果一個人尋求我們的協助，離去後他的情況會變得更好，或是變得更糟呢？在我們努力的協助下，究竟是幫到他們，還是阻礙他們成長？我們提供給他人的關係、我們展現的人際技巧，可能會對受助者的人生有加分效果，也可能造成負面效應。

　　簡而言之，這個世界普遍存在著助人者─受助者的關係，例如：雙親─子女、醫生─病人、領導者─追隨著、朋友─朋友等等。除此之外，關係的品質或提供的「協助」會影響個體的成長──不是往健康、積極的方向「向上提升」，就是往不良、惡化、危害的方向「向下沉淪」。

人際技巧發展的理論基礎

　　這個模式視個體為有發展潛力、有衝勁、成長的有機體，是從環境中接受「協助」後的產物。也就是說，個體會向他所認定的**重要**（significant）對象看齊，由此「向上提升」或「向下沉淪」。大多數時候，看齊的對象就是父母親或主要照顧者。其後，隨著孩子的世界日

漸擴展，教師、教練、諮商師、伯叔嬸姑舅姨、朋友等重要他人紛紛加入。即使有與生俱來的生理限制，兒童—青少年—成人仍會模仿周遭人的行為，好的壞的技巧都學起來。

此種人格理論認為意識的成長與整合是最重要的動機驅力。具體而言就是：

- 最能說明個人整體效能的例子為其在這世上的功能水準——並不是願望、欲望或自我陳述，而是觀察得到的行為。
- 個體是習得技巧與行為後的產物。
- 個體的自我（或與現實世界疏理和統整內在需求的那部分人格結構）乃是朝向潛能實現與成長。

這個模式的要義為：全人乃是由情緒、心智與身體資源統合運作而成，這些行動會激發越來越多的自我定義（self-definition）及統整。健全的「全人」（whole person），就是聲稱及瞭解「我知道我是誰，我知道我在做什麼」的人。

全人

人際技巧模式追求的是健全、完善、全人，如圖 4.1 所示。就「助人」而言，充分統整、全人的個體在這三個部分有較優秀的素養，以此維持高水準的助人能力：

- 身體：精力充沛、堅忍不拔；
- 心智：整合相關資訊，獨闢蹊徑；
- 情緒：應對得體、主動積極。

也許下面這段話最能闡明全人或有效的助人者：

043

全人

心智
資訊
創造力

身體	情緒
身體意象	自我瞭解
活力	人際技巧
耐力	

圖 4.1　健全、完善、全人

　　有效的助人者活得有效能，也以真誠和積極的態度展現自己，
回應他人，傳達出正確的同理性瞭解，尊重他人的感覺，引導
他們討論這些特定的感覺和經驗。他知道自己正在做什麼，大
方得體、古道熱腸、不落窠臼，盡心竭力為他人的福祉著想。

（Carkhuff, 1983b）

成長中的個體

　　高科技發展的社會似乎有些潛規則在暗中鼓吹平庸主義。在一個高
度專業化與機構化的社會，酬賞系統看似用來控制人類的行為，以扼殺
想像力和創造力。完全發揮功能的個體認清這些潛規則，繼續學習、再
學習，期能學會更新、更有效的技巧。團體領導者知道停滯不前或只會
「拍手叫好」不僅是裹足不前──而且是開倒車，沒有停等區這回事。

　　成長中的個體認為「充分活在當下」乃是必須鍥而不捨、再接再厲
磨練的技巧。充分、完整是指無論時局如何演變，仍然一肩扛起，不要
想用糖衣毒藥去操弄權術。以誠待人、光明磊落，而不是惺惺作態、別

044

有用心。

　　掌握情境的關鍵在於發展多重能力，換言之，即擴充我們的反應技巧。能夠與時並進通權達變者，成功的可能性將大幅提高。如果我們能充實反應技巧，選擇的範疇將會倍增。

　　真正才德兼備、智勇雙全，能在關鍵時刻發揮作用的人，才是我們想要的摩西。也就是說，我們必須鼓勵有才的人，讓他發揮潛能。

　　舉例來說，如果你的橄欖球隊有兩位選手（A 與 B），你要選出一位四分衛，兩人的條件相似，你認為 A 的體格很適合當四分衛。然而，撇開體格健壯這項條件，選手 B 較能鼓舞士氣，讓隊員的表現更好，是位很棒的領導者，選 B 做四分衛的話，贏的機率會增加，因為他擁有**加分技巧**（additional skills）。在這種情況下，應該選功能最佳的人當四分衛。

人際技巧發展概觀

　　人際技巧概要如表 4.1 所示。如同圖 4.1 一樣，當我們仔細檢視對話雙方的人際關係，會把重點放在**辨識力**（discrimination）（傾聽與瞭解的能力）與**溝通力**（communication）（能正確回應所見所聞的能

表 4.1　人際技巧概要模式

辨識力與溝通力的催化／反應和行動導向／啟動面向
• 同理心（瞭解他人）
• 尊重／溫暖（關心他人）
• 具體化（明確）
• 真誠一致（誠實、坦誠）
• 挑戰（指出不一致或「直言不諱」）
• 立即性（專注在此時此刻）
• 合宜的處遇模式或有效的行動歷程（自我瞭解）

力）。除此之外，這個模式還包含人類溝通時或多或少會出現的六個面向，分別是**同理心、尊重、具體化、真誠一致、挑戰和立即性**。

Carkhuff 與 Berenson（1977）研究每個面向，發現能提供高層次人際條件的人（如：治療師、諮商師、教師、父母、學生和半專業助人者），較能營造適合成長的氛圍。相反地，只能提供低層次條件的人會阻礙或抑制個體的成長。這個過程見諸身體、心智、情緒等各層面，但在這裡我們會把重點放在團體領導者應提供給成員的口語反應品質。

我們要先澄清**高層次**或**低層次**的意思。判定一個反應是高層次抑或低層次，我們採用五點量尺，由受過訓練的評分者根據反應的內容和情緒來評估。助人效益性評分項目如表 4.2 所示。

表 4.2　助人效益性評分項目

助人效益性	分數	溝通層次
高層次反應	5.0	充分、同步及持續地傳達所有的條件。
高層次同理心	4.0	充分傳達某些條件，其餘條件都達到最低限度的催化層次。
交流反應	3.0	所有的條件都達到最低限度的催化層次。
減分反應	2.0	傳達出某些條件，其他則否。
	1.0	完全沒有傳達出任何條件。

低於 3.0 的反應被判定為減分、開倒車的反應，恐對求助者造成傷害。3.0 層次的反應稱為**交流反應**（interchangeable responses），因為受助者的陳述和助人者的回應交替出現。得分 3.0 的助人者只是盡可能正確、簡單地重述或反映受助者表露的情緒和意義。3.0 以上的反應稱為**高層次同理心反應**（additive empathic responses）——助人者的回應超乎受助者表達出的內容，增加探索與自我瞭解。

多數優秀助人者的反應介於層次 3 和層次 4 的高層次同理心反應。有效的助人者會花較多時間和精力催化受助者深度的自我探索，這些反應超過受助者當下表達的內容。進行高層次同理心時，助人者協助受助者對自己的問題負起責任，也就是說，受助者不可推諉塞責，他對問題握有主導權或內控權。

若個體無法對自我負責，問題解決將會徒勞無功。個體必須放棄某些自我防衛機轉，如否認、怪罪、投射與合理化等。

減分反應是五點量尺中最糟的反應，根據 Carkhuff 與 Berenson（1977）的研究，多數人分數落在 3.0 以下或達到最低限度的催化層次（半專業助人者平均得分為 1.49，一般大眾 1.58，心理所研究生 2.35，教師 2.10，高中諮商師 1.89，資深治療師 2.13）（Carkhuff & Berenson, 1977: 31）。由此可知我們為什麼要這麼強調人際關係技巧了。

團體領導者的人際技巧

我們每天都處在數次「助人」的情境中，有些人甚至就是靠助人營生。某些人或許不是專業的助人者，但多數人不乏以各種方式助人。治療情境觸目皆是，例如：諮商師—個案、教師—學生、護士—病人、父母—孩子、警察—人民、空服員—嚇壞的旅客等，不勝枚舉。

我們認為助人的關鍵決定因素就是「你自己」。當我們受命助人，所發揮的影響力或助人效能，跟我們的人際技巧水準息息相關。

說真的，我們該問問自己這個問題：「如果我脫下制服、卸下專業角色，或沒有可依循的程序或指導方針，我拿什麼助人呢？」答案肯定毫無二致：我本人。

此處我們想探討的重點是在助人情境中個人應有的特質，以及讓他人感受到這些特質。

簡而言之，助人的情境不知凡幾。尤有甚之，我們必須強化個人的潛力，以成為有效的助人者。接下來將有進一步的探討。

046

辨識力

身為一個團體領導者，我們該做什麼才能增強個人的反應水準，對團體成員的生活發揮影響力？第一個該有的技巧就是**辨識力**。培養高度的辨識（或專注）技巧，意指我們要全神貫注於對方所傳達出的每一項訊息。我們不只要傾聽內容（說了**什麼**），也要聽出情緒（**如何**說出）。要做到這一點，我們不僅須用耳傾聽，也要用眼觀察。要傾聽的不只有話語（語言），還有情緒（非語言）。

改善反應能力的第一步，就是培養優秀的辨識力。心無旁騖、專注於所有的線索——不管是內容、情緒、語言還是非語言，統統不放過。

有些人天生具有高度的辨識力，喜歡安靜地觀察別人的行為，我們稱之為**反應型人格**（responsive personality type）——他們觀察入微，依照別人的期望行動。這種行為模式如果走極端，反而過猶不及，因為行動都只為了回應他人，自我概念「自外向內」（outside in）而來，卻喪失了自我認同。我們可藉由磨練個人的專注技巧，傾聽且完全與他人當下同在，期使辨識力蒸蒸日上，百尺竿頭更進一步。

溝通力

辨識力雖然是高層次人際關係的基石，但光靠它的話，治療價值相對有限。辨識力雖然是必要且重要的助人關係步驟，但這樣還不夠周全。在辨識之後最關鍵的步驟，就是**溝通力**，也就是發揮你最好的辨識力，將受助者所說的內容回應給他。從某種程度來說，可藉由評估反應給受助者的層次來評估辨識力良窳與否，五點量尺是此階段很好的評估標準，亦即將受助者說的內容視為刺激（stimulus, S），把助人者回應給受助者的內容視為反應（response, R），從量尺上判定是加分還是減分效果。

整體而言，助人應包括辨識力及溝通力，這些技巧都可以訓練、練習和改進。如你所見，辨識力好練多了，因為它是較被動的行為。辨識力是**感知**（sensing）與**知曉**（knowing）——把全副心力都放在對方身上，盡可能正確地判斷對方的言行。溝通力則是更主動的行為，助人者得冒點風險。如果不願意主動、深刻地與受助者互動，可能永遠無法成為有效的助人者。

簡而言之，辨識力是**提高警覺**（alertness），溝通力則是**行動演出**（acting）。

團體成員最想知道領導者究竟能怎麼協助他們——助人者是更有功能、「更多聞」、有能力提供適當的協助。我們要再談談早先提到的「發揮功能」。受助者一開始想知道的是助人者的外顯行為，想瞭解助人者是否夠自重，展現出能力、紀律、精神飽滿。

假設成員決定留在團體中，就會繼續試探領導者。下一個他們可能想問的問題是：「我能被他人瞭解嗎——他能瞭解我嗎？」受助者常感困惑不安——不知道該如何理清思緒和感受，這種心情令他們焦慮害怕。當此時，團體成員要的不是意見、忠告或「告訴我該怎麼做」，他要的是關懷和瞭解，在這個特別的時刻，他人的瞭解才能回答「我還好吧？」這個問題。團體成員期待助人者能給予客觀、無條件的回應，他們希望得到瞭解（同理心）與關懷（尊重）。

同理心和尊重這兩個條件在交流反應層次中被稱為**建構基礎**（building block dimensions），因為它們能增進彼此的信任。受助者若能接收到助人者的同理心和尊重，他們也會學習去信任，更願意去探索自我和面對問題。

當領導者聚焦在成員說出口（或沒有說出口）的內容，引導他們探討與個人議題相關的特殊用詞，團體成員就會進行深層的自我探索和自我瞭解。

當信任感建立與催化自我探索後，自我瞭解的程度亦漸次加深，這是在認知或理智上瞭解自己或問題。在人際技巧模式中，當團體成員能

像領導者般回應自己時，就算達成此層次的瞭解。換言之，助人者和受助者可以互相交換想法，有些治療師稱此為洞察（insight）。

人際技巧模式將洞察提升至行動階段。事實上，「沒有行動，就沒有瞭解。」換句話說，我們或許「瞭解」自己或問題，但真正的自我瞭解是透過適當和建設性的行為，將洞察付諸行動。

建立信任的連結後，此時領導者已充分表現出他的瞭解與關懷，更能展現核心條件，與受助者攜手並進。助人者是受助者的啦啦隊，更加真誠、挑戰與立即性——助人者與受助者這個團隊益發合作無間，一起發展計畫、方案和有效的策略，重建受助者的思考、情緒、行為與生活世界。

從助人者的角度看助人

從先前的討論可以看到助人歷程有兩個重要的階段——辨識與溝通。這兩個階段也包含相當重要的人際條件。

催化或反應面向

催化或反應面向包括同理心、尊重、具體化以及真誠等條件。若能提供這些高層次的「核心」條件，較能滿足團體成員想得到滋養或無條件關懷的需求，有助於建立信任關係和自我探索。

反應面向如字面所示，即是向當事人傳達對其參考架構的瞭解，或「他們所從何來」。以下簡短說明各個反應條件。

同理心

同理心意指助人者向受助者傳達出他瞭解受助者話語和經驗的**情緒**（feeling）與**意義**（meaning）。

聚焦在受助者說話的內容和說話方式，同時回應訊息的兩個內涵。在層次 3（即交流層次），助人者要讓受助者知道他瞭解受助者表達出的情緒和意義，並盡可能正確地**反映**（reflect）給受助者。在較高層次的同理心（或高層次的反應）中，助人者進一步超越受助者外顯的表露，瞭解並傳達受助者自己都覺察不到的部分。

有些準則可判斷同理心的正確性。在反應層次 3（即交流層次），助人者反映出：

- 受助者說出來的感受；
- 受助者顯露的情緒；
- 瞭解環境的刺激或內容。

高層次的同理心端賴助人者統整受助者資訊和經驗的能力，引導受助者：

- 辨識出受助者的行為模式；
- 受助者的自我感覺乃是與環境互動的結果；
- 受助者的自我期許；
- 受助者對自己的看法；
- 吸納新的感覺或反應，形成新的意義。

受助者說 ：「每次受邀參加派對，我就會好緊張。我會擔心個不停，一整個禮拜愁眉苦臉。」

交流反應 ：「一想到要去參加派對，就讓你又焦慮又緊張。」

高層次反應：「想到要去參加派對，讓你的心情七上八下、手足無措。對自己的束手無策，你覺得迷惘與失望。」

尊重

049

尊重意指助人者關心和重視受助者的感覺、潛能和經驗。有三個尊

重層次可說明助人者積極關注與關懷受助者的感覺、經驗和潛能成長。助人者欣賞受助者有表達自我和建設性處理生活經驗的能力。越高層次的尊重，助人者的回應越能讓受助者充分自在地做自己，被當成獨立個體般獲得重視。

　　尊重傳達出助人者關懷和尊重受助者，相信他能夠以建設性的方式解決問題。在最高層次的尊重中，助人者的回應讓受助者瞭解他有完全發揮潛能的空間。

受助者說　：「真是氣死我了。我的籃球打得比其他隊友好，而且每個星期五晚上我還會買票看他們打球。」

交流反應　：「你真的很生氣，你認為你應該可以上場，而不是坐冷板凳。」

高層次反應：「你對只能坐著觀賽、讓大好機會白白溜走的自己很生氣。你已經下過很多工夫，想找個方法測試自己的能力。」

具體化

　　具體化意指助人者引導受助者將談話的方向聚焦至特定或具體的詞彙。最低效能層次的具體化（即層次 3），助人者只偶爾協助受助者探討與個人議題有關的特定詞彙。助人者不需要事事調查打聽。要做到具體化，助人者必須善加辨識受助者的認知與情緒用詞，便於進一步探討。

　　具體化是助人關係初始常用的催化反應。具體化可以協助受助者自我探索與瞭解，亦讓助人者逐漸啟動和強化助人關係，開啟統整的歷程。

受助者說　：「我想我跟其他人沒什麼不同——我猜有一大堆事要做的

時候，大部分的人都會緊張不安。」

交流反應 ：「你真的很希望你的煩躁不會失控──多數人的感覺和你
　　　　　差不多。」

高層次反應：「一方面，你仍希望你的焦慮會消失，但同時一想到它可
　　　　　能會失控，就讓你心有餘悸。」

啟動或行動導向面向

　　啟動或行動導向（initiative or action-oriented）面向包括真誠一
致、挑戰和立即性等條件。當受助者經驗到被瞭解與被關心後，自我覺
察的程度逐漸提升，越來越能與助人者互動，準備好要將自我瞭解轉化
為具體的行動計畫。

050

　　到了這個階段，助人者要做的事更「條件式」（conditional），亦
即在助人關係中更須相輔相成。讓我們仔細看看在此助人階段須提供的
條件為何。

真誠一致

　　真誠一致係指助人者用建設性的方式誠實地對受助者表達他的感
受。說明**真誠**最好的範例，就是想想真誠的相反詞──不真誠或虛偽。
在助人情境中，若要做到對情緒真誠和開放，也要有能力辨識受助者是
否願意接受你的坦誠以對。你可能非常忠於自己的感受和看法，但卻對
受助者造成不良的衝擊。最不真誠的情況是助人者的態度防衛，或躲在
「專業」的角色之後。助人者僅以複誦或鸚鵡學舌的方式表露低層次的
真誠。

　　在層次 3（即最低限度催化層次），助人者的反應並沒有透露任何
「負面」或「正面」的線索。換言之，助人者僅表現專注傾聽的態度，
但他的回應不是**虛與委蛇**（insincere），就是**太矯揉造作**。

高層次的真誠一致，助人者以無損他人的方式誠摯地說出他的正面或負面觀感。助人者真摯懇切、胸懷坦蕩、豁達大度。

受助者說　　：「我真的很驚訝。我知道我一直有在努力。我真的關心別人，沒想到別人也關心我。」

交流反應　　：「你真不敢相信事情就這麼發生了，你可以關心我，也讓我關心你。」

高層次反應：「知道我很關心你、你也關心我，真的是一種很奇妙、不可思議的感受。我很高興聽到你瞭解也接受我的關心。」

挑戰

挑戰是指助人者聚焦在受助者的不一致上。挑戰的種類包括：

- 現實我與理想我；
- 洞察與行動；
- 助人者與受助者的經驗。

挑戰的做法有以下數種：

- 體驗性；
- 教導性；
- 挑戰優點；
- 挑戰缺點；
- 鼓勵採取行動。

051　　可惜，1960 年代和 1970 年代早期的文化暴力造出了**面質**這個情緒反應意味濃厚的詞，幾乎與憤怒和衝突等詞彙畫上等號。從前面的定義可知，挑戰是強調想法和行為之間的**不一致**（discrepancies），但並沒有產生任何特定的情緒。如同定義中所言，我們認為挑戰有三種主要的

類型和五種主要的做法或方式。

在最低限度層次的挑戰中，助人者的口語和行為雖然暗示受助者的不一致，但卻沒有直接或特別提到這些不一致。例如，助人者僅提出問題，卻沒有指出受助者的回答分歧不一。

較高層次的挑戰，則是只要有不一致出現，助人者以審慎和理解的態度挑戰受助者，直指受助者行為的不一致。

受助者說　：「我已經節食一百多次了，屢試屢敗，我減重，但還是復胖，我沒有毅力去完成任何事情。」

交流反應　：「你已經證明你可以減重──只是該怎麼繼續維持下去一直困擾你。這個模式讓你懷疑自己是否有堅持到底的能耐。」

高層次反應：「這個『反反覆覆』的模式引發你對自己的懷疑，不知道你是否只能堅持一小段時間，或是能努力不懈。你是否願意做出承諾去做真正持久的改變呢？」

立即性

立即性指的是助人者聚焦在助人者和受助者間「此時此刻」當下的關係。最低層次的立即性，助人者的反應完全沒有覺察到受助者的說話內容可能跟助人者有關。助人者的做法可能會忽視、沉默或根本沒有回應內容。

在交流反應這一層次，助人者開放但謹慎地詮釋立即性的內容，但卻沒有連結受助者當下說的話。助人者雖以開放的心胸就字面的意思加以回應或反映，但並沒有特別提到誰。

在高層次的反應中，助人者以試探性的態度連結受助者對他的回應，或是用直截了當的方式，這是最高層次的立即性。

受助者說　：「我不知道。我已經看過兩個諮商師，但好像沒什麼效果。也許我該學習忍受。似乎沒有人能告訴我答案。」

交流反應　：「你覺得很洩氣。你一試再試，但還不確定有誰能幫你。」

高層次反應：「你現在很洩氣，一部分原因是你，另一部分原因是我。你希望我跟其他人不一樣，可是現在你不確定了。」

助人者的策略摘要

052　　我們從人際關係層面探討助人者的策略，由此可知團體領導者須敏於覺察自我、覺察他個人對受助者的影響力。助人者須對受助者的需求發揮良好的辨識力，也要能適當地回應這些需求。

　　助人者能滋養、催化他人，指引受助者邁向更高層次的成長與自我實現。整體目標為催化自我探索與瞭解，與受助者一起制定有效的行動方案或策略來矯正不良的行為模式，鼓勵受助者採取新且有效的生活型態。助人者承擔起協助受助者的任務，願意「多走一哩路」（go the extra mile）以維持效能及增進個人成長。

　　經由在關係中實踐最真實的自我和提供最高層次的服務，助人者裡外合一，展現出最具人性的自我。

有效的領導訓練

　　ASGW（2000；見附錄 B）和諮商與相關教育課程認證評議委員會（Council for Accreditation of Counseling and Related Educational Programs, CACREP, 2009）規範了數項有效領導訓練的指導方針。上述兩者都認為應該給學生全面性的系統學習訓練，包括教學講授和實務練習，才能讓學生有機會體驗當成員和領導者的角色。大學部的課程方案可以用各種富有創造力的方式達成上述的精神，本節也強調這個取向。

許多課程方案會要求學生須有參加「自我成長」團體的體驗。大約有一半的課堂時間用來實施團體諮商，稱為**課堂團體**（laboratory group）。通常班級人數約為 16 人，所以會分成兩組，每組 8 人。團體在學期間每週聚會 1.5 小時，暑假期間則兩週聚會一次。課堂團體由資深的博士班研究生或聘請有執照的實務工作者帶領。

課堂團體雖是課程的一部分，但並不做為評分依據。教授會鼓勵學生全心投入助人者及受助者的角色，用這種方式試驗和磨練技巧。課堂團體的參與和學期成績無關。

團體諮商是必修課，所有的入學生都得修。團體成員適切性的預先篩選受限於碩士班錄取的素質。雖然多數學生會很積極參加，也會給這個體驗極高的評價，但課堂團體可能還是當作選修課就好。

團體成員要記錄詳細的個人手記，除了省思團體歷程外，還須進行深度的自我探索。Riordan 與 White（1996）的研究指出，這些紀錄有助於多數學生統整團體經驗。對某些學生來說，這項作業特別能增加他們的自我覺察，鼓勵其認真地檢視團體歷程。

其他還有許多體驗團體和當成員的方式，以上是最常用的方法。下一節將說明四種不同的領導訓練取向。

觀察模式

觀察模式是讓學生觀察資深的團體領導者如何催化團體。學生一邊觀察，一邊做筆記，教授在一旁提醒學生留意特殊的歷程和領導動力。Conyne 等學者（1997）指出細膩與解析是這個取向的優點，因為學生可以在課堂上親眼見到良好的示範。當團體結束後，學生可和團體領導者座談，討論當次團體的歷程。觀察模式可用在現場進行的團體上，學生在單面鏡後觀察，或觀看療程的錄影帶。

觀察模式讓學生可以親眼看到團體進行，但卻毋須親自面對帶領團體的壓力和責任。這種距離感可以讓學生留意團體進行當下發生的事，

而不用擔心他們「做得對不對」。教授也可以根據學生的需要，即時強調各種團體要素。例如，如果學生不懂歷程和內容的差別，這時教授就可以從團體中找範例，或指示學生應該特別看哪一段例子，於此同時，教授仍可以叫另一個學生注意領導者如何運用專注技巧。由此看來，觀察模式實是一個非常彈性的學習場合。

採用觀察模式的課程必須考慮以下數個缺點。最大的挑戰是觀察學習是否能代替參與學習的效果。只有觀察可能無法體驗團體當下的能量，即使觀察者距離團體僅有隔著一層玻璃的數步之遙，但那種能量流動的感覺還是跟親身參與團體不一樣。如果團體領導者和成員不同意，觀察模式也窒礙難行。此外，學生可能要習慣遠距觀察團體。如果要觀察團體，觀察室也要配備相關設施。所以很可惜的是，這個模式多數須以幕後觀察或錄影帶的方式呈現。

實戰模式

Landreth 與 Berg（1979）指出，為了更有效地因應帶領真正團體的焦慮，多數的新手團體諮商師認為除了技巧訓練外，他們希望能再加強第一手的實務經驗。Dameron 與 Engels（1990）及其同事認為，直接、親自帶領的團體領導經驗是碩士層級諮商師應勝任的能力。

此種實戰領導經驗（field-based leadership experience）是學生評選出來最具影響力的學習活動之一。雖然首度擔綱團體領導者難免會有預期性焦慮，但後續的回饋卻出奇熱烈。即使沒有用系統性的方式分析這些資料，但從課程結束後的匿名書面回饋也可見一斑。過去二十年來，這個「課堂外」的團體協同領導經驗常獲選為獨一無二的學習體驗。

學生要在學期初盡早認識班上同學，以便找出能搭配成為協同領導者的對象。那些住在一起的同學出於方便會想就近配對。大致說來這種搭配還行得通，但當授課教師發現學生的人格型態相互衝突或有其他不適配的地方時，仍具有否決協同領導配對的權力。由學生自己挑選的結

果大致不錯，教授也鮮少行使否決權。

協同領導團隊達成共識後，學生即可直接接洽能成立團體的社區機構，至少要帶領六次的團體。學生要有規劃和組織思考的能力，召募民眾成為團體成員。在某些情況下，他們還必須向有意去帶領團體的學校或機構的行政人員「毛遂自薦」。

在大都會區，有許多場所都適合研究生帶領團體。一般說來，公私立學校、教堂、社會機構、大學宿舍、護理之家、拘留所等，都有足夠的民眾可挑選為團體成員。授課教師可以列出一張願意配合出借的場地表和機構人員聯絡方式，協助成立團體。

雖然大學無法提供直接、現場的督導，但可以要求學生將每次團體的協同領導錄影。碰到困難時，學生可以轉而尋求博士層級的團體領導者和授課教師的協助。協同領導者可用錄影帶回顧團體歷程，對領導介入方式進行自我評估。

這些團體經驗滿足了 Stockton（1992）所提的有效領導課程方案：

• 透過教導與體驗性學習，訓練學生辨識特定的人際與個人事件，具體呈現團體歷程的各個發展階段。

• 透過講授／示範、督導回饋、協同領導示範，讓學生熟悉數種介入技巧，協助他們瞭解這些介入技巧如何影響團體的歷程與發展。

• 透過督導、課堂內外的團體經驗，提供回饋，鼓勵學生大膽嘗試。

整個經驗要花費很多時間與精力，學生會自動自發地去閱讀和仔細參與跟團體有關的課堂活動。不過，這些代價都值得，從學生的回饋中得知，若他們兢兢業業地規劃與執行細節，大部分的協同領導團體經驗是瑕不掩瑜，裨益良多。此外，如果能在相對安全的環境下克服開始帶領團體的焦慮，這些準諮商師極有可能在往後的專業生涯中繼續帶領團體。

協同領導經驗結束後，每位學生要繳交一份簡短的團體經驗摘要報告。這份摘要包括團體成員回饋、各次團體的內容與歷程分析、成立團體的相關細節與結論、身為團體領導者有何深刻的看法等。

透過課堂的技巧練習，並將這些技巧結合應用在真實情境的團體中，領導者才有機會練習多種團體介入技巧，包括：

055

- 以清楚、易懂的方式讓報名參加者瞭解團體諮商的定義，大致說明進行的方式、流程和期待；
- 篩選出準備好進入團體的成員；
- 有效地處理跟協同領導者的關係；
- 具體操作結束各次團體的程序，並且結束有固定次數的諮商團體。

在團體歷程方面，新手諮商師將有機會學習：

- 催化團體的療效因子；
- 處理不同的成員角色，甚至是令人頭痛的成員；
- 在關鍵時刻介入團體歷程；
- 介入處理團體成員的自我挫敗行為；
- 詮釋團體的非語言行為；
- 在團體進行期間練習如何適當地使用連結、跟隨與解釋等技巧。

雖然這個取向的優點一目瞭然，但還是有幾個缺點。第一，由於學生面對的是真正的個案，因此可能要投保執業不當險。學生應受過良好的諮商倫理訓練，尤其是保密和知情同意部分。以專業的口吻擬定專業聲明的文件、概述團體目標，並告知報名參加團體的成員團體領導者的學生身分。在某些社區成立團體可能會衍生一些問題，因此須重申與能力相關的倫理守則。這些隱憂多半會在授課教師與社區資源間的良好溝通，以及學生和教師的督導和諮詢下迎刃而解。

模擬團體諮商模式

　　模擬團體諮商模式（simulated group counseling model, SGC）將團體成員經驗與領導者訓練合而為一。SGC 是由學生組成一個團體，輪流擔任成員、領導者與觀察者的角色（Bruce-Sanford, 1998; Romano, 1998），每個角色進行兩次聚會。擔任成員的角色時，要分享跟自身議題不一樣的問題。雖然轉換角色時可能會有混淆不清的狀況，但 Romano（1998）指出，這種團體的動力和發展順序非常近似於真正的團體。

　　SGC 實施起來似乎較其他方式容易得多。一個班級就可形成團體，動員不是問題。這個模式讓學生同時擁有當成員和當領導者的經驗，一舉兩得。授課教師亦可長期擔任歷程觀察者的角色，催化學生的領導學習和洞察團體歷程。

　　除了角色混淆的問題外，最大的隱憂就是學生擔任成員角色時可能引發的雙重關係問題。雖然事先提醒學生要戴上有別於原來自己的面具，但走漏的情況還是可能發生。採用此種模式的教師必須考慮以下幾個問題：「我怎麼知道學生是在扮演角色，還是演他自己？學生知道該怎麼察覺和處理角色遷移（role slippage）的現象嗎？如果遷移的情況發生，該用什麼辦法處理較適當？」（Fall & Levitov, 2002: 127）授課教師要謹記這些問題，牢記這個模式的目的是訓練，而不是進行個人諮商。

團體演員模式

056

　　團體演員模式（group actor model）融合前面三種模式。學生組成協同領導配對，負責共同帶領一次團體聚會。當某一組協同領導團體時，其他學生則觀察團體（觀察模式）。在這個模式中，學生可以獲得

直接體驗和觀察學習的經驗。每次團體聚會都要錄影供日後討論。

這個模式能否成功，取決於演員的素質。候選演員可召募大學戲劇系或心理系的學生。授課教師先試鏡每位候選演員，討論知情同意細節，挑選適合該團體的演出角色。Levitov 等學者（1999: 254）指出在挑選演員時，應注意以下幾個標準：

- 至少有一年的校內表演經驗；
- 成功演繹過內心錯綜複雜的角色；
- 有即興演出的經驗；
- 對工作充滿熱情與興趣。

選好演員之後，團體就可開始聚會了。雖然每週都會變換每對協同領導小組，但團體成員和協同領導者要把它當作是未曾間斷進行的團體。面對這個挑戰，教師要在每次團體演出前後和演員商談，指導他們融入角色的性格，回想起前次團體的重點。教師也可透過商談加強不同的團體動力。例如，如果教師想著眼於團體衝突，他可以要求演員製造成員間的挫折或敵意。由於每個學生都有協同領導的機會，這些演員也可以跟學生一起討論團體歷程，提供直接的回饋。

演員模式的優點是讓學生有直接帶領團體的經驗，降低新手諮商師治療真正個案的風險。它也提供真實但安全的團體經驗，避免學生角色扮演個案時可能產生的角色遷移現象（Fall & Levitov, 2002）。

這個模式最大的劣勢就是得有好的演員助陣。採用這個模式會耗費授課教師相當多的時間，例如召募、說明與指導演員該怎麼做。贊成者則認為付出這些額外時間換得寶貴的學習經驗，仍然相當值得。

摘要

ASGW 專業訓練標準

　　ASGW 執行委員會修正並通過已研究及籌備數年的文件。首先調查全美的團體諮商師訓練者以釐清常見的教育方式。接著，統整這些來自國內各地資料，撰寫成容易閱讀的專業標準，做為設立和訓練專業團體領導者課程方案的指導原則。該文的主要貢獻者包括：Jeffrey Kottler、George Gazda、Robert Cash、Robert Berg、Don Martin、Garry Landreth 與 Marguerite Carroll（見附錄 C）。

CACREP 專業標準

057

　　未來的諮商師訓練課程極有可能會由 CACREP 發展出的訓練標準主導。自 1981 年整併後，該會成為 ACA 最主要的認證機構。這個由 ACA 及各分會創立的獨立委員會提出碩士層級諮商師訓練課程方案的指導方針。雖然該委員會訂出的標準範圍廣泛，但卻涵蓋了諮商師訓練課程的每一面向。例如在第二節中詳述課程目標與課程架構，指出團體領導者訓練課程的通則。

　　團體工作（GROUP WORK）——是一門兼顧理論與經驗性瞭解的學問，探討多元文化社會下的團體目標、發展、動力、理論、方法、技巧與各種團體取向，涵蓋以下數點：

- 團體動力原理，包括團體歷程要素、發展階段理論、團體成員的角色與行為、團體工作的療效因子；
- 團體領導或催化的風格與取向，包括不同型態的領導者特質和領

導風格；

- 團體諮商理論，包括共同點、特色、相關研究與文獻；
- 團體諮商方法，包括團體領導者的取向與行動、適當的篩選標準與方式、評估有效性的方法等；
- 在課程認可下，學生每個學期至少要有十小時參加小團體擔任成員的直接經驗（CACREP, 2009: 13）。

專業團體領導者的認證標準演進狀況，可查閱專業認證機構發行的文件，裡頭有詳盡的說明。

團體諮商能力

1990 年，Dameron、Engels 與北德州大學的同事們彙編了一本指導手冊，詳述所有諮商專業領域皆適用的能力、行為表現準則與評估量表。這本廣為使用的手冊是率先推動諮商師認證的產物，由諮商師教育與督導學會（Association for Counselor Education and Supervision, ACES）出版與贊助。

附錄 D 取自 Dameron 與 Engels（1990）編纂的手冊，說明了與團體領導者有關的特殊指導原則。

在 Lewin、Lippitt 與 White 等學者 1939 年的著作中指出，從**權威型、民主型、放任型**等三種領導風格，可看出團體成員的滿意度、積極性、團體任務效能、依賴性上的差異。

Adler 與 Sullivan 的理論有別於傳統佛洛依德心理分析學派，更強調人際取向。較近期的學者如 Thorne、Rogers、Truax 與 Carkhuff 等，都在人際團體工作上佔有一席之地。

Carkhuff（1983a）的人際模式乃是擴展 Rogers 的「必要與充分」條件，納入行動層面，涵蓋助人者的哲學理念基礎，以及評估人際向度的量表。

團體諮商師訓練應融合督導演練、技巧學習和實務現場的體驗。團體諮商師訓練的實務體驗項目可用來測量從課堂習得的技巧。至少，教育者可以在傳統的團體諮商課程下，設計一套能讓學生同時具備當成員和擔當協同領導的實務體驗課程方案。這些經驗雖然會耗費學生相當多的時間與精力，但長久下來必可看到它開花結果。

1998 年，ASGW 進一步推動團體領導者專業化，修正及通過「團體工作者訓練專業標準」。該文詳述初級（碩士層級）的團體領導者應該知道的團體定義、領導者的知識、能力、最低督導時數要求等。

參考文獻

Association for Specialists in Group Work (2008). ASGW best practice guidelines. *The Journal for Specialists in Group Work*, 33, 111–117.

Bruce-Sanford, G. (1998). A simulation model for training in group process. *International Journal of Group Psychotherapy*, 48, 393–400.

Carkhuff, R. R. (1983a). *Helping and human relations: A primer for lay and professional helpers*, 2 vols. Amherst, MA: Human Resource Development Press.

—— (1983b). *The development of human resources*. Amherst, MA: Human Resource Development Press.

Carkhuff, R. R., & Berenson, B. G. (1977). *Beyond counseling and therapy* (2nd ed.). New York: Holt, Rinehart & Winston.

Conyne, R. K., Wilson, F. R., & Ward, D. E. (1997). *Comprehensive group work: What it means and how to teach it*. Alexandria, VA: American Counseling Association.

Council for Accreditation of Counseling and Related Educational Programs (2009). *CACREP accreditation standards and procedures manual*. Alexandria, VA: Author.

Dameron, J. D., & Engels, D. W. (1990). *The professional counselor: Competencies, performance guidelines, and assessment* (2nd ed.). Alexandria, VA: American Counseling Association.

Fall, K. A. (1997). The characteristics of psychological safety in group counseling. Doctoral dissertation, University of North Texas, 1997.

Fall, K. A., & Levitov, J. E. (2002). Using actors in experiential group counseling leadership training. *Journal for Specialists in Group Work*, 27, 122–135.

Kottler, J. A. (1983). *Pragmatic group leadership*. Monterey, CA: Brooks/Cole.

Landreth, G. L., & Berg, R. C. (1979). Overcoming initial group leader anxiety: Skills plus experience. *Personnel and Guidance Journal*, 58, 65–67, 87.

Levitov, J. E., Fall, K. A., & Jennings, M. E. (1999). Counselor clinical training with client actors. *Counselor Education and Supervision*, 38, 249–259.

Lewin, K., Lippitt, R., & White, R. (1939). Patterns of aggressive behavior in experimentally created "social climates." *Journal of Social Psychology*, 10, 271–299.

Riordan, R. J., & White, J. (1996). Logs as therapeutic adjuncts in group. *Journal for Specialists in Group Work*, 21 (2), 94–100.

Rogers, C. R. (1951). *Client centered therapy*. Boston, MA: Houghton Mifflin.

—— (1957). The necessary and sufficient conditions of therapeutic personality change. *Journal of Consulting Psychology*, 22, 95–103, 61.

Romano, J. L. (1998). Simulated group counseling: An experiential training model for group work. *Journal for Specialists in Group Work*, 23, 119–132.

—— (1999). Simulated group counseling for group work training: A four year research study of group development. *Journal for Specialists in Group Work*, 25, 366–375.

Samovar, L. A., & Rintye, E. D. (1970). Interpersonal communication: Some working principles. In R. S. Cathcart & L. A. Samovar (Eds.), *Small group communication: A reader* (p. 62). Dubuque, IA: Brown.

Stockton, R. (1992). *Developmental aspects of group counseling: Process, leadership and supervision* (videotape, 3 parts). Alexandria, VA: American Counseling Association.

Truax, C. B., & Carkhuff, R. R. (1967). *Toward effective counseling and psychotherapy: training and practice*. Chicago, IL: Aldine.

White, R. K., & Lippitt, R. (1968). Leader behavior and member reaction in three "social climates." In D. Cartwright & A. Zander (Eds.), *Group dynamics: Research and theory* (3rd ed., p. 57). New York: Harper & Row.

Yalom, I. D., & Liebermann, M. (1971). A study of encounter group casualties. *Archives of General Psychiatry*, 25, 16–30.

第五章

團體領導者的內在經驗

做任何事前我會自問：「笨蛋會這麼做嗎？」如果答案是
「會」，我就不做。

Dwight Schrute

　　帶領團體是個結合理論、諮商師自我瞭解和實務的經驗。此種統合
能減少焦慮，使得諮商師開始信任自己，想方設法因應團體歷程。本章
將探討此種內在焦慮，至於帶領團體時會面臨到的結構性問題，將在第
八章探討。

團體領導者倫理守則

　　團體領導者應具備完善的知識，充分瞭解諮商與團體工作專業組織
訂定的倫理守則。大部分的情況下，這是指 ACA 的倫理守則，以及專
為團體領導者訂定的 ASGW 倫理守則。專業實務的倫理指南和守則乃
是多數實務工作者同意、具有約束力、標準一致的道德原則，包括無傷
（不傷害）、增益（主動為個案謀福祉）、自主（促進個案的獨立與自
給自足能力）、公正（公平對待）、忠誠（遵守承諾）。倫理準則是該
專業的共同、核心價值。瞭解團體工作專業的價值觀，進而將之內化，

是成為有效的團體領導者的首要之務。

ASGW 與 AGPA 各有其制定的倫理守則，規範團體領導者的專業行動，遵循這些守則是學會會員的條件。

我們認為協助新手團體領導者學習倫理決策歷程最有效的方法，應包含下面四個關鍵要素：

- **接受個別諮商**。此經驗可以將覺察的焦點轉向內在，增進自我瞭解，以有效地協助他人。雖然處理個人生命困境議題難免讓人忐忑不安，但自我檢視總會值回票價，免得團體領導者墨守成規和師心自用。

061

- **特定的課程教育與訓練**。隨著團體工作有效的助人技巧知識與日俱增，確保領導者熟悉多種團體介入技巧益形重要。
- **以成員的角色接受團體諮商**。以成員的身分參加團體，能讓受訓中的領導者有機會直接觀察和體驗團體的發展階段。雖然這並非待在團體的主因，不過當成員也是觀察別人如何帶領團體的好機會，而且還可善用當成員的經驗持續自我探索的旅程。
- **在督導下帶領團體**。這個訓練能讓新手團體領導者以真實、符合個人技巧程度的團體，測試自己的團體介入策略和帶領技巧。

以上每項訓練要素皆能協助領導者清楚明白倫理決策歷程及個人應有的定位。

個人標準

團體領導者除應恪遵一般倫理守則外，Gazda（1982: 88-89）也提出數項團體領導者應具備的素養做為個人的倫理標準，分別是：

- 團體領導者應依循一套清楚的團體規範。
- 團體領導者應有自信，情緒穩定。

- 團體領導者應具備高度的感知能力和溝通技巧。
- 團體領導者應有良好的概念化能力以解釋行為的改變機制。
- 團體領導者應闡明所受的專業訓練與團體實務名實相副。
- 團體領導者應證明他的領導有效。也就是說，團體成員接受治療後和追蹤的資料顯示，他們從領導者帶領的團體中獲益。
- 團體領導者應具備該領域認可的證書、執照或類似的資格證明。
- 未具備專業證書資格的團體領導者應在合格專業的督導下方能帶領團體。
- 團體領導者應參加繼續教育課程、工作坊等，以提升個人能力並接受他人的評估與回饋。

有效的、客觀的倫理態度有賴於諮商師的自我瞭解。想成為團體領導者的人應審慎檢視自己有哪些需求會因帶領團體而得到滿足。未能覺察個人情緒需求的諮商師極有可能利用團體滿足自己，與團體成員缺乏情感連結。我們認為這是最基本的倫理要求，因為團體最主要的目標應是為了滿足團體成員的需求。這是個很重要的諮商師變項，諮商師也必須明白個人的限制。

倫理守則和專業實務標準是實務工作者一致同意、最低限度的標準。沒有一套守則是十全十美、完美無缺，可以全部涵蓋團體領導者會面臨到的兩難情境。守則當中沒有提到的問題，必須仰賴團體領導者個人的道德判斷，做出最佳的專業決策。

以下簡短列出新手團體領導者常遇到的倫理議題。在某些情況下，守則可以提供明確的指引，但若有模糊不明的情況，則須進行更深層的倫理探討與決定。例如，當團體成員開始交往，團體領導者該怎麼辦？又或者當：

- 某位成員很愛開玩笑，但其實對另一位成員懷有些許敵意？
- 某位成員因酒醉或嗑藥，在神志恍惚的情況下來參加團體？
- 某位成員提到有自殺的念頭？

062

- 成員約領導者外出約會？
- 團體成員違反保密條款？
- 團體領導者被自己的問題弄得心煩意亂？
- 團體「聯合起來」對付某位成員？
- 某位成員沒有通知一聲就不來參加團體了？
- 某位成員氣沖沖地離開團體？
- 某位團體成員揭露他／她是人類免疫不全病毒（HIV）陽性帶原者，但並未告知他／她的伴侶？

ASGW 倫理守則

ASGW 倫理守則在以下常見的層面上提出指導原則：

- 諮商師的資格能力；
- 召募與知情同意；
- 團體成員的篩選與定向；
- 團體成員的事前準備工作；
- 自願參與；
- 心理層面的風險；
- 保密；
- 實驗、研究與錄音錄影；
- 保護成員的權益；
- 領導者的價值觀與期待；
- 確保成員在團體中的機會均等；
- 平等對待每位成員；
- 私人關係；
- 提升成員的獨立自主，發展個人目標；
- 使用酒精或藥物；

- 在團體聚會或追蹤期後提供協助。

守則的全文，請見附錄 G。

兩個常見的倫理兩難

063

保密

多數的諮商倫理規範和守則都將保密視為最具約束力的倫理原則。團體成員對保密這項規範的信任，為成員彼此間的信賴與團體凝聚力的發展鋪路。信任與凝聚力是團體有效運作的基石。

團體成員必須明白嚴守保密規範的重要性，此規範在團體初始、新成員加入及任何團體進行期間都須說明清楚。當團體進展到更深度的承諾與揭露階段時，就得重申保密議題。向成員解釋保密的定義，以及舉例讓成員瞭解可能會在不經意及看似無害的情況下違反保密規範。對保密有清楚的認識後，我們會要求每位成員為個人的保密負責。提醒團體保密很難監督與強制執行，因此他們必須尊重成員的隱私。

諮商師／團體領導者應該讓成員瞭解他們必須為自己的保密負責，領導者不能萬無一失地擔保每位成員的秘密。領導者要讓每位成員認識到故意違反保密規範的後果。

雖然成員會想在團體中分享個人的心路歷程，但我們要在這裡奉勸一句，雖然成員可以談論個人的洞見或自身的成長經驗，但領導者應教育團體成員談論在團體中學到的事情，而不是談如何學到的云云。Linde 等學者（2011）指出，跟團體和成員討論保密議題，取得成員的同意，對團體發生的事情保守秘密，如此方可保護成員的名譽和團體歷程。

雙重關係

　　根據 ASGW 倫理守則（1989），團體領導者應「避免與團體成員有雙重關係，以免損害其客觀性和專業判斷，也應避免因為雙重關係妨礙團體成員全心投入團體」。在這項守則下，可能造成傷害的雙重關係有：

- 兼具教師與諮商師或督導與諮商師的角色；
- 容許以物品或其他服務交換諮商；
- 在諮商時間外進行社交活動；
- 與個案或之前的個案發生性關係。

　　無論哪種雙重關係，諮商師都應衡量對個案可能帶來的風險。判斷雙重關係後果的關鍵，在於諮商關係中的權力差距。諮商師應極力避免在關係中濫用權力，切忌用剝削的方式滿足個人需要。Haas 與 Malouf（2005）說明諮商師在關係中誤用權力的數個前兆：

- 諮商師毫無節制的自我揭露；
- 熱切期盼團體時間快點到來；
- 雖然諮商目標已經達成，但諮商師還是渴望能延長團體時間，或希望某位成員能繼續留在團體中；
- 諮商師有想取悅、強迫或懲罰團體，或任何一位成員的渴望和行動。

　　訓練新手團體諮商師的教育者常面臨雙重關係。參加體驗性的諮商團體是訓練團體諮商師常用的策略。然而，如果要求學生參加授課教師帶領的團體，分享個人議題，但授課教師又握有評定學期分數的權力，這恐怕會引發倫理爭議。根據 ASGW（1989）的規定，如果要求學生參加團體，不能以參與團體所花的時間或投入程度評分。確保團體訓練

合乎倫理的步驟，包括讓資深研究生在教授的督導下擔任團體領導者，或聘請校外專業人士帶領團體。

　　不同角色的模糊與不確定性容易造成混淆與爭議，因此諮商師應避免為親戚或熟識的朋友提供諮商服務，或用其他物品和服務交換諮商。雙方的期待落差，以及希望受到特別關注的壓力，會削弱領導者和團體的效能。如果諮商師可以轉介給其他團體，方有可能避免兩造的失望、憤慨與關係惡化破裂。較好的做法是向尋求諮商協助的親友解釋雙重關係倫理守則和可能引發的傷害。至於希望以他種方式交換諮商服務的個案，則可向他們解釋倫理守則，或以做**公益**（pro bono）、按比例收費的方式為佳。

　　諮商師與個案發生性關係不但不合乎倫理，在許多州裡它更是違法的行為。Remley 與 Herlihy（2009）強調性關係會對心理衛生專業帶來毀滅性的後果，致使個案對心理衛生專業失去信心，甚至自殺，諮商師難辭其咎。與個案發生性關係的諮商師會面臨法律訴訟、重罪定讞、罰款與吊銷執照。

　　諮商師與個案的關係權力並不對等，因此在團體進行期間，諮商師應覺察成員間或領導者本身是否有性議題存在。如果對某位團體成員產生性吸引力，有倫理意識的諮商師必須尋求督導和個人諮商。Pope 等學者（1993）鼓勵治療師，與其對性吸引力懷有罪惡感和羞恥感，不如勇敢面對修通這個議題，如果這個問題無法解決，領導者只好另行安排其他人來帶領團體。如果領導者特別對某位成員有性吸引力，應用開放、真誠、溫暖的態度在團體裡處理這些感覺，把重點放在如何在團體外的生活中與合適的對象發展親密關係。

　　為了避免諮商師和個案的期待有落差，領導者可以發表聲明指出諮商師和成員間僅維持專業關係。領導者要告訴成員，專業關係限定在團體療程時間內，不包括社交聚會或宴會。領導者要懂得自我保護。

　　成員間的雙重關係倫理也很重要，我們不希望成員把參加團體當成結交同業或朋友的場所，除非這就是團體本身的目的。帶著既有關係參

065   與團體的成員較有可能緊捉不放原有的關係，形成次團體，致使團體分裂，成員不敢敞開心胸。除了勸阻成員不要和朋友一起參加團體外，領導者也應制止成員發展團體外的親密關係。許多團體強調自我成長與瞭解，所以團體本來就會探討成員親密關係的動力，領導者可在一開始就指出團體的功能是探索，而不是用來製造或提供親密關係的場合。

總之，雙重關係很難避免，它可能會對諮商師和個案的關係帶來嚴峻的考驗。這是倫理守則的兩難灰色地帶，諮商師三不五時就會面臨雙重關係問題。一般說來，最好是避開所有的雙重關係，充分運用轉介這個選項。如果無法避免雙重關係，諮商師應評估這段關係可能對個案造成的效應，定期諮詢請益與尋求督導。

進入實驗現場：實務的重要性

如同多數諮商領域學者的論述，諮商師是諮商歷程的重要變項（Cavanagh & Levitov, 2002; Fall et al., 2010; Kottler & Brew, 2003）。有志成為團體領導者的人必須接受督導，使其在帶領團體的同時亦是團體的療效因子。該怎麼讓準團體領導者擁有近似真實的團體領導經驗呢？雖然我們認為 Ivey 等學者（2007）主張的精微技巧取向是必要且滿有價值的做法，但僅提供教導和擔任課堂團體成員的經驗不禁讓人懷疑它的效果。

對團體缺乏信心、懷疑自己有沒有能力「應付」團體，高居領導者說不出口的焦慮清單之上，這些心態會激化帶領團體的憂慮和抗拒。如果領導者放任這些反應而不言明、探索和整合，就可能會減損團體效能。處理這些情緒最合理的場所，就是置身於引發這些情緒的情境——擔任團體的領導者，除此以外的做法都與團體諮商的理念背道而馳。

早在 1961 年，接受督導就被認定是諮商師必要的預備教育。從那時候起，認證標準（CACREP）、ASGW 最佳實務指南和學者們都一再強調訓練階段接受督導的重要性（Rubel & Okech, 2006; Wilson et al.,

2004）。修習本所團體領導者訓練課程的研究生必須成立及實際帶領
與未來工作情境相似的團體。除了團體督導外，領導者亦須記錄他們對
團體領導經驗的反思，撰寫自我探索報告。以下是新手團體領導者的手
記摘錄，由此可看出他們在態度、概念與觀點上的變化。

　　當你進入團體諮商場域，瞭解自我的過程就跟成員在團體中學習
瞭解自我和人際關係如出一轍。經由互動、觀察與團體的回饋，團體領
導者逐漸瞭解何謂「自己就是催化劑」這個概念，遠勝於課堂的紙上談
兵。下面將探討一些經由參加團體而認識自我的榜樣。

認識自己

066

　　下一段摘錄的團體領導者讓我們看到領導者有為團體成員承擔責任
的傾向。

> 我學會看到幾種我帶領團體的模式。我自始至終都太致力於**領**
> **導**或結構了，尤其是前兩三次的團體，因為成員都只坐著，不
> 怎麼講話，我覺得我必須做點事，結果卻不讓團體照它自己的
> 方式走。另一件我常做的事是太快回應了，沒有讓團體有擔任
> 助人者的機會。

　　壓力和焦慮感跟領導者想要「做些什麼」的心態有關。通常低結構
或暖身活動就足以協助團體動起來。此後，領導者應把全副心力投注在
催化成員的互動，例如鼓勵、反映、傾聽、澄清與連結。

　　下一段摘錄的團體領導者指出，解決責任和控制最好的辦法就是自
我信任，也信任團體有找到方向的能力。

> 我從團體中學到了很多，學習接納自己和他人內心深處的感
> 受，更重要的是，我第一次有信任和接納自己的感覺，安住在

團體中，不必刻意把自己塑造成權威人士。我學會信任團體，
但有時候還是難免會自我懷疑。

下一段摘錄的團體領導者正在學習信任自己，不要迷失在角色和地
位的假象中。

我學到在團體中必須做自己，不要侷限在團體領導者這個角
色。當我開始放鬆心情，成員也跟著放鬆了。我發現當我不再
那麼擔心身為領導者該怎麼表現時，反而更能催化團體。當我
的角色鬆動，其他成員也變得較能相互引導催化。

瞭解團體歷程

下一段摘錄的團體領導者指出團體成員的責任問題，以及他如何解
決這個問題。耐心的重要性毋庸置疑。

整體說來，我認為我的團體對我和成員都是個相當不錯的體
驗。印象最深刻的是內心的挫折感。第一次聚會結束後，我覺
得團體的進展不夠，所以會自責未能達成部分預期目標。我採
取低結構的方式帶領這群高三學生，但前兩次的團體只停留在
表象的談話，我開始認真考慮是否要採取強力指導的手段，想
要引導他們談些值得探索的嚴肅話題。不過，我並沒有在第三
次的團體進行任何結構化的活動，想不到團體竟然頗有進展，
讓我鬆了一口氣。我們談到個人的感覺，團體開始成形。我很
高興沒有去逼迫他們，我學到要去信任團體歷程。

067

下一段摘錄的團體領導者見識到團體的潛力，以及要面面俱到地處

理團體發生的事情須耗費的精力。至少從開頭幾句話可看出團體可能的
樣貌。

> 帶團體是一件嚇人、有趣又深具挑戰性的事,我竟然甘之如
> 飴。挺多時候還滿洩氣的,因為有太多事情發生——在既定的
> 時間內處理不完,讓人筋疲力盡。我認為團體早期可以較有結
> 構性,後期的話可讓團體自由發揮。團體分享後的餘波盪漾有
> 時會讓我忐忑不安,幸好還不至於嚇到完全不知所措。

下一段摘錄的團體領導者認為領導者的作用就是當個成員——有良
好催化技巧的成員。這位領導者能覺察個人內在的心理動力(羞怯),
以此來瞭解某些團體成員的心情。此外,領導者也體會到團體互動的重
要性。

> 放鬆心情、從容不迫,與成員平起平坐,有助於團體建立接
> 納、舒坦、安全的氣氛,協助較靦腆的成員敞開胸懷。其實每
> 到一個新環境,我也會有點羞怯沉默,此時若有人能協助我融
> 入適應,那將是一件多麼令人感動的事。我想多瞭解團體互動
> 的過程,不想只當個置身事外的個體戶。

如同這些團體領導者體會到的,焦慮源自於領導者認真過頭、為團
體承擔太多責任,以及對團體缺乏信心,牽制了團體歷程的發展。雖然
令新手團體領導者有些氣餒,但這卻是只能靠個人敞開心胸瞭解自我與
團體的關係後,才能得到的寶貴經驗。有效的團體領導可不能單靠研讀
團體諮商理論與技術。認識與接納領導者個人的需求是團體歷程很重要
的一環。團體領導者越能在團體裡做自己,就越能有效地協助成員做自
己,從初次的團體諮商經驗中「漸入佳境」。

道家學說與團體歷程

談到團體領導者的內在經驗，學生通常會說團體本來就錯綜複雜，有太多事同時發生，我們哪跟得上？團體工作有句古老的俗諺：「信任歷程」（trust the process），聽起來再簡單不過，但它**究竟**所指為何？團體看起來那麼撲朔迷離、千頭萬緒，實在讓人很難「信任歷程」。

068

多年來，我（Kevin A. Fall）運用道家的哲學理念來深化和澄清「信任歷程」這個概念。但如果你認為本書可以「教」你如何「正確地」把道家學說應用到團體中，那就與道家學說背道而馳了。道家學說的應用是一種現象學的探索。我要求修這門課的學生閱讀 Hoff（1982）的《小熊維尼的道》（*The Tao of Pooh*）（譯註：中文版由麥田出版，閻蕙群譯，2004），把這本書當作團體領導手冊。秉持探索歷程的精神，我擷取數段摘要如下，希望讀者深思每段摘錄如何影響你對團體歷程的看法。

> 晴朗無雲的好日子，轉瞬間風雲變色、雷電交加，暴風雨肆虐後但見雲開月明。儘管天氣變幻無常，但天空猶然如一。人類的心靈本質亦應如此。
>
> （Daoren）

> 人之生也柔弱，其死也堅強。萬物草木之生也柔脆，其死也枯槁。故堅強者死之徒，柔弱者生之徒。是以兵強則不勝，木強則折。強大處下，柔弱處上。
>
> （老子）

> 知其雄，守其雌，為天下谿。為天下谿，常德不離，復歸於嬰兒。

（老子）

當你面對且明白你的限制在哪裡，你就能跟它們共處。若你對它們視而不見，它們就會處處跟你作對，從中作梗。懂不懂由你……你的弱點也可以成為你的優點。

（Hoff）

太上，不知有之……悠兮其貴言。功成事遂，百姓皆謂：「我自然」。

（老子）

孔子至呂梁欣賞瀑布。瀑布高懸萬尺，浪花直沖數里。在那如漩渦般急轉的水中，看不到任何生物。忽然間，孔子發現急流中有人載浮載沉，孔子大驚，召來眾弟子準備搭救。一會兒，那人已游到百步之外，爬上岸邊，邊走邊唱歌。孔子上前說：「我以為你溺水啦，不過看來你還是個活人，請問你為什麼有能力在急流中游泳？」「沒什麼特別的，」這個人回答：「我從小就在水中練習，長大出入波濤，而且，在水中我忘了自己，順水勢沉浮，我不與水勢的強大威力對抗，如此而已。」
（譯註：原文取自《莊子·達生篇》：孔子觀於呂梁，縣水三十仞，流沫四十里，黿鼉魚鱉之所不能游也。見一丈夫游之，以為有苦而欲死也。使弟子並流而拯之。數百步而出，被髮行歌而游於塘下。孔子從而問焉，曰：「吾以子為鬼，察子則人也。請問：蹈水有道乎？」曰：「亡，吾無道。吾始乎故，長乎性，成乎命。與齊俱入，與汨偕出，從水之道而不為私焉。此吾所以蹈之也。」）

（Hoff, 1982: 68-69）

069

遇見 Carl Rogers：催化團體之卓見

　　由 Carl Rogers 發展出的個人中心治療學派，目的是讓每個人都能成為真誠一致的人。既然本章是探討團體領導者的內在自我，我們也想聽聽 Rogers 對團體的看法。以下乃是北德州大學諮商員教育學系的研究生以電話與 Rogers 進行專題研討的對話實錄。

問　　　　：Rogers 博士您好，今早這裡圍坐著 20 位研究生，我們很期待能談談您對帶領團體的看法。這裡每個人都有團體經驗，今天的研討主題是領導者自身的情緒。Rogers 博士，請問在帶領團體時，您如何與自己的情緒共處？此外，您在團體中會如何處理您的感受呢？

Carl Rogers：我想對任何人來說，要完全與自己的情緒同在都是一件相當困難的事，我也不例外。這幾年來好多了，但不可能一夕之間達成。就我而言，如果當下沒有覺察自己的情緒，事後也會想辦法去覺察，特別是當我生氣的時候。生氣一向是我最棘手的問題，有時團體結束後，我才覺察到我當時對某位成員十分生氣，可是當下並不明白。幸好在會心團體中我通常有機會再遇到他，向他說出我的感受。覺察到生氣情緒的那一刻，我都會很高興。至於接下來該怎麼做，我有個「經驗法則」很管用，不管是面對哪種重要關係，只要情緒盤旋不去，我最好直接向此人表達我的感受。

　　至於僅是點頭之交的關係，例如商店的店員，有沒有表達出我的情緒並沒有很大的差別。但比較深度的關係，例如會心團體的成員，或者如職員、同事或家人等會持續一段時間的關係，我認為最好還是說出這些非一朝一

夕、不管是正面或負面的感受。因為瀕臨臨界點時，它
們一定會露餡。對方會感覺到我對他有情緒，可是又不
敢肯定，因為他接收到的是我曖昧不明的訊息。所以，
不管是生氣、厭惡或其他積累一段時間的情緒，我都會
找機會表達出來。

　　另一件很重要的事，就是我們常會累積情緒，然後以
評斷他人來宣洩。如果我不斷地積壓怒氣，久了就會用
直呼他人的姓名，或者臧否他人來洩恨，我想這對雙方
都沒有好處。說出我的感受，這個人才有回應的機會，
我們才能展開豐富的對話。

挑戰

問　　　　：我們可以說您剛剛描述的是挑戰嗎？如果不是，您認為
　　　　　　在才剛要開始建立信任與尊重的諮商關係中，挑戰是否
　　　　　　恰當？

Carl Rogers：以我本身為例，我很瞭解自己，也清楚該如何進行諮商，
　　　　　　越來越投入團體工作。但我最近較少採取個別諮商了，
　　　　　　因為時間表排得很滿。接下來我要說的可能有點推測性
　　　　　　質，但我很確定在我停止接個別諮商的案子之前，我使
　　　　　　用挑戰的頻率會越來越多。也就是說，用我對對方的感
　　　　　　受來挑戰他。我不知道各位對挑戰的定義是什麼，但我
　　　　　　的定義是用我的感覺來挑戰對方做出來的行為。

　　　　　　　舉例來說，曾有一位個案，每次他來談話，我都容
　　　　　　易感到厭煩。跟他談話的那一個小時很難保持清醒，但
　　　　　　我不是這種人啊。由於這種感覺揮之不去，我覺得我必
　　　　　　須跟他講我的感受，我得用我的感受去挑戰他。但因為
　　　　　　他是個案，我的內心很掙扎。這是我的議題，可是我還

070

是找機會提出來了。懷著尷尬不已的心情，我對他說：
「我不敢說我很瞭解自己，但當你用平板的語調開口談
你的問題時，我會興起無聊的感覺。」聽到我這麼說，
他頓時愣住了，不滿之情寫在臉上。接著他談起他說話
的方式，我漸漸明白他為什麼會這麼做。他說：「你知
道嗎，我會用這麼無趣的方式說話，原因是我根本不期
待有人會認真聽我講話。」他回溯了一些成長背景來解
釋他的情況。這是一個很有價值的挑戰。其後我們的談
話好多了，當他故態復萌，又用平板的語調講話時，我
會提醒他舊的議題又回來了。他找回生命力，我也不再
覺得無聊了。

協同團體領導者／催化者

問　　　：您對於在團體中起用協同領導的看法為何？若此人有相
　　　　　異的觀點會比較好嗎？您認為哪種人最適合在團體中擔
　　　　　任協同催化者／領導者？

Carl Rogers：如果是數年前，我傾向於不在團體中採用協同領導者。我
　　　　　寧可以自己的方式跟團體建立關係。後來，我曾有與協
　　　　　同領導者合作的機會，讓我跟團體都學到一個相當寶貴的
　　　　　經驗。對我來說，兩位領導者間的取向差異很管用。我
　　　　　才不要一位跟我一模一樣的人當協同領導者。我希望跟
　　　　　不同取向的人合作。但另一方面，我猜想也有取向與我
　　　　　南轅北轍，使我們無法與之合作的領導者。我會跟協同
　　　　　領導者說：「讓我們各自發展所長、做我們自己吧！如
　　　　　果我不喜歡你的做法，我會說出來；同樣地，如果你不
　　　　　認同我的做法，你也要說出來。」若能在團體成員面前
　　　　　讓他們發現協同領導者也是人，可以大方地表現差異，

團體將獲益匪淺。如此一來可以樹立榜樣，幫助團體成員見賢思齊。

　　若你問我想跟誰合作，我想到的是加州大學洛杉磯分校的 Bob Tannenbaum。我跟他已合作過兩三次，我非常喜歡跟他共事，他比我還善於激發成員的感覺。能夠帶領願意表達感覺的團體很愉快，神情淡漠的團體真的不知道要說什麼。Bob 在激勵關係上很有一套，他熱情洋溢、朝氣蓬勃，有他在團體中，大家就會想分享感覺，讓團體前進到更深層的互動，他正是我想與之共事的協同領導者類型。不過其他人可能需要的是不同類型的夥伴。

　　跟協同領導者合作有諸多好處。例如有一次，我對某位團體成員十分生氣，雖然我明白我的生氣不合理，幸好協同領導者協助我和團體瞭解彼此的觀點。在互動的過程中，他把我們視為參與者，我認為這就是採用協同領導者的優點。我們會同心協力解決問題。

非語言的團體練習活動

問　　　　：非語言的溝通練習活動經常使用於各式團體中，對此您有何看法？

Carl Rogers：是的，我認為廣泛使用非語言溝通、肢體接觸等活動的想法很好，但這並非我個人的專長。我生性羞赧，不喜歡任何人強迫我，這也造成我的成長進展緩慢。近年來，我變得較為主動，我會穿過團體擁抱受苦的人，但我還是不會做太多非語言溝通的活動。我認為團體領導者不該進行連自己做起來都很彆扭的活動。團體成員很快就會感受到領導者的不安，知道領導者跨過安全的界線。我很後悔當初沒有好好學習那個領域。

問　　　：Rogers 博士，請評估一下那些實驗性質濃厚的活動，您會對非口語的技術設限嗎？

Carl Rogers：我個人的擔心是對肢體動作走火入魔。最糟糕的案例就是裸體馬拉松。這個活動假定我們若脫光衣服，就可藉此擺脫種種禁令的約束。根本胡說八道。譁眾取寵者深好此道，想說服社會大眾接受這套說法。我不希望團體變成狂熱或膜拜。但另一方面，我曾見過 Joyce Weir 帶領團體，她會溫和地帶領大家嘗試不同的身體動作。在她的團體中，每個人都有權利選擇退出。換句話說，如果你不想做，沒有人會勉強你。

我不喜歡強迫大家做同樣的事。如果團體成員做出一些我不認同的行為，我會很清楚地表達我的反應。接下來該怎麼做，就由整個團體共同考量商定，而不是由我來決定。我是沒遇過這樣的情形，所以我也不敢打包票說我會怎麼做，因為我的團體從沒因肢體動作嚇得落荒而逃過。

延展團體與馬拉松團體

問　　　：由於諮商的時間有限，如果我們要帶團體，您認為應該怎麼發揮時間最大的效用？例如，一個 12 小時的團體還是四次三小時的團體會更有效益？運用時間最恰當的方式是什麼？

Carl Rogers：我的答案是依時間做些調整。就我而言，我個人最喜歡、也覺得最有效的方式是大約 12 小時的密集性體驗（不是馬拉松團體），接著進行二至三小時簡短的追蹤。現今的團體幾乎不重視追蹤。我認為短期團體有存在的必要性，也適用於學生，但我個人比較喜歡密集、長期的團

體。第一，我喜歡用整個週末，傍晚時間稍事休息，稍後進行追蹤聯繫。

問　　　：Rogers 博士，您對馬拉松團體有什麼看法？您對想成為馬拉松團體領導者／催化者的諮商師有何建議？此外，您對伴侶馬拉松團體有什麼看法？

Carl Rogers：如果你對馬拉松團體很有興趣，最好是親自參加一些馬拉松團體，看看自己的反應如何。我不是很喜歡馬拉松團體，但這不是在批評它。一部分的原因是我得睡覺，無法連續 12 個小時不休息。我試過馬拉松團體一兩次，似乎不是很對味。12 小時的密集性團體已經讓人夠累了，馬拉松團體對我而言不是那麼有效。

　　　　你問我對伴侶馬拉松團體有什麼看法，其實我個人不是很贊成。伴侶團體的好時光通常發生在療程間，或是傍晚、晨間的時刻。每一對伴侶開始去消化、理解從團體中學到的事情。我的確比較贊同伴侶團體採用密集的形式，但不是馬拉松團體。另一方面，如果團體僅能在一天內完成，最好是採取馬拉松式，而不是一天 10 或 12 小時的團體。不過我也沒試過。我認為若團體僅能空出一天，且團體成員渴望有更多的體驗，才會以正確的態度參加馬拉松團體，從團體中得到最大的收穫。

承擔與表達情緒

問　　　：Rogers 博士，您說您對馬拉松團體的看法是容易覺得疲累，請問您認為這也是參與成員普遍會碰到的狀況嗎？

Carl Rogers：馬拉松團體常見的爭論之一，就是宣稱疲憊能使成員放下防衛，揭露出未曾表達的看法，這是它的優點，但也是缺點。我希望成員對他們在團體的言行負責。如果成員在

團體結束後跟自己說：「喔，這並非我的本意。我累到言不由衷。」我不相信這樣的經驗有何益處。對情緒表達負責才能讓團體諮商或會心團體發揮作用。比方說，我帶領一群人參加團體，其中一兩位成員有點醉了，趁著酒意他們開始說出清醒時不會講的話和情緒。結果下一次聚會時，他們卻說：「那根本不是我，我喝多了。」等等。因此我認為除非成員願意為他們的情緒表達承擔責任，否則這樣的情緒表達並不能為他們帶來什麼效果。

問　　　：非常謝謝您的回答。Rogers 博士，請問您對團體成員的行為有多大的容忍度？例如，您覺察到某位成員正在操控團體，您會說出來還是等待團體其他成員的回應呢？

073　Carl Rogers：我會等待一段時間，看看是否有哪位成員提出異議。如果團體噤若寒蟬或沒有人挺身而出，那麼我一定會加足馬力說出我的感受。我不會過度保護團體。假使我知道某位成員正在操控團體，但沒有人對此抗議反對，我會聽從我的感覺的指引。通常我會給團體一些時間去處理，而不是讓他們覺得我必須幫他們解決這件事。

團體裡的 Rogers 不一樣？

問　　　：我想稍微轉變一下話題。我曾觀摩過您帶領的團體，團體裡的 Carl Rogers 似乎跟個別諮商裡的 Carl Rogers 不太一樣。可以請您談談團體中的您有何不同？為什麼會不一樣？有哪些行為是您會在團體中表現出來的？

Carl Rogers：首先，讓我釐清你最後一個問題。不管是在個別諮商或會心團體裡，我都不會刻意去表現某種行為。你的說法好像我在這部分挖空心思，但其實我並沒有這樣。假使我面對某位成員，但心裡卻想著：「如此一來她會有這

種反應，並且朝那個方向前進。」我不喜歡這樣的我。

　　我認為發自內心的回應才能影響他人，這是千真萬確的道理。我最喜歡在團體中毫不做作，不會套用任何既定程序的我。我不太滿意紀錄片「回歸自我的旅程」（Journey into Self）中的我，團體開始時，我沒有及時覺察到我太焦慮了，結果自我介紹太長。我說個不停，跟平時的我判若兩人。如果我能早點覺察我的焦慮，我會改說：「喔，天啊，我真的有點害怕，但我想我們可以相處得很好。」因此，說出我不安的心情，比長篇大論的演講好多了。

　　至於我的行為有何不同？是有，我在團體的表現跟個別諮商時不太一樣。如果有機會再做個別諮商，我現在的行為會和之前的稍有差異。最大的不同是我會更願意說出我的感受，更願意投入關係中。怎麼說呢？我想是因為我已經進步到能在團體中更開放、更自在。還有，我看到團體有別於個別諮商的地方。在個別諮商時，我從不對個案發脾氣，這不是我自誇，但我真的想不起來曾發生過。但在團體這個更為複雜的情境裡，我曾對某位成員的言行動怒，這位成員對其他人的態度激怒了我，個別諮商時不會發生這種事。當然，帶領團體與自身的成長經驗讓我瞭解到如何在關係中表達我的感覺，也使我能敏察他人的情緒與想法。這麼說吧：「我認為誠實的情緒表達方能真正地影響他人。」

諮商師在團體中的價值觀體現

問　　：在您的著作中，您常會明示或暗示諮商師不應在諮商情境中涉及個人的評價或判斷。但若您認為成員的行為不

當，您會怎麼處理呢？

Carl Rogers：因我的個性或諮商經驗之故，我不像多數人那樣會在人際關係中品頭論足。幾乎沒什麼事會激怒我或讓我忿忿不平。就我所知，有些人很容易因為某些事情而抑鬱不快，或大動肝火，或引發激烈的情緒。如果你對對方有意見，或許誠心誠意地說出來會比遮遮掩掩更好些。

你用了一個我從沒用過的詞，至少我希望我沒用過：「諮商師應該保持客觀。」我不會告訴諮商師他們應該怎麼做。我認為諮商關係是個人成長的最佳催化劑。確切地說，我會說沒錯，諮商師的價值判斷越少，越有可能創造成長的氛圍。但事實上若諮商師的內心的確有批判和褒貶的意味，我會希望他開誠布公地說出來。說「我想我應該讓你知道，我覺得那樣不妥」這種話，跟說「那樣不對」是不一樣的，後者才是真的在評價一個人。但是讓對方知道你的價值觀比你放在心裡好多了。如果你認為不對，對方會感受到你的態度，這點我很確定。

團體工作的願景

問　　　　：Rogers 博士，我們可以看到團體帶動了個人成長運動的巨大進步。您對團體的未來有何看法？您對團體有何期許？

Carl Rogers：我希望未來的團體形式更加多元。我過往參與的主要是以個人成長為目標的會心團體，不過也有任務導向團體、組織發展團體、各類型的團體或新型態的團體。我希望將來課堂上的氛圍既能激發智性的思考，又能兼具情感表達，如此一來會心團體就可功成身退了。這兩點是我對團體發展的期待。我認為團體運動對當代文化有深遠的影

響，它們成功地牽制了科技文明造成的人際冷漠現象。

摘要

　　本章的重點是新手團體領導者的內在經驗，提供過來人的建議以助其克服新手焦慮。Carl Rogers 分享帶領／催化團體的心得，包括如何運用個人的感受、挑戰、協同領導、非語言活動、延展和馬拉松團體、承擔與表達情緒等。Rogers 博士也告訴我們，他在團體與個別諮商上的表現有何差異，探討在團體中如何表達價值觀，並展望未來團體工作的願景。他希望人際關係團體可以牽制因科技文明造成的人情冷漠現象。

參考文獻

Association for Specialists in Group Work (1989). *Ethical guidelines for group counselors*. Alexandria, VA: Author.

Cavanagh, M. E., & Levitov, J. E. (2002). *The counseling experience* (2nd ed.). Prospect Heights, IL: Waveland.

Fall, K. A., Holden, J. M., & Marquis, A. (2010). *Theoretical models of counseling and psychotherapy* (2nd ed.). London and New York: Routledge.

Gazda, G. M. (1982). *Basic approaches to group psychotherapy and group counseling* (3rd ed.). Springfield, IL: Thomas.

Haas, L. J., & Malouf, J. L. (2005). *Keeping up the good work: A practitioner's guide to mental health ethics* (4th ed.). Sarasota, FL: Professional Resource Press.

Hoff, B. (1982). *The tao of Pooh*. New York: Dutton.

Ivey, A. E., Pedersen, P. B., & Ivey, M. B. (2007). *Group microskills: Culture centered group process and strategies*. Belmont, CA: Wadsworth.

Kottler, J. A., & Brew, L. (2003). *One life at a time*. New York: Brunner-Routledge.

Linde, L. E., Erford, B. T., Hays, D. G., & Wilson, F. R. (2011). Ethical and legal foundations of group work. In B. T. Erford (Ed.). *Group work: Process and applications* (pp. 21–38). New York: Pearson.

Pope, K. S., Sonne, J. L., & Holroyd, J. (1993). *Sexual feelings in psychotherapy*. Lawrenceville, NJ: Princeton.

Remley, T. P., & Herlihy, B. (2009) *Ethical, legal and professional issues in counseling* (3rd ed.). New York: Prentice.

Rubel, D., & Okech, J. A. (2006). The supervision group work model: Adapting the discrimination model for supervision of group workers. *The Journal for Specialists in Group Work*, 31, 113–134.

Wilson, F. R., Rapin, L. S., & Haley-Banez, L. (2004). How teaching group work can be guided by foundational documents: Best practice guidelines, diversity principles, training standards. *The Journal for Specialists in Group Work*, 29, 19–30.

第六章

協同領導：原理與實務

有時候，讓自己好過的唯一方法，就是讓別人不快樂。我已經
厭倦讓別人好過了。

Homer Simpson

　　根據 Bernard 等學者（1987: 96）的研究，協同領導意指「兩位或
多位心理健康專業人員，為治療同一個體（或團體）並肩合作」。運用
協同治療模式提升訓練及治療經驗由來已久。雖然心理治療的前輩如
Alfred Adler 與 Sigmund Freud 曾運用多位治療師以提升療效，但對於
協同治療的著述卻少之又少（Dreikurs et al., 1984）。Hadden（1947）
是首位探討運用協同治療於訓練團體治療師，但較少提到其對個案的影
響。稍後，Lundin 與 Aronov（1952）則是首度提及在單一團體中，以
一位以上的治療師領導的效果與優勢，由此開啟了以協同領導者帶領諮
商團體的大門。

　　七十多年來，協同治療已成為團體領導者廣為使用的治療選項，
也有很多學者討論此種取向的優缺點（Bernard, 1995; Gafni & Hoffman,
1991; Roller & Nelson, 1991）。在唯一一份協同治療的實務調查報告
中，Roller 與 Nelson（1991）指出 85% 的樣本顯示曾以協同領導的方
式帶領諮商團體。Fall 與 Menendez（2002）回顧所有關於協同領導

的文獻，發現雖然協同領導被廣為採用，但針對此取向的優缺點所做的研究真是屈指可數。然而，倒有些研究證實了協同領導取向的效能（Kivlighan et al., 2011）。將原先運用於個別與家族治療的協同治療定義擴而大之，Roller 與 Nelson（1991: 3）把協同領導定義為：「一種心理治療形式，協同治療師間的關係為改變歷程的重要因素。」在這裡，領導者間的關係是改變的機制與選擇協同領導的理由。本章將綜觀協同領導的優缺點，我們也會略述培養良好協同領導關係的要訣。

協同領導的優點

三個臭皮匠勝過一個諸葛亮

團體進行時，有太多事必須同時兼顧，團體領導者要即時掌握瞭解整個團體、次團體、個別成員和團體動力。除此之外，每段互動都有歷程與內容意涵，可見團體當下有多少事須留意，那可不是說著玩的！Breeskin（2010: 5）指出：「一位治療師，無論他的能力有多強，都沒有辦法肯定地說他對團體瞭如指掌。」協同領導能提供領導者另一對「耳目」來理解團體互動。理論上，這個協同領導小組將更有機會瞭解團體互動的重要細節，也更能提升洞察的層次。常見的情況是，由一位領導者催化互動討論，另一位領導者擔任互動的觀察者。顯而易見地，對團體成員有助益的是領導者的關注帶來的治療效果。一位負荷過重的領導者很可能會「錯過」一些原本可以深入探索的重要素材。

治療的連續性

每個人的生活都有緊急時刻，團體領導者也無法免疫。家務責任、家人生病、職場意外都是領導者要取消團體的常見理由。取消團體是讓

團體領導者焦頭爛額的夢魘，因為他們必須想辦法動員，聯絡告知所有的團體成員。如果其中一位領導者必須請假，此時協同領導就可讓團體繼續進行下去。

示範良好健康的關係

很多人參加團體是因為現在的人際關係出了問題，檢視過去的關係，可以發現很多人原生家庭父母親的溝通方式亂無章法或沉默寡言。協同領導關係提供團體成員絕佳的機會，觀摩協同領導小組如何經營健康的關係。

為了示範良好健康的關係，協同領導小組必須相互尊重。尊重顯現在良好的傾聽技巧、信任你的夥伴、用健康的態度處理衝突。處理衝突這一項對團體的衝擊最大。如同世界上多數的父母一樣，有些協同領導者相信「我們不應該在孩子（即團體成員）面前爭吵」。我們的意思不是說應該在團體成員面前吵架，而是團體成員（或孩子）可以從觀察協同領導小組如何達成協議，或容許彼此有不同的意見，繼而學到寶貴的一課。

我（Kevin A. Fall）曾協同帶領男性家庭暴力預防團體，當時我的協同領導者說了些我不認同的話，就像多數人際關係議題一樣，我不認為她錯我對，而是我們看待事情的角度不同。等她說完之後，我說：「莎莉，我有不同的看法，我可以跟妳和團體夥伴分享我的想法嗎？」她欣然同意，我也大方地陳述我的意見。經過簡短的討論後，沒有人想更改自己的主張，但我們都尊重且欣賞對方的觀點。團體成員似乎有點嚇到，其中一個人以為我隨時會「發飆」，因為莎莉對我的觀點「不以為然」。我們繼續討論這個話題，大部分的團體成員都同意「尊重歧異」並不是他們熟悉的經驗。在往後幾次的團體聚會中，若我們或團體成員的看法分歧時，我們就會一再地提起這段小插曲，並開啟歷程討論。

協同領導的缺點

協同領導的缺點主要來自於協同領導關係失去功能。前兩個缺點指明最常見的問題，第三個缺點則凸顯現實會面臨的狀況。

團體成員比較喜歡我

協同領導間的權力競爭不僅重創協同領導的效能，也危害團體成員和團體歷程。Fall 與 Wejnert（2005）指出引發權力競爭的反應包括：貶低另一位領導者的貢獻、刻意忽視成員與另一位領導者間的連結、特別照顧那些似乎不太「喜歡」另一位領導者的成員，因而形成不同領導者間派系的次團體。以下的對話顯示此種衝突：

成員 A 　　　：我同意你（協同領導者 1）說的，我有時的確很目中無人。我很高興你提醒我這一點，而不是袖手旁觀讓我搞砸這個團體。

協同領導者 1：你一定是鼓起很大的勇氣才能承認這點。你能接受我的回饋，也證實你有很大的進步。

協同領導者 2：嗯，我有點擔心你沒有聽到團體中其他成員的回饋。如果你是靠自己，而不是靠協同領導者 1 才恍然大悟，那該有多好。

權力競爭的另一項特徵是不良的溝通模式，稱為**雙頭馬車**（tandeming）（Gallogly & Levine, 1979）。當這對協同領導關係把發言視為獲得正統性與權力的做法，雙頭馬車現象就產生了。可想而知，不管哪一位領導者說話，另一位就會尾隨而進。例如：

團體成員　　　：我想我有點害怕談我自己，我不想引人注目。

協同領導者 A：那很正常。分享本來就是一種冒險。

協同領導者 B：沒錯，冒險的時候會焦慮也是正常的。

團體成員　　　：我想改變，我想分享，但我得慢慢來。

協同領導者 B：放輕鬆，當你開始分享以後，你會越來越習慣。

協同領導者 A：沒錯，每分享一次，你就會越來越上手。

　　發生雙頭馬車現象時，協同領導小組不一定會互唱反調。相反地，他們把發言當作和團體產生連結的利器。在關係形成初期階段，每個人都想盡可能地和團體建立關係。協同領導小組傳達出相似的訊息，以此來證實和認同對方的觀點。問題是此種互動型態讓回饋畫蛇添足、失去效力，團體成員只能等待領導者們發言完，他們才敢回應。雙頭馬車現象除了對團體成員造成影響外，如果協同領導者間的訊息牴觸矛盾，而不是相互印證，這種互動型態就會變成權力競爭，擾亂團體歷程（Fall & Wejnert, 2005）。

不適配的問題

079

　　眾所周知，協同領導的治療價值在於協同領導小組的關係。如果協同領導小組彼此不適配，關係自是無所進展，也發揮不了協同領導的治療價值。協同領導常見的不適配類型有二：人格差異與理論相左。

　　你肯定跟非常難搞的人共事過。經驗告訴我們，大部分的人落在好相處與不好相處的連續光譜之間。如果協同領導小組發現他們帶領團體時不太喜歡對方，那麼團體和協同領導關係都遭殃了。例如，權威型與放任型的領導風格背道而馳、結構型與開放型針鋒相對、幽默型與嚴肅型冰炭不容。人格差異南轅北轍者通常也不太適合協同領導，除非每個人都願意花大量的時間調和差異，找出方法尊重差異以改善團體運作。

　　理論取向不同恐將造成性格衝突，因為理論代表個人對改變歷程的

觀點，也與個體的人格不謀而合。然而，多數的實務工作者並未深究理論，因此忽略了協同領導小組的改變觀和治療觀可能根本截然不同。

必須注意的是，某些理論取向確實難以相輔而行，原因在於它們定義改變與達成目標的處遇過程不同。例如，個人中心取向的團體領導者認為，以無條件的積極關注、真誠、同理心等來營造團體氣氛，方是改變之道。團體歷程反映此種理念，領導者會透過積極傾聽、反映與觀察過程以達成團體目標。另一方面，認知行為取向的團體領導者則認為，不適應行為源於扭曲的思考模式，須藉由學習認知重建技術來加以矯正。依此信念，認知行為取向的領導者會將團體時間用在教導團體成員認知治療的基本概念，及練習認知行為技巧。不消說，若硬要同時兼顧兩種諮商取向，一定會打結。此舉會令團體成員疑問叢生、重挫團體領導者。

金錢問題

在私人執業的情況下，若要以協同領導的方式帶領團體，必須考慮團體能產生的獲利。雖然團體一次可服務較多的個案，但事實的真相是：

- 團體成員付的錢比個別諮商少。
- 團體進行時間通常會超過 1.5 小時。
- 團體領導者要花時間籌劃與推廣。
- 如果私人執業的辦公室不夠大，無法容納一個團體，你還得自行到另一個場地帶團體，因此你得把交通時間算在內。

用計算機按一下，你就會知道協同領導的花費是挺實際的問題。假設你要為中學生帶領一個轉銜團體，你決定不假手他人，獨自帶領這個團體，也大略算過個別諮商和團體諮商的鐘點費。團體有八個成員，每人付 30 美元，每次團體 1.5 小時，一週的鐘點費總計會有 240 美元。

如果你採個別諮商的方式，每次看兩位個案，每個人收費 90 美元，一週會有 180 美元。看起來團體很划算！

　　現在把協同領導算進去，團體收入除以二。看看上面的例子，你只能賺 120 美元。如你所見，加一位協同領導者，你的收入就沒法跟個別諮商比了。每加一個變項因素（如交通與籌劃時間）進去，你的錢便流失了，更別說還得加上團體開始前 30 分鐘（這是保守估計）的預備時間，和團體結束後的討論時間，在在讓你的獲利直直落。如果你很不智地打算縮短準備和討論的時間，那你得冒著增加前述協同領導關係兩個缺點的風險。

　　要抵銷這個缺點，有些實務工作者會提高費用或增加團體成員的人數。另一個策略是排不出個別諮商案主的時程時，改用這個時間來帶領團體。不過，有些實務工作者縱使收入會稍微減少，也寧可協同領導帶領團體，因為團體的報酬值得，或把團體當作從個別諮商轉移到團體工作的跳板。

如何選擇協同領導者

　　為避免協同領導「未蒙其利，先受其害」，我們必須把注意力放在協同領導關係。如同 McMahon 與 Links（1984: 385）所言：「認為協同領導關係鮮有治療價值的治療師，沒有辦法領略此種治療形式的潛力。」協同領導關係近似於團體的發展歷程。事實上，有關團體研究的文獻都詳盡地描述協同領導關係發展成長的模式（Brent & Marine, 1982; Dugo & Beck, 1991; Fall & Wejnert, 2005; McMahon & Links, 1984; Winter, 1976）。這些模式跟團體發展模式類似：評估協同領導進展、調解問題、推動正向發展。

　　除了思考協同領導關係的發展模式外，Nelson-Jones（1992: 58）對選擇協同領導者提供以下實用的建議：

- 一定要事先和你想合作的協同領導者見面談談。很多協同領導小組都是出於方便臨時湊在一起，這是個挺有效率的方式，也是這個領域的現實。但即使你被動分配到一位協同領導者，亦可主動地在團體進行前討論其他注意事項。

- 與和你有相似理論取向的人合作。你們要互相瞭解、澄清彼此對改變歷程的觀點。

- 與跟你能保有合作與真誠關係的領導者共事。談談你們處理事情的方式、對團體的期待與夢想，也聽聽協同領導者的回饋。在討論前問問自己：我願意坦露多少？

- 分享規劃與帶領團體的大小事。分享與合作能減少團體發生令人出乎意料的事。善用準備時間討論既定的活動和概念化成員的進展。

081

- 每次帶領團體前後都要撥出時間討論。Bridbord 與 DeLucia-Waack（2011）的研究顯示，這是協同領導滿意度最重要的部分。就我（Kevin A. Fall）所知，多數默契極佳的協同領導小組會花至少一個小時（甚至更多）的時間，認真討論團體歷程。我們希望你和你的協同領導者能考慮一起接受督導，尤其在你初次擔任協同領導者或雙方為初次合作時。盡早把接受督導當作協同領導歷程的一部分，才能避免關係發生問題，或問題發生後，也讓小組有時間處理因應。

關係發展的階段

　　如同前一節提到的，協同領導關係的階段發展有跡可循。在第八章我們將會談到，團體也會經歷類似的形成與演變發展階段。記住這些階段可以協助你評估關係的進展狀況，移除可能的障礙，順利催化關係成長。在本章最後，協同領導關係的發展階段將用團體階段來說明。為便於學習，我們會使用同樣的階段概念，但先提醒大家團體和協同領導關

係的發展未必遵循相同的時間架構。讀者可以先跳至第八章閱讀團體階段這部分，一探階段全貌。

未承諾階段

初探界限

在這個階段，協同領導小組會有開始帶領新團體的焦慮。即便協同領導小組之前曾合作過，這個即將帶領的新團體仍是一個獨特的經驗。如同 Fall 與 Wejnert（2005: 315）所說的，在這個階段，協同領導小組最主要的任務就是回答這個問題：「在這個團體中，我們的優勢和限制該如何照應，才不會各自為政？」當協同領導小組過於在意自己和他人，迫切想得到認同，就可能會暴露有問題的溝通模式，例如早先談到的雙頭馬車現象。

為了強化協同領導關係，順利地過渡到下一階段，協同領導小組可以做到以下幾點：

- 焦慮是關係發展初期會經歷到的正常現象。這並非說你們不夠專業，事實上，這是一般人面臨嶄新且令人興奮的機緣時會有的反應。
- 務必要在團體進行前後撥出時間和協同領導者討論，如前所述，這麼做可以讓你們有機會修通關係與團體歷程。
- 如果你們的關係才剛形成，最好能接受督導或有第三方帶領討論。讓客觀、學有專精的第三方助你們一臂之力，對協同領導關係的發展將是一大動力。

試探性的自我揭露與探索

　　當協同領導小組開始瞭解對方，發展團體認同感，工作同盟漸次成形。經過數次的團體帶領和團體外的討論，每位領導者應在個人及專業上越來越瞭解自己和另一位協同領導者。隨著認識的程度加深，「真誠」（be real）的渴望超越「裝模作樣」（play nice）的姿態。在關係中，這是一個正面的信號，顯示雙方不再害怕關係告吹，願意冒險讓彼此更親近些。要測試關係是否禁得起考驗，衝突必不可免，也必須解決。如果刻意迴避衝突，關係定會陷入死胡同。更糟的是，團體會感受到領導者無法處理衝突的焦慮，甚至癱瘓整個團體。假使協同領導小組經驗到衝突，但卻不會處理（在團體裡互相攻訐與貶損），會讓團體成員感受到極大的焦慮，不是畏避推託，就是效尤團體領導者的攻擊行為。兩者對團體都沒有好處。

　　在這段時期，協同領導關係對團體的影響與作用是不言自明的。漠視關係發展的協同領導小組將置團體於險地。為加快進行到下一階段的速度，協同領導小組可行的做法有：

- 適當地化解衝突是關係發展過程中正常且必經之路，探討你自己對「衝突」的真實反應。回想你之前如何處理關係中的衝突，思索這些模式如何顯現在協同領導關係和團體中。
- 在帶領團體前後持續地與你的協同領導者會面討論，藉由這些會議敞開心胸探討各自對衝突的想法，同心協力思考解決辦法。務必著眼於衝突產生的原因，並尋思衝突在協同領導關係和團體中如何獲得解決。

承諾階段

與團體的發展階段相仿，承諾階段就像是協同領導關係的「黃金時

代」（Golden Age）。此階段的特色是深度探索與瞭解，承諾改變與成長，為提升團體效能不遺餘力，稍有不同的地方僅有協同領導小組的凝聚力與信任程度多寡。由於衝突已在未承諾階段後期獲得解決，協同領導小組越來越能處理團體內外的衝突，認同對方的獨特性，權力競爭問題也大致銷聲匿跡。在這個階段，每位協同領導者都覺得對方有志於自我成長，也樂於相互支持、鼓勵甚或挑戰對方。

在這個階段，準備結束團體的議題躍上檯面。大多數情況下，這段時期跟團體發展如出一轍。在為團體結束預做準備之時，亦須為協同領導關係的結束做準備。協同領導小組該如何說再見，可於帶領團體前後的會議討論。跟團體一樣，談這個話題多少會引發焦慮，但協同領導者絕不可沆瀣一氣，為規避焦慮而漠視這個議題。

結束

083

結束期是關係的最後一個階段，準備要為這段經驗畫下句點。隨著結束期來臨，關鍵字是「平衡」（balance）。如果協同領導小組對結束期敷衍了事，所有投注在關係和團體上的努力將功虧一簣，致使團體成員也覺得結束難以負荷，應當加以避免。有些協同領導小組會覺得不必處理結束分離的議題，因為他們以後還有協同帶領團體的機會，即便關係持續存在，此段團體關係仍將走向終點是不爭的事實。團體即將結束，必須好好對此段經驗說再見。

協同領導小組也有可能佔用太多團體時間處理結束，超乎團體成員對結束的討論需求。要趨近平衡，協同領導者須善用團體前後的討論會議來處理關係結束，單純地把團體時間用在團體的結束上。協同領導小組可以跟團體成員分享他們協同領導關係一路走來的心路歷程，示範他們對結束處之泰然。

運用反思歷程連結各項概念

　　本章從選擇領導模式的臨床角度闡明協同領導關係，讀者應已明瞭協同領導的優缺點與關係發展階段。最後這一段將說明如何透過反思實踐歷程（process of reflective practice）持續關注關係發展的重要性。

　　Okech（2003）將反思實踐歷程的概念應用至協同領導。多位學者均指出，屬行反思實踐的協同領導小組之優點與未定期留意關係動力的後果（Miller, 2005; Okech & Kline, 2005）。協同領導的反思實踐意指：協同領導小組定期且系統地討論與探究關係對團體的影響，以及每位領導者對自己、對對方和對團體的看法（Okech & Kline, 2005）。

　　反思實踐歷程為協同領導關係提供完備的架構。如同 Okech（2008: 239）所觀察到的，此歷程讓每位領導者「同心協力面對個人內在與人際議題，培養洞察力，進而知悉如何與彼此和團體成員互動，有助於團體成員的成長及達成團體目標」（見圖 6.1）。

摘要

　　協同領導是一種領導模式，其運用協同領導關係作為治療工具。協同領導雖然應用甚廣，但研究文獻屈指可數。軼聞證據顯示協同領導是有效的，能使團體成員和協同領導小組兩方同受其惠。然而，也有些易犯的錯誤會影響協同領導效能。讀者可參考協同領導關係發展模式，評估協同領導功能，慎選協同領導者，並持續接受督導與諮詢請益，俾能提升協同領導小組的功效。

084

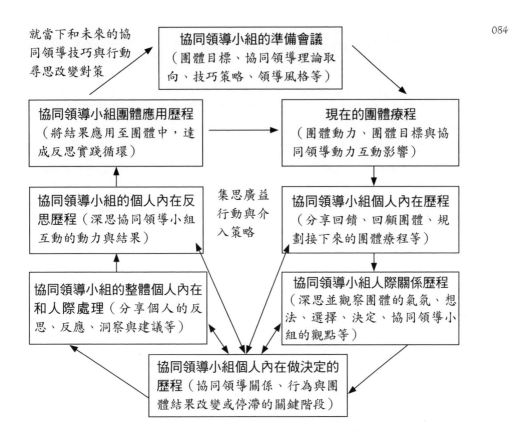

圖 6.1　協同領導小組的個人內在與人際反思歷程和團體動力交互關係圖

資料來源：Okech, J. A. (2008), Reflective practice in group co-leadership. *Journal for Specialists in Group Work*, 33(3), 236-253.

參考文獻

Bernard, H. S. (1995). The dynamics of the cotherapy relationship. *Group*, 19, 67–70.

Bernard, H. S., Drob, S. L., & Lifshutz, H. (1987). Compatibility between cotherapists: An empirical report. *Psychotherapy*, 24, 96–104.

Breeskin, J. (2010). The co-therapist model in groups. *The Group Psychologist*, 20, 5–6.

Brent, D. A., & Marine, E. (1982). Developmental aspects of the cotherapy relationship. *Journal of Marital and Family Therapy*, 4, 69–75.

Bridbord, K. & DeLucia-Waack, J. (2011). Personality, leadership style and theoretical orientation as predictors of group co-leadership satisfaction. *The Journal for Specialists in Group Work*, 36, 202–221.

Dreikurs, R., Shulman, B. H., & Mosak, H. H. (1984). *Multiple psychotherapy: The use of two therapists with one patient.* Chicago, IL: Adler Institute of Chicago.

Dugo, J. M., & Beck, A. P. (1991). Phases of co-therapy team development. In B. Roller & V. Nelson (Eds.), *The art of co-therapy: How therapists work together* (pp. 155–188). New York: Guilford.

Fall, K. A., & Menendez, M. (2002). Seventy years of co-leadership: Where are we now? *Texas Counseling Association Journal*, 30, 24–33.

Fall, K. A., & Wejnert, T. J. (2005). Co-leader stages of development: An application of Tuckman and Jensen (1977). *Journal for Specialists in Group Work*, 30, 309–327.

Gafni, S. & Hoffman, S. (1991). Teaching cotherapy: Instructional and supervisory processes. *Journal of Contemporary Psychotherapy*, 21, 285–289.

Gallogly, V., & Levine, B. (1979). Co-therapy. In B. Levine (Ed.), *Group psychotherapy: Practice and development* (pp. 296–305). Prospect Heights, IL: Waveland.

Hadden, S. B. (1947). The utilization of a therapy group in teaching psychotherapy. *American Journal of Psychiatry*, 103, 644–648.

Kivlighan, D. M., London, K., & Miles, J. R. (2011). Are two heads better than one? The relationship between number of group leaders and group members, and group climate and group member benefit from therapy. *Group Dynamics: Theory, Research and Practice*, 16, 1–13.

Lundin, W. H., & Aronov, B. M. (1952). Use of co-therapists in group psychotherapy. *Journal of Consulting Psychology*, 16, 76–80.

McMahon, N., & Links, P. S. (1984). Cotherapy: The need for positive pairing. *Canadian Journal of Psychiatry*, 29, 385–389.

Miller, S. (2005). What it's like being the "holder of the space": A narrative on working with reflective practice in groups. *Reflective Practice*, 6, 367–377.

Nelson-Jones, R. (1992). *Group leadership: A training approach.* Belmont, CA: Brooks Cole.

Okech, J. E. A. (2003). A grounded theory of group co-leadership relationships. Doctoral dissertation, Idaho State University. *Dissertation Abstracts International*, 64, 409.

—— (2008). Reflective practice in group co-leadership. *The Journal for Specialists in Group Work*, 33, 236–252.

Okech, J. E. A., & Kline, W. B. (2005). A qualitative exploration of group co-leader relationships. *The Journal for Specialists in Group Work*, 30, 173–190.

Roller, B., & Nelson, V. (1991). *The art of co-therapy: How therapists work together.* New York: Guilford.

Winter, S. K. (1976). Developmental stages in the roles and concerns of group co-leaders. *Small Group Behavior*, 7, 349–362.

第七章

諮商團體，啟動！

想到一個點子後，我會把它化為不凡之物。

Pablo Picasso

　　為什麼諮商師對於帶領團體會忐忑不安？為什麼他們這麼不願意採用團體取向？以下是我們從學生和實務工作者那裡聽到的保守說法：

瑪麗（碩二研究生）：團體使我如坐針氈。我的個別諮商剛有
起色，我也喜歡婚姻與家庭諮商的步調。團體的速度太快了。
同時間有太多事發生，我擔心我會遺漏某些重要訊息。

萊利（私人執業）：邀集團體比召募個別諮商的個案難多了。
我會不想帶團體的部分原因是，我觀察的團體領導範例不夠。
在受訓的過程中，我們會參加個人成長團體，這是我僅有的團
體經驗。我不覺得我有能力帶好團體。我該從哪裡起步？

　　瑪麗和萊利的內心在抗拒帶領團體。雖然他們的理由各異，但有一項主題特別明顯。高焦慮最主要的理由是諮商師不知道該在團體裡做什麼，鮮少有人教他們怎麼做。有效的團體催化可不只是單把個別諮商技

巧應用到團體中而已。

　　雖然團體諮商的理論學者和研究者長久以來皆證實團體的效能（Gerrity & DeLucia-Waack, 2007; Westheimer et al., 2009; Thompson, 2011），許多準諮商師仍覺得團體是個難解的謎，特別是曾參與團體訓練的諮商師，對團體諮商更是敬而遠之。絕大多數的諮商師均受過團體諮商訓練，將個別諮商的技巧類化至團體沒什麼太大困難。不過，要跨出第一步還是有點遲疑，許多諮商師不願意冒這個險。從私底下的談話得知，多數諮商師理智上認同團體能提供他種治療方式不能達到的治療效果，話雖如此，諮商師依舊裹足不前。常見的擔憂是：「我不確定應該對團體有哪些期待」，及「我不知道我在團體的定位」。不太願意瞭解開始帶領團體前的浩繁細節似乎也是主因。

　　帶領過團體的諮商師都會越來越認可團體是一種有效的諮商工具，並成為他們較喜歡採用的介入方法。我們的假設是，就像面臨眾多選擇會焦慮和膽怯一般，部分諮商師僅是因為有太多可能的阻礙和枝節須留意，令其從來不敢帶領團體。

　　儘管有關團體效果、程序與歷程的知識十分豐富，實務工作者仍必須有擔任團體領導者的初體驗。如果成員和領導者初次的團體經驗是正面的，諮商師就比較有可能繼續運用團體做為介入的方法。

　　多數資深的團體領導者指出，花時間留意小細節能提高初次帶領成功的機率。以下列出與眾多實務工作者和諮商教育者討論後，諮商師帶領團體前可供檢核的準則與步驟。

成立團體的步驟

步驟一：創意發想

　　團體的構想浮現之後，很快地就要做決定。這些構想就像：「我

有很多為焦慮所苦的女性個案，我該怎麼幫她們？」抑或「我一直很關注親職教養議題，我該從何開始？」從上述這些問題帶出「群體概念」（group idea）後，每位臨床工作者必定會面臨的決定是：要用團體的方式還是個別諮商的方式？成立團體跟個別接案實有天壤之別，但又有許多相似之處。跟個別諮商一樣，團體領導者必須決定哪一類型的案主是你想服務的對象，以及你是否能勝任。有時候你只是出於一種想服務特定群體的心願，有時候是來自職場的需要。許多團體在規劃階段就夭折了，因為臨床工作者不知道接下來要做什麼，或堅信開團比個別接案難多了，因而萌生退意。由於做功課和做決定階段是「現實世界」中催生團體最大的難關，我們會好好地探討每個步驟。我們將以學校諮商師維吉妮亞為例，看看她如何為校內的青少女設計一個團體。

如前所述，成立團體的構想可以自創，也可能是職場環境的需要。在這個例子裡，維吉妮亞得知六年級女生不懂得運用學校的諮商資源，很多人有學習和人際困擾。她的目標是這群有特殊需求的女孩，但以往並未規劃諮商資源來滿足這群孩子的需要（這是她個人的希望）。某些老師和家長亦殷切期盼她能為這群女學生提供服務（這是職場的需求）。兩者交會之下，構想逐漸成形：「我想為青少女成立一個團體。」當構想浮現，就可繼續進行下一步——研究你的構想。

步驟二：做足功課

088

創意發想階段的構想還很粗糙，必須在團體開始之前加以琢磨精鍊。不過，成立團體無需閉門造車，其實已有相當多各類型團體的文獻資料可供你舉一反三。為了讓你的構想去蕪存菁，你可參考現有的文獻。在本例中，維吉妮亞可以去當地的大學圖書館尋找，或登入大學圖書館的網站。她也可以搜尋某些資料庫，如 PsychInfo 和 ERIC 裡有關青少女（adolescent girls）與團體（groups）等關鍵字的期刊文章。此外，她還可以搜尋亞馬遜（Amazon.com）和邦諾（BarnesandNoble.

com）等網路書店相關主題的書籍。當你查閱文獻時，關於如何設計與催生團體的概念會益加清楚。有時候你還能找到既有的團體方案，包括講義和其他輔助器材。有這麼多的資訊，不太可能對你的團體還一無所知了吧。完成這個步驟能豐富你帶領團體的背景知識，把這些資訊篩選詳究一遍是你的職責，接著再進展到下一步驟。

步驟三：規劃細節

當你進行到這一步驟，可能已被區區一個團體構想壓得喘不過氣來。天曉得還有哪些重點和主題等著你去探究？與其被資訊超載的焦慮壓垮，我們鼓勵你把它當成一個千載難逢的機會。你不必逐筆瀏覽所有的主題，只要選擇最適合你和團體成員的即可。例如，出乎維吉妮亞意料之外，她發現青少女團體的文獻挺豐富的。她可以聚焦在女孩子間的霸凌、自尊心、約會暴力、女孩文化、友誼、親子關係、與權威人物的關係、運動與競爭等等。沒有抱著「太多了，真受不了，我不可能看完」就放棄的態度，她詳讀這些文獻，判斷「年輕女孩的問題」這個主題頗適合她的團體。根據團體組成對象的特性，主題涵蓋的範疇要夠廣泛又要夠特別，以吸引她鎖定的對象參加。

要進一步規劃安排主題，她必須解決團體其他的細節：每次聚會的時間與團體次數。由於維吉妮亞是學校諮商師，她必須請示主管和老師，上課期間何時較適合帶團體。每週一次或一週兩次、每次 1.5 至 2 小時是較佳的選擇。少於 1.5 小時對成人來說太短，光是暖身和轉換期時間就不夠了，但除非是預先規劃好的延展團體（extended session）或馬拉松團體，否則聚會時間太長會因疲勞造成反效果。兒童團體的話，30 至 45 分鐘是注意力開始渙散前大致能維持的時間。維吉妮亞就其鎖定對象的特性，參閱文獻和請示主管後，決定團體時間為 45 分鐘，利用早自習的時候舉行。

大部分的學校與機構並沒有特別規定團體的進行次數，10 至 25 次

的範圍都可以，但要有確切的持續期間。正如每次約 50 分鐘預期的長度，聚會次數也要尊重團體成員的期望。假使在指定的時間即將結束前還有些目標沒達成，團體仍須解散並重新改組。最可能的情況是，必然有些成員不想再參加了。

延展團體的時間從 8 到 15 小時不等，馬不停蹄地進行。馬拉松團體是延展團體時可採行的技巧之一，而不是單獨、一次性的場合。延展團體通常安排在團體已有數次定期聚會、並發展出自有的風格型態之後。延展團體所需的時間最好佔團體總時數的四分之三，必要時預留些追蹤的時間。

089

有些團體亦會採用短期內一天一次或一天兩次的密集形式，以求增加團體的衝擊性效果。此種「全面衝擊」（total impact）的方式，最適合用在完全不受打擾的環境，這段期間成員吃住在一起，團體兼採教學訓練。這種獨特的做法在學校人事、組織發展、住院病人及機構間很受歡迎，頗受行政管理單位的青睞。整體考量後，維吉妮亞認為八次剛剛好，這讓她得以納入五到六個主題，保留第一次做介紹，最後一次結束。團體進行完後，她可以評估團體的時間和長度是否恰當。

我們也必須考慮團體進行的地點，這個地點應該是舒適、讓人放鬆的房間，小而有親切感但不會太擁擠。可以的話，房間應該有地毯和舒服的和室椅、抱枕，讓團體成員可以隨心所欲自由入座。微暗、柔和、溫暖的間接照明設備優於刺眼的天花板燈。

免於外界事物的干擾和完全隱秘的場所是首要之務。提供咖啡和飲料無可厚非，但食物就會令人心猿意馬了。最好是用茶敘時間吃點東西，但不要用團體時間吃正餐。

如果團體分成好幾次聚會，基於安全考量不該隨便變換地點。但必要的時候可以更換一些布置，或為製造新鮮感而適當地更動。

最後，團體成員應該圍成一圈，讓每個人都可以看到彼此的臉，成員間不應有任何遮蔽物（如桌椅）橫亙。成員的座位距離要近在咫尺，同時又不會近到變換身體姿勢時處處掣肘。這些物理環境的安排要兼顧

親近感與隱私。維吉妮亞找到一間早自習時間沒有使用的教室。雖然這間教室沒有窗戶、門鎖，但她可以在門上掛「請勿打擾」的牌子，以免受到無謂的干擾。

另外一個與團體地點同樣重要的是團體大小。為了增進團體的有效互動，青少年及成人團體的人數不得超過九或十位，兒童團體通常有五到六位成員，同樣地，成人團體的人數不能少於五位，這樣的人數足以讓成員從團體動力中獲益，同時讓團體保有足夠的親密感。如果人數多於十人的話，團體領導者將難以面面俱到，許多活動也會因時間不夠讓每位成員參與而喊卡。團體人數太少則會引發非得回應和分享的人為壓力。維吉妮亞不確定有多少女生會想參加團體，她的目標人數是八位，至少要有四位。

090

有效的工作坊或訓練團體安排分配，可在方案教導或教育階段先以大團體的形式聚會，然後再打散為各有領導者的分組小團體。

除了這些考量外，如果你是私人執業或受聘於機構，也得考慮團體所需的成本。你也要決定哪種團體類型（心理教育團體、諮商團體等）最符合你的企劃，以及你將採用哪種領導風格與形式（單一領導或協同領導）。

步驟四：行銷與召募

步驟三規劃細節為行銷與召募這一步驟拉開序幕。你所在的職場左右你這一階段的策略。例如，維吉妮亞可以在公布欄張貼團體召募訊息，或分發傳單給女學生。她也可以親自聯繫她認為適合參加團體的學生，或商請老師轉介。私人執業的諮商師可懇請其他機構、學校或醫院的人員幫忙宣傳，諮商師還可以製作精美的團體宣傳手冊。製作宣傳手冊耗時費力，導致許多團體構想在行銷階段就無疾而終了。事實上，本書作者之一（Kevin A. Fall）甚至把步驟一至四當成研究生的課堂作業（要交出一本完整的手冊哦！）。

　　優秀的召募與行銷為你在前面階段的心血結晶傳來捷報。這個階段的工作結束後，就會接到有興趣參加團體的人來電詢問。你衝動地摩拳擦掌，打算誰報名都來者不拒。注意：你的任務才剛開始，勸你別興奮過頭，擾亂你的判斷。下個階段——團體前訪談的重要性，比起成立團體的其他步驟可謂有過之而無不及。

步驟五：團體前訪談

　　團體歷程的治療效果可不是天上自動掉下來的禮物，就像個別諮商的一對一關係一樣，團體可能漸入佳境，也可能每況愈下。其中最主要、也最關鍵的變項，就是團體領導者。領導者負有組織團體與催化提升團體成員正向成長的責任。願意煞費苦心琢磨人際關係技巧的團體領導者，才是有效的助人者。領導者在團體開始前及進行期間，應致力於創造有利於團體經驗成長的條件。團體領導者應該竭盡心力做好每件能確保團體大功告成的事宜。在團體第一次聚會前，有幾件可以留意的事項。以下是團體開始前可以參考的做法。

篩選與團體成員組成

　　在成年早期（大學生以上）之前，團體成員的年齡差距最好盡量縮短。在整個就學期間，年級是選擇團體成員時滿不錯的方法。

　　在中學階段，合併八、九年級學生與合併高二、高三學生應該行得通。國中生的發展問題類似，但與高中生就差遠了，何況成熟度也會影響團體互動。

　　大學以上則不太需要擔心年齡的同質性。通常這個年齡階段已有足夠的成熟度包容異己。差異與各種各樣的議題可以提升成人團體的價值，並提供大量的機會體驗與催化新的學習。

　　預先篩選團體成員並非都能落實，如果可行的話，應該列為優先進

行的項目。可以把所有報名者分組，採用集體訪談的方式，否則時間不夠可能會阻礙篩選程序。雖然團體前篩選訪談乃是優先考量，但團體領導者可不一定負荷得了，因此領導者應加強磨練評估技巧，以便在初次聚會前完成篩選程序。以下列出進行團體前訪談或初次聚會時應完成的任務。

- **評估候選成員的團體經驗準備度。**團體成員應有良好的改變動機及達成目標的期待。
- **選擇那些至少能維持一項人際關係者為團體成員。**成功經驗的累積，有助於團體成員處理團體裡多重人際關係所造成的衝擊。
- **選擇沒有精神疾病或極端問題者，以免團體成員疲於應付。**這一點跟上述第二點一樣，因為這些人需要的是個別治療，如此一來成員才能從團體經驗獲益。即使團體是為治療某特定診斷而設（例如：著重於重鬱症或精神分裂症的團體），若能以團隊取向的方式進行，包括結合個別、團體、家族治療、精神病學評估與藥物治療，才是對成員最有幫助的。有害人際關係建立的人格特質，如高敵意、低挫折容忍力、偏執妄想症等，多為團體的拒絕往來戶（Riva et al., 2000）。
- **判定候選成員與團體的適配性。**理想的情況是，整個團體的人格動力最好具有相當的異質性。如此一來，在問題解決上將有更多的創造性和互動的機會。當團體的組成是為了解決共通的問題，如交通違規、酗酒、離婚、配偶虐待或物質濫用時，此點尤為重要。

建立基本規則與初始期待

加諸在團體成員身上的嚴苛規則乃是為了提供保護，確保成員的安全，同時又能保有最大程度的自主性以探索和嘗試新的行為。

　　進行團體前訪談的時候，即可向候選成員說明團體的期待。最有效的方法之一就是單張列表，讓團體成員在初次聚會前閱讀。如果沒有團體前訪談，就須列為初次聚會時必要討論事項。團體規則和期待至少應包含以下數點：

092

- **定期且準時參加團體。**一旦答應參加團體，團體成員應尊重領導者和其他團體成員的時間，謹守時間架構。團體領導者也應準時開始，準時結束，這樣才能營造出工作的氛圍，亦使團體成員能有效地規劃參加團體外的時間。

- **保密。**這無疑是團體發展的關鍵，每位成員都必須明確瞭解這一點。團體時間外任何形式的談論都是不被允許的，也不可以向沒有參加團體的人透露團體內容。在此必要條件下，團體成員至少能取得官方版的保證，接下來才有進一步發展內在信任的可能。

- **仔細聆聽其他團體成員說話。**每個人都有向團體分享意見的權利，也有責任專心傾聽別人說話。這是增進尊重與培養專注技巧的不二法門。

- **討論問題時要誠實、具體和開放。**團體成員可以自己決定想對團體付出多少。團體賦予每位成員兼任助人者職務的機會。成員間越能推心置腹，團體就越能發揮效用。

- **為自我成長設立明確的目標。**主動、積極地為問題尋找解決方法，才能從團體經驗獲益。首先就由設立目標開始。當個人設立可達成的目標時，不管在團體內或團體外，將帶來令人刮目相看的成長。

- **一定要參加前四次團體。**至少要參加前四次團體，方能對團體、成員、領導者和自己設立的目標有實際合理的評估。這段期間後，如果成員認為團體不符需要，他已算完成基本的義務，也可以選擇不參加團體了。

團體程序規則

　　雖然團體自會發展出一套非正式的團體規則與規範，但列出某些必要的規則可催化團體開展。倘若領導者能在初次晤談時發給每位成員，他們就可在聚會前先行閱讀與思考。這些規則可做為初次聚會的活動內容。討論這些規則後，可根據團體的需要增添或刪改。

　　團體諮商是一種學習經驗，成員必須學習如何合作以擴展學習的潛在價值。但不可假設團體成員已經知道該如何團結互助。由於多數成員對團體諮商還很陌生，因此在第一次聚會時提供一張基本規則或建議事項，會是個滿管用的做法。

　　以下數點團體規則可以影印給團體成員，請他們選出最難做到的規則。鼓勵成員談談他們選出來的規則，以及為什麼很難做到。接著，其他成員可就此提出建議，或自述有何克服之道。

093

- **讓別人知道你的想法**。每位成員的話都很重要。跟團體分享你的想法與反應能激盪其他成員，有助於彼此分享所見所聞。
- **問問題**。如果你有問題或想多知道某些事情，那就問吧。團體中沒有所謂的笨問題這種事。說不定還有幾位成員跟你有同樣的疑問呢。
- **不要只有你在講話**。別的成員也想參與，但如果你佔用太多時間說明你的想法，別人就沒有時間說話了。
- **協助其他成員參與**。如果某人露出欲言又止的神情，鼓勵他把話說出來。你可以說：「卡拉，妳似乎有些話想說。」沉默的成員特別需要你的支持與鼓勵，使其更勇於發言。反之，也不要做得太過火。成員並非得單靠說話才叫參與。
- **用心聆聽他人的話**。注意聽別人說話。如果你只是埋頭苦思等會兒逮到機會要講的話，那可是會把別人的話當耳邊風。給別人表

達意見的機會，試著去理解他人的想法。「聽」人者人恆「聽」
之。

- **團體成員是為了互助而相聚**。只有同心協力才能解決問題。在助
  人的過程中，你也在助己。你所掌握的資訊說不定對其他人也很
  有用。不同的意見或理由能幫助其他成員做出更好的決定。
- **願意接受別的觀點**。不固持己對，認定別人皆非。人同此心，心
  同此理。試著去協助其他成員理解，而非迫使他們屈從。
- **跟上討論的速度**。如果你對於討論的事情一頭霧水，那就說出來
  吧。
- **這個團體允許你談論你的想法和感覺。**

療效因子

　　Yalom（2005）認為每種治療性團體皆有**療效因子**（therapeutic
factors）在其間作用。這些療效因子分為 11 個主類別。團體領導者開
展團體歷程後，須將這些動力謹記在心，它們是能為團體帶來改變的影
響力。每個因子如下所述，當你閱讀到第八章團體工作的階段時，更須
仔細思考這些因子。

- **傳遞資訊**（imparting of information）。指諮商師或其他團體成
  員對生活上碰到的問題，擔任教導、提供建議、勸告或直接指導
  的功能。
- **灌輸希望**（instillation of hope）。團體進行前對團體的成功、
  希望與信心抱持高度期待，已證實與團體正向的治療結果息息相
  關。
- **普同感**（universality）。參加團體時，彼此的互動分享能破除
  孤獨無依、自己的問題很「特別」這個想法。認識到這一點常讓
  成員鬆一口氣。

- **利他主義**（altruism）。團體成員分享類似的問題，互相提供支持、建議、再保證與洞見。團體成員開始形成自己也有能力提供幫助的自我意象。

094

- **原生家庭的矯正性重現**（the corrective recapitulation of primary family group）。團體和家庭相去無幾。許多團體成員的原生家庭不盡如意；在互勉打氣的氛圍中，團體提供修通與重建重要家庭關係的機會。

- **培養社交技巧**（development of socializing techniques）。雖然不同型態的團體所運用的方法，從直接的技巧訓練到機會教育等各不相同，但社交學習在團體中處處可見。培養基本社交或人際關係技巧，是團體諮商歷程中成員間人際互動回饋的產物。

- **行為模仿**（imitative behavior）。團體成員常會觀察其他人如何處理類似的問題。透過「替代性」（vicarious）治療，團體成員整合、嘗試團體領導者或其他成員建議及示範的新行為。

- **人際學習**（interpersonal learning）。人是群居的社會性動物。團體彷如社會的縮影，其所提供的療效因子引發矯正性情緒經驗。經過確認與自我觀察後，團體成員漸能覺察自己的人際行為。在團體的回饋與支持下，成員認清不適應的社交／人際行為，並激勵他們改變。

- **團體凝聚力**（group cohesiveness）。凝聚力是指團體對成員的吸引力。簡言之，它是一種「我們」、「這一團」或「患難與共」的感覺。團體凝聚力恰似個別諮商中心理師和個案間的共融關係。當成員分享完重要的情緒體驗後，團體的接納與支持是顯著的治療力量。

- **宣洩**（catharsis）。團體讓成員有個安全的堡壘可抒發情緒，而不是悶著不吭一聲。此歷程鼓勵成員學習如何對領導者和成員表達情緒。宣洩有兩個重要的面向：釋放情緒與得到團體的接納。領導者的角色為催化抒發情緒，同時也確保團體在處理情緒

的過程中是一個安全的涵容者（safe container）。

• **存在性因子**（existential factors）。存在的既定事實（無意義、死亡、自由和孤獨）無所不在，所以它們會顯現在團體中也是理所當然的。團體領導者覺察到直視這些既定事實所產生的焦慮，和每位團體成員合力探索是否以健康的方式處理這些焦慮，還是被焦慮弄得動彈不得。

摘要

從草擬到團體形成是一段艱辛的過程，往往讓許多實務工作者望之卻步。本章按部就班地說明形成團體的步驟，倘若悉心留意步步為營，即可增加團體成功的可能性。這個過程的最後一步——即團體前訪談，能確保你召募到適切的團體成員，其重要性不言而喻。留心注意過程中的每一步驟，你和團體成員才能為下一章即將談到的歷程發展階段做好萬全的準備。

參考文獻

Gazda, G. M. (Ed.). (1982). *Basic approaches to group psychotherapy and group counseling* (3rd ed.). Springfield, IL: Thomas.

Gerrity, D. A., & DeLucia-Waack, J. L. (2007). Effectiveness of groups in the schools. *The Journal for Specialists in Group Work*, 32, 97–106.

Riva, M. T., Lippert, L., & Tackett, M. J. (2000). Selection practices of group leaders: A national survey. *The Journal for Specialists in Group Work*, 25, 157–169.

Thompson, E. H. (2011). The evolution of a children's domestic violence counseling group: Stages and processes. *The Journal for Specialists in Group Work*, 36, 178–201.

Westheimer, J. M., Capello, J., McCarthy, C., & Denny, N. (2009). Employing a group medical intervention for hypertensive male veterans: An exploratory analysis. *The Journal for Specialists in Group Work*, 34, 151–174.

Yalom, I. D. (2005). *The theory and practice of group psychotherapy* (5th ed.). New York: Basic Books.

第八章

維繫團體：歷程與發展

鮮少人能預見前方的路要帶領他們走向何方，直到路的盡頭才
恍然大悟。

J. R. R. Tolkien

當團體領導者瞭解成立團體的細節後，接下來就得花腦筋思考如
何帶領團體了。我們的看法是，沒有一種領導風格能保證團體絕對會成
功。領導者的人格特質和理論取向各異。領導者整合領導技巧和個人風
格的能力，最能嘉惠團體和成員。

團體領導者必須不斷地追求個人的自我實現與統整，用行動展現
自信與自我接納。領導者須對團體成員傳達出高度的接納、同理心和溫
暖，言行並重，坦率地立即回應、自我揭露。

本章將探討常見的團體發展階段。這些階段架構讓團體領導者據此
預測團體動力的梗概，瞭解團體大致上的走向。我們稍後也會探討評估
領導技巧與團體進展的方法。

團體發展階段

團體的發展階段可不是憑空而降、各自為政，而是階段間的界線模

糊重疊。許多團體諮商和團體心理治療的學者皆提出團體發展的階段，但他們的資料多來自觀察與臨床經驗，而非客觀確鑿的數據。由於不可控制的變項太多，有關團體發展的系統化研究少之又少。

團體的發展似乎有跡可循，周而復始。也就是說，團體的議題被一再地重新檢視，但每次又有更進一步的洞察。Yalom（1995）曾從臨床的角度描述團體的發展順序。但是，每位成員對團體發展都具有不可磨滅的影響力。因此，團體的發展順序只是理論上的說法。一般的發展階段可視為團體的主旋律，但團體人際互動的難以預測性為其增添不少複雜度。

雖然團體發展是循環往復的過程，但我們通常會把團體分成三個主要階段，內含數個次階段。還有，不是所有的成員都整齊劃一地處在同一階段。每個階段都有個人和團體應完成的任務，某些成員或團體可能永遠無法走完整個歷程。不過，健全而有凝聚力的團體似乎都遵循以下的發展模式。

097

未承諾階段

初探團體界限

在團體的初期階段，成員多少會有些預期性焦慮（anticipatory anxiety）。些微的團體焦慮能提高團體效能，但過高的不明原因焦慮則有反效果。成員越是「團體新鮮人」（group naive），焦慮的狀況越明顯，因為缺乏明確的方向和目標。接下來，團體成員可能會質疑他們處理人際關係緊張的能力。剛開始，多數的團體成員免不了會焦慮，因為他們並不確定當下和未來會發生什麼事。

觀察成員的行為，會發現他們本著在外面行之有年的社交技巧行事。他們會以行動來表現他們的偏見、刻板印象、分門別類和身分地

位，試圖以此來理解團體。有些成員會喋喋不休，有些成員則閉口不言。這段相見歡時期的特徵是不露聲色地試探領導者、成員和整個團體。

當成員要適應陌生的環境時，困惑、不確定和模糊性是團體初期典型的狀態。言不及義的話題和迴避長期的承諾亦是此時團體的特點，直到成員漸漸習慣彼此的存在。

初期階段的主要議題跟設立目標和界線有關。

未承諾階段與結構化的問題

或許新手團體領導者最擔心的問題是：

- 我該如何進行第一次的團體？
- 我該說什麼？
- 我們要談什麼？
- 我應該給團體討論的主題嗎？
- 我該使用哪些團體技巧？

隨著第一次團體聚會迫在眉睫，諮商師常會一而再、再而三地問自己這些問題。

多數資深的團體領導者都知道，關於如何為初次及接下來團體聚會進行結構化的問題，往往是領導者多慮了。上述問題也顯示領導者為團體承擔太多責任，剝奪團體成員學習為團體負責、投注心力探索何為彼此最關心的議題的機會。但這並不是說團體應該將結構棄之於門外。

領導者常會為了遵守某一特定諮商取向而省略結構，但卻忘了結構其實適用於所有團體。當領導者向團體解釋何謂團體諮商，他就是在進行結構化。團體諮商討論的主題也算是結構，因為多數團體領導者回應的是成員的感覺，而不僅是說出來的口語內容。同樣地，決定團體何時聚會、要討論哪些議題、保密的重要性、設限等等，都是多數團體進行

098

結構的慣例。適當的結構對團體具有催化效果。相反地，過度的結構卻讓領導者變成教師，或者過於死板僵化，阻礙團體與生俱來的治療發展歷程。所有的團體都具有某種程度的結構是不爭的事實。問題不在於是否要有結構，而是該如何選擇最適合團體的結構類型。

　　結構所持的立場之一，即是讓成員為自己負起更多的責任，這也是絕大多數團體諮商的目標。藉由討論上述問題，催化團體成員為自己做決定。另一個現狀是，某些團體可能尚未準備好獨當一面。假使成員先前並沒有參加團體諮商的經驗，甚至沒有參與班會小團體討論的經驗，此時他們就需要一些指引，以便學習如何共事和進行有效能的團體討論。例如，學生不會因為參加過諮商團體，就立刻成為有效的團體成員，因此初次聚會時，結構就幫了大忙。結構未必會「喧賓奪主」了領導者的角色，但它可以協助團體化解初次聚會前幾分鐘的尷尬。此外，結構也增強領導者帶領團體的自信，為團體的凝聚力發展奠定基礎。焦慮程度太高的領導者經常將矛頭指向團體，尤其是當領導者不願意對團體坦承和揭露他的焦慮時。這麼做等於是領導者向團體宣告：「在這裡，我們不討論感覺。」因此，不管領導者願不願意，都需要進行結構化。

為成員設定結構

　　第一次團體的初始結構可參考下面的摘錄，這是一位學校諮商師帶領新團體時前幾分鐘的講法：

　　　　大家都到齊了，我們可以開始了，我們都互相認識，也知道為什麼會在這裡。你們都很擔心在學校裡的表現，你們的成績不盡理想，所以才會想來參加這個團體，好好處理這個問題。或許你們還有其他擔心的問題，或懷疑團體能有什麼幫助，如果想從團體獲益，你們有責任讓大家知道你所擔心的事，我們有

責任互助合作，找出困境的起因和能做的事。

接下來有十週的時間，我們會在每星期二同一時間在這間教室聚會。團體進行時，你們可以說任何想說的話。但無論你說什麼，都不能再說給團體外的任何人聽。我不會告訴老師、家長、校長或任何人這裡發生的事。我會跟大家一起處理問題，不過我不會直接告訴你們答案，但或許我們可以一起思考什麼才是對我們大家最好的辦法。

099

進行結構化時，至少有三種替代說法：

- 領導者可以問：「各位對在團體裡說自己的事有什麼感覺呢？」
- 領導者可以問：「還有沒有什麼事是我們必須講清楚的？還有沒有什麼問題？」接著再問第一個問題。
- 領導者可以說：「有成員認為繞圈子滿管用的，它讓每個人都可以告訴團體自己在擔心什麼、團體該如何提供協助。誰想要先開始呢？」

諮商師的自我結構

新手團體領導者可參考下列備忘錄進行自我結構（self-structuring），以催化團體互動。

- 要有耐心等待回應，成員需要時間思考他們想說的話。
- 協助成員闡明發言內容的異同點，促進彼此的互動。
- 如果某位或數位成員看似困惑不解，邀請團體其他成員摘要發言者剛剛的說話內容。
- 認清自己是領導者，不是智多星，不需要字字珠璣，非得說出正確無誤的答案。協助成員彼此回應，例如說：「馬克，你要跟露絲說話，可是卻看著我，你可以對著她說嗎？」

- 避免變成答案的出處。如果成員請領導者發表意見，領導者可以問：「其他人的想法呢？」把這個問題移轉給整個團體。
- 釐清誰最常說話。如果是領導者自己，即有好為人師的可能性。
- 決定討論的中心主題，並加以回應。
- 連結團體成員相關的發言內容。
- 聆聽弦外之音，反映深層的意涵，而非僅停留在表面敘述。

如果領導者過於躁進，想讓團體跳過這段大家其實可以攜手度過難關的初始階段，團體可能永遠不會有足夠的安全感去向彼此分享內心的尷尬和困惑。此種攜手共度難關的經驗暗喻著人人平等，大家得一起想辦法因應這種不確定感。每個人都一邊帶著焦慮，一邊嘗試與他人建立關係。每個人都等著看別人怎麼做，躊躇猶疑，卻步不前。此時領導者若仍完全處於被動的立場，不進行結構化，等於是在告訴成員說這些感覺是不恰當的。然而，回應這些情緒就是告訴團體這是一個可以談論自己和任何情緒的地方。能做到這一步，領導者恰是告訴團體成員：「我對你們感同身受，我願意跟你們一起坦誠面對這些感受。」對多數的團體成員來說，此種結構化是一個意義深遠的體驗：「他真的有聽進去耶！」

100　　這裡所說的結構化賦予團體極大的自由度，同時又搭起團體得以發揮功能的鷹架。如果結構化運用得宜，不但能催化團體關係，更能提供必要的自主性與安全感，有益於自我的探索成長。

靈活運用結構化

雖然團體輔導和團體諮商的結構化常被視為團體的好幫手，它帶給諮商師的好處無庸贅述。許多諮商師對團體工作敬而遠之，因為團體的受訓經驗不足。即使受過某些訓練，也不太肯定該如何開始帶領團體，或不知道首先該做什麼。因為不確定該如何催化團體或不知道成員如何

發揮功能，所引發的領導焦慮，很容易被團體成員看在眼裡。結果，諮商師對團體敬謝不敏，「領導者甚至會覺得帶團體是自討苦吃。」若領導者有不確定感，成員通常也不會有安全感。

　　領導者對自己和團體的看法與感受，對團體的運作良好與否具有絕對性的影響力。多數領導者需要的是工作架構，使其對自己和團體更有信心。因此，結構化可讓領導者更有效地運用技巧，同時累積有效帶領團體的經驗。

　　常見的情況是，由於領導者誤以為成員嫻熟團體的動力與歷程，致使團體亂成一團。事實上，大部分的人，特別是學齡期的兒童與青少年，根本沒有這方面的知識，遑論具備有效整合團體及成員的技巧。由此可見，團體早期階段的結構特別能協助團體成員學習如何有效地為團體盡一份心力。隨著團體聚會進行，成員漸漸熟能生巧，就不太需要結構了。

　　結構為領導者和成員提供具體的方向和安全感。團體要邁向成熟與成長即由此肇端出發。高度結構可賦予領導者和成員最明確的方向和最大的安全感，不過卻容易降低個人的責任感。此種結構化技巧通常事先擬好一連串問題或指導語，以口頭說明的方式進行，穿插圖畫或玩偶以為輔助。

　　中度結構提供的方向較不具體，由團體領導者和團體成員共同設定有關的主題，因此對個人責任感的要求較高。通常會結合多媒體與開放式的口頭問句來規劃團體的討論主題，但也讓成員有回應的空間。此種結構協助成員將他時他地的討論焦點，轉移至探索此時此地。

　　低度結構允許成員自創討論主題，領導者從旁輔以口語和非口語的活動。雖然諮商師的結構化常以口語活動為主，在學校裡若善用圖片、幻燈片、影片和投影片等非口語的媒材，具有提高視覺刺激的效果，至少比單用口語的結構化活動來得活潑生動。

　　結構可以促進團體的凝聚力，鼓勵成員盡快開始互動並聚焦在共通的問題上。結構最大的好處就是可以避免未知的恐懼。

結構的限制

結構化剛開始可能會讓團體成員誤以為不必負責決定團體的討論內容，同樣地，體驗學習如何在混沌未明的狀態下處理焦慮和挫折的機會也被剝奪了。另一個考量是，若過於嚴格執行結構化的方案，每次聚會都有新的主題或重點要討論，可能會破壞團體討論的連貫性，或害得成員沒辦法討論當下關切的議題。不過，經驗告訴我們，不管有沒有初始的結構化，團體成員都能很快地確定自己的需求，決定討論的目標和主題。通常這得花三到五次的聚會時間，而且多半是團體成員已懂得如何合作無間，提升了團體的自信心和信任度。因此，團體領導者必須敏察團體的動向，保持開放的心胸，不妨偏離結構，讓團體自發地探索。

結構的種類

以下簡短討論某些適用於不同年齡層團體成員的套裝式結構活動，這些活動並非無所不包，而是略微描述諮商師可以採用的活動形式。一般說來，這些從高度到低度的結構都要根據團體的發展程度而調整。

中度結構式團體也會介紹主題，但通常不會說得太明確。團體領導者可擬好題目或依團體的特殊需要設定。為兒童設計的中度結構團體有Landy（1992）、Lane（1991）、Devencenzi 與 Pendergast（1988）等人的結構化活動及課程方案。這些活動附有領導者的指導語和成員專用的學習單，用以催化討論各種議題，如動機、自尊、歸屬感、同儕壓力和家庭關係等。任何一種活動都必須依個別成員或領導者帶領的特殊團體而調整，以協助成員探索自我、感覺和行為。Huss（2001）為喪慟兒童設計數個特殊的療程和活動，Crutchfield 與 Garrett（2001）則運用美國原住民的構想，為兒童設計一套結構化團體模式。

Corder（1994）為青少年團體設計了一套大規模的結構式團體方

案。Corder 的重點是催化有助於青少年發展的療效因子，減少團體的焦慮感。這個方案包括數種結構式活動，如「新型學習遊戲」（The New Learning Game）和「角色指派」（Role Assignments），祈使青少年隨著團體進程而成長。Fall 與 MacMahon（2001）設計了一套詳盡的團體方案，適用於五到六年級男生。這個團體包含數類彈性課程，探討男孩常面臨的議題，如溝通、信任、親子關係等。

在 Drucker（2003）、Carrell 與 Keenan（2000）、Walker（2000）的著作裡，可以找到較以口語為主、適合國中生到成人的結構式活動。媒體素材和活動的複雜度則多半與團體成員的口語和概念能力有關，不能僅用年齡決定。另一個要考慮的因素是選擇結構式活動時，須符合團體成員的人際互動能力水準。大體來說，若成員的團體經驗越少，則以選擇能協助他們提升能力的結構式活動為宜。

基本上，所有的團體成員都應具備以建設性的方式給予和接受回饋、經由自我探索澄清自己的感覺和想法、自我揭露的能力。除了示範這些行為外，團體領導者也須發揮創造力，運用數種能增加這些技巧的活動。

運用兩兩或三個配對的方式把大團體打散成數個較小的團體，是促進團體成員安全感的策略，也讓他們有更多的機會參與。刺激句、開放式問句、焦點回饋等做得好的話，可以提升團體成員的投入與承諾。結構式活動亦有助於建立團體內外的社交技巧（Khalsa, 1996）。

結構摘要

眾所皆知，結構是團體諮商極重要的一環，雖然結構可用來鼓勵、激發、教導和促進信任，但絕不可濫用結構。較好的做法是循序漸進，在團體初期進行高度結構、口頭說明的活動，接下來則是中度結構、視覺效果的活動，最後才是沒有受到結構干擾、自力形成的話題，如此方能讓團體成員確認自己的步調、方向和性格。如果運用得宜，結構就可

和團體的生命發展週期相輔相成、相得益彰了。

試探性的自我揭露與探索

　　第二個階段，成員對於是否被團體接納或拒絕的態勢越來越敏感。成員渴望如其所是地被瞭解和接納，但必須冒著分享部分自我（如感覺、突如其來的個資問題，或對某位成員的看法）的風險，以便釐清被接納的程度。因此，這個階段的自我揭露是暫時性與試探性的。面臨此種曖昧模糊的情況時，成員會想探求自己在團體內的定位與身分。這個階段的領導者非常辛苦，因為成員都在探測權力和結盟，試圖控制和影響團體的走向。經過初期的秘而不宣後，個人的態度和價值觀開始堂而皇之地顯露。雖然口語互動頻繁，看得出某些成員試圖炒熱氣氛，想讓團體順利進行下去，但互動的內容還是相當表淺，以話題為主。

　　整體看來，團體會保護領導者和其他團體成員不受批評和抨擊的傷害，但因預期團體關係會變得越來越親密，焦慮也隨之升起。相互支持擁護的次團體有在此時成形的傾向。人際關係的風格差異在這個時候變得越來越明顯，特別是武斷、獨立的成員，和依賴、被動的成員成了鮮明的對比。成員慣用的人際風格浮上檯面，與其因應模糊情境的方式相呼應，是領導者認識成員的寶貴資訊來源。成員在原生家庭和其他人際關係中習得的感覺、行為和風格，成為他們在團體中沿用的模式作風。

　　同樣在這個階段，團體成員漸有為其他成員設定一連串角色期待的傾向。拯救者、耍寶者、攻訐者等等，不勝枚舉，每個人都有機會在團體中表現個人的行為舉止偏好。這些角色和標籤剛開始還算得體，帶給團體明確的定位和期待，不過如果在後面階段，團體成員仍暗中「強迫」某位成員只能扮演既定的角色，這些角色和標籤就會阻礙個人的成長。

　　經過初步的自我揭露和行為表現後，成員逐漸瞭解對方、領導者和自己，依據到目前為止蒐集到的資訊，初步做出個人的承諾，願意投入團體。

在團體發展的這個階段，益發凸顯凝聚力的重要性。團體成員揭露更多較隱私的自我，成員間開始建立連結。這種連結也就是**凝聚力**（cohesion），是一種催化團體延續這趟發展旅程的動力。此種發生在團體中的人際連結（bonding）或吸引力（attraction），是常見的研究歷程變項之一。但即使有這些研究論述，凝聚力仍是一個模糊、複雜、不容易操作的團體因子，讓想釐清這項動力的研究難竟其功（Braaten, 1990; Budman et al., 1993; Dion, 2000）。1989 年，Mudrack 建議團體社群捨棄**凝聚力**（cohesiveness）這個詞，改而探討形成凝聚力的主因。儘管不明所以，研究文獻仍視像「一體感」（we-ness）一樣的凝聚力是團體能發揮正向效果的直接功臣。

雖然太有凝聚力或「共同感」（togetherness）的團體可能導致團體效能低落，研究顯示有凝聚力的團體成員能：

- 更有效能；
- 更能抗拒外界的負面影響；
- 更願意接受其他團體成員的影響；
- 較有安全感；
- 更願意表達負向情感和遵守團體規範；
- 更願意影響他人；
- 願意留在團體中較長時間。

如果想培養人際自由度高的團體氛圍，領導者應該優先在團體初期就發展出團體的凝聚力、和諧與信賴感。團體領導者催化成員投入團體的條件，著重於情緒表達、建立安全的團體氣氛、團體成員間的互動等，才是引導團體邁向團結與相互信任的歷程變項。

雖然我們認為沒有所謂的「完全無條件的關係」這種事存在，團體領導者最好在團體的早期階段就建立自發性付出的氛圍。凝聚力是信任的建材或基石，為團體往後的行為模式打下基礎，使團體的焦點從最初的建立自在感開始，進步到問題解決導向。Marmarosh 等學者（2005）

指出，凝聚力真正的價值遠超乎團體療程次數的限制。有凝聚力的團體
會內化團體經驗，把歸屬感和改變的效果類化到團體外的日常生活。凝
聚力的種子在未承諾階段即已播下，當團體發展至承諾階段時可能才會
開花結果。

104

承諾階段

深度自我探索與瞭解

隨著團體生命的發展，與目標和權力等原先關注的議題大相逕庭的
動向悄然發生。人際之間歸屬感與親密感的問題躍上檯面。親密，在某
種程度上，成為團體接下來的核心議題。

在這個階段，團體規則與程序大致底定，模式越來越清楚，發展出
獨特的風格。團體的規範和標準明確，自成一格，而且可能跟外在世界
的遊戲規則背道而馳。圈內人／圈外人的感覺油然而生，強化一體感的
表達方式和行動俯拾皆是。

團體互動的重點是「此時此刻」，關注的議題與團體有關，對團體
外的事務漠然置之。甚至連團體內地位較低的成員都願意敞開心胸，至
少維持住凝聚力與團結的表象。

權力的問題益發凸顯、昭然若揭，不過卻是以更有建設性、理性思
維和當機立斷的態度處理。領導者挑戰成員的行為時越來越不手軟，並
擔任高度現實導向（reality orientation）的角色。團體的「地下」領導
者呼之欲出，但並不會對團體構成威脅。

團體成員開始「查驗」或測試他們對自我和他人的知覺與假設。人
際冒險、深度自我探索和自我揭露的頻率堪稱前所未見。成員間的互動
與時俱增，變得更加密集，有點讓人喘不過氣來。

最後，在這個階段，團體成員展現出更多的助人技巧，積極地與自

我和其他成員建立更多的連結。

承諾改變與成長

　　互助與支持是這個階段隱而未說、但卻再明白不過的承諾。團體的氛圍益發輕鬆自在、無拘無束，人際間的接納與平等有目共睹。但於此同時，以現實為導向的呼聲日殷。領導者此時應扛下鼓勵團體成員卸下心防、樂於互助的責任。領導者向成員示範同理性的回應，以此激發新的洞察。

提升自我效能

　　這無疑是團體生命週期裡最富效能的階段，許多早期的議題與發展任務得以解決與精熟。團體成員相互尊重的程度達到最高點，鮮少進行「拯救」行動。另一顯著的特徵是明爭暗鬥的攻擊行為減少，比較願意以團體大局為重。團體互動的特點是開誠布公，真情流露和推心置腹的頻率大幅提高，毫不做作。

　　這個階段的團體比以往更同舟共濟，成員更真心誠意地關心彼此的福祉。未到的成員反而成為關注的焦點，因為他們的缺席對團體的組織動力造成明顯的變化。團體為自己承擔責任，也為個別成員的行為改變提供不可或缺的安全感。

　　這個階段的團體成員幾乎就是自己的治療師，能獨當一面地自我覺察與洞察。自我挑戰也很常見，因為他們更願意自我評估與承擔。團體成員現在已發展出個人的自主性，但同時團體卻越來越相互倚重。

　　團體成員會討論和分享彼此的理想和夢想，更加責成團體與自己要去探索行為的潛意識動機。在人際關係方面，成員開始嘗試用新的方式相處。

105

準備離開團體

顯而易見地，經歷前述階段，成員體會到團體提供的支持、行為再保證、相互扶持、慷慨激昂等，林林總總在團體外的世界難得遇見的感受。但相對地，這些體驗可能會引爆分離焦慮的問題。

這種五味雜陳的感覺跟悲傷歷程很相似。說再見會引發某些人否認、退縮的感受，有些人則是興高采烈。凌駕於這些失落與期待的感受之上的，應該是洋溢著樂觀與圓滿的心情。團體領導者必須小心處理因離開團體所引發的焦慮不安。

結束階段

團體諮商歷程的結束階段跟團體的初期階段一樣，都是團體成長與發展的關鍵。結束是團體發展的重點聽起來似乎很矛盾。不過，發展意味著成長，團體成員去因應、接受和有效地探討重要關係的結束，能提高團體發展的層次。但若只把結束的過程侷限在探討關係結束，反而是揠苗助長。根據 Yalom（1995）所言，結束不只是經驗的終點，它是團體歷程不可或缺的一部分，亦是激勵改變的重要力量。

覺察事件、經驗、關係等都有結束的一天，或許是個人生命中最具重要性和意義的事，有始，就有終。人的一生要經歷許多此起彼落、周而復始。本章結束，新章節承接；日以繼夜，夜以繼日；新學期開始又落幕，然後又是新學期開始。關係也有緣起緣滅，或被新的關係取代。結束，是生生不息的過程，它是終曲，也是序章。

若能坦然面對，即將邁入尾聲的團體可以提供成員機會，學習正向地處理失落感，評估彼此的成長，看看還有哪些地方需要再加強，發展離開團體後的繼續學習計畫與方向。詳加討論每位成員如何善用所學，跟學會有效地處理關係的失落同等重要。

決定何時結束

封閉式團體

　　一般說來，在教育體系的諮商團體大都是封閉式團體，開始進行後，就不再讓新成員加入。結束對這種團體通常不是什麼問題，因為早已預定好團體次數。儘管如此，結束仍是團體必須面對處理的發展事項。某些封閉式團體並沒有固定的結束日期，而是由成員在團體初期時決定團體該進行幾次。此外，封閉式團體的成員通常都明白團體大概進行六到八次，到時再決定是否要延長次數。

　　封閉式團體通常得配合機構的行事曆，例如根據學期或學年度結束決定團體該何時結束等，此種結束多半無異議，但是領導者必須瞭解預定好的結束可能無法滿足所有成員的需要，因為各個成員對結束的準備度不一，領導者必須敞開心胸協助某些成員參加新的團體或繼續進行個別諮商。

開放式團體

　　若有成員退出，開放式團體會讓新的成員加入，由此維持一定的成員人數。結束的問題對開放式團體來說不僅發生一次，相反地，是各個成員準備離開時就會出現的議題。結束通常是在領導者和團體的協助下讓個人自行決定，在開放式團體裡，結束是一個不斷上演、延伸和包容的過程。團體現有的成員和新加入的成員不僅影響團體動力，也影響凝聚力發展的過程和程度。因此，並不建議由新手領導者帶領開放式團體。

　　領導者應覺察還有其他會影響團體諮商歷程的變項。McGee 等學者（1972）指出開放式團體常見的階段有：

- 初始晤談時即提出結束的問題。有其他成員要離開團體時會產生的情緒反應。
- 有成員說想離開團體。
- 討論成員即將離開團體的事，以及可能會對留下來的成員和團體造成的影響。
- 接下來幾次的團體討論圍繞在即將離開的成員，確認離開的決定。
- 想離開的成員最後一次參加團體。分離開始。
- 在接下來幾次團體中定期討論成員離開的後續效應。
- 新成員加入團體。

107

抗拒結束

抗拒結束、不想說再見是成員很自然的反應，也是個很重要的經驗。由於成員可能是第一次體驗到這種親密、親近、關懷的關係，一旦面臨團體即將結束，失落感和抗拒油然而生。但若放任抗拒蔓延，就會扼殺成熟、獨立與責任的發展。成熟的指標之一就是當關係有所變化或走到終點時，要懂得放手。願意放手可以促進自己和他人的獨立自主與責任感。因此，領導者要協助團體成員探索跟團體結束有關的感覺，正視這段有意義的關係即將畫下句點，展開放手的過程。

團體領導者如能預期成員難免會有抗拒、焦慮和依賴等有關結束的反應，就比較有心理準備妥善回應。通常團體會不時以滿腔的熱情要求多加幾次聚會來抗拒結束，領導者若陷入「想被需要」的需求，就會被這些要求牽著鼻子走。因此，領導者須覺察隱藏於這些特殊要求下的情緒。另一個抗拒結束的典型做法是規劃重新聚會。同樣地，不該鼓勵團體做這種事，因為社交性的團體聚會不可能如治療性的聚會般深具意義。以我們帶領超過 200 個團體的經驗顯示，只有兩個團體堅持主張「我們下學期還要再相聚」。

隨著結束的日期迫近，常見團體成員勉為其難地進行討論和探索。探索變得越來越無關緊要，討論的內容也變得有點膚淺，成員不太想開啟新的話題。團體沒有說出口的訊息是：「反正只剩下兩次聚會。」我們的立場是，就算只有一個半小時，諮商團體仍可發揮效能，遠遠超過治療性團體所需的時間限制。領導者可以明言他嗅出的抗拒訊息，重申結束的議題及他對團體的期待。

催化結束歷程的首要條件，即領導者也願意敘說他對關係結束的反應與感受。領導者分享團體過程的酸甜苦辣，為了團體的成長與凝聚力煞費苦心。團體領導者也感受到團體的關懷、喜愛、需要和益處，這些深刻的感覺可不是簡單的一筆就能抹殺。領導者最具催化效果的行動，就是開放地跟團體承認他也有抗拒關係結束的情緒。勇敢地面對這些感受，等於是為團體成員開啟一道放手之門，面向未來仍有大好機會經營全新、深具意義的關係。

結束的過程

如果團體成員尚未意識到團體該結束了，此時領導者應在團體結束前至少兩週就提醒成員，這是很重要的步驟。團體成員可以自主決定還需要多少時間以處理未竟事務。過早宣布結束會讓團體成員把精力放在結束團體上，迴避投入團體的承諾與初衷。

結束團體的過程包括：允許成員決定何時結束、領導者帶領團體討論結束團體的感覺、以結束為主題的結構化活動。Dies 與 Dies （1993）建議結束期的四項任務為：

- 說出還有哪些未竟事務。
- 設立團體結束後想達成的目標。
- 思考治療的替代方案，例如繼續接受諮商。
- 探討團體結束對每位成員的意義。

Corey 與 Corey（2005）的看法稍有不同。他們強調結束期應該詢問的問題有：

- 成員在團體中如何看待自己；
- 團體對他們的意義；
- 有哪些衝突已澄清；
- 做過哪些決定。

成員可就彼此的觀感提供回饋。許多實務工作者都知道領導者應在最後一次團體前即重視結束的事實，並主動和成員一起討論團體即將結束的感覺，以及如何將團體所學應用至往後的生活（Posthuma, 2002）。

溝通練習可以協助成員回顧和澄清已習得的經驗與改變，鼓勵他們付諸行動。不過，這些練習可能引發的效應是成員在回應上述問題時，通常只給予正向的回饋，尤其是成員間已培養出深度關懷的關係時。想要讓成員說出其他情緒和反應，可以邀請成員運用下列開放式問句來平衡，例如：

- 我對你最大的擔心是：
- 我對你的期待是：
- 我希望你認真考慮：
- 你用＿＿＿＿＿＿＿限制自己的優勢。
- 我希望你可以為自己做的事有：

對於曾有緊張衝突但最後以建設性批評的方式努力相互瞭解的團體，就不用太擔心團體結束的回饋是否平衡的問題。重點是成員須善用最後幾次團體實踐之前的學習，並持之以恆地將這些重要的學習類化至團體外的日常生活中。

結束摘要

　　團體即將結束時要做的事取決於團體的獨特性，沒有哪一種結束活動一體適用。因此，團體領導者應根據自己的敏感度和創造力，決定該如何協助團體成員因應團體關係結束。　109

其他的階段理論與概念

　　團體實務工作者及研究者提出了不少解釋團體行為的模式。階段模式讓教學者據此教授常見的團體動力，讓學生可瞭解及套用這些架構，讓實務工作者評估團體的進展。沒有哪一種發展模式比他種優秀，事實上，它們看起來大同小異，只是用不同的名稱說明團體動力。雖然我們陳述的是我們對團體發展模式的構想，在此也提供其他的發展模式以資比較（見表8.1）。

催化責任

　　為個人的行為負責可不是團體諮商自動出現的產物，團體領導者要允許且鼓勵成員投入，自己決定能對團體做出哪些貢獻，以及想從團體得到哪些收穫。

　　團體諮商最主要的目標之一，就是協助成員為自己和行為負責，不過，新手領導者常將團體的事攬在身上，這種態度反倒剝奪團體成員學習為自己所做的決定承擔責任的機會。

　　根據團體領導者的理論和哲學取向，他應該要擔負的角色是啟動、激勵、鼓舞成員積極參與或催化團體成員投入。領導者的責任不是「挑大梁」，成員需對團體當下發生的事共同負責，因此，團體關注的焦點應該是成員。　110

109　表 8.1　團體發展模式

	Corey （2004）	Tuckman 與 Jensen（1977）	Trotzer （1999）
團體開始前			
未承諾階段			
• 初探界限	初期階段	形成期	安全
• 試探性的自我揭露	定向與探索	定向與探索	接納
承諾階段			
• 深度自我探索與瞭解	轉換階段	激盪期	處理抗拒
• 承諾改變與成長	工作階段	規範期	責任
• 提升自我效能	凝聚力與效能	運作期	工作
• 準備離開團體	最後階段：鞏固 與結束	中止期	結束
團體結束後			

110

聚焦在團體成員上

　　光是透過觀察，團體成員尚無法學到何謂責任，如要團體成員負起責任，就必須讓他們實際體驗做決定的過程。假使領導者為團體做了太多決定，即使這些決定似乎微不足道，都極可能加重他們的依賴心，更談不上負責了。好的領導者應讓成員越來越能覺察自己和彼此的優點。

　　允許和協助團體成員負起責任，在最初幾次的團體中特別重要，因為接下來的團體療程已差不多被「定調」了。因此，團體領導者的重任就是及早讓成員為自己和彼此負責。以下幾點有助於催化團體成員負起責任：

- 協助團體成員瞭解，有效的合作與相處乃是一段緩慢的歷程，領導者要付出極大的耐心。
- 團體諮商對成員而言乃是一種嶄新的經驗。領導者必須謹記，成員需要時間學習如何更有效地合作。
- 基於團體歷程的自然發展，領導者或許會認為最初幾次的療程沒什麼太大進展。領導者應瞭解這是他個人的需求，而不是成員需要「做出具體成績」。

多數團體剛開始的時候，成員會想把責任加諸在領導者身上，成員可能會要求領導者指示他們該做什麼、怎麼做。為了避免掉入這個陷阱，領導者可以說：「我知道以前都會有人告訴你們該做什麼，但是在這個團體裡，你們要自己找出解決方法。我會幫助你們，可是不會干涉你們該談什麼。」

團體領導者的責任是協助成員彼此回應。團體初期常見的現象是，成員明明正對某人說話，可是卻看著領導者說。此時，領導者可以說：「羅伯，你要跟傑克說話，可是你好像在對著我說。你可以看著傑克說嗎？」

領導者必須小心，避免暗示回答的內容應該是什麼。通常暗示會透過聲調或臉部表情的方式傳達。

過於快速回答成員的問題，團體領導者會變成答案的唯一出處，剝奪成員找到答案的責任。成員不需要老是從領導者那邊得到解答。即使他們問了，領導者可以反問：「其他人的想法呢？」藉此把問題還給整個團體。若領導者容許團體「直來直往」，團體才懂得該為他們的行為負責任。

耐心：必要條件

有時候，團體領導者會很難自我克制，尤其是當領導者想要「進

展」或突然「看到」成員沒覺察到的事的時候，最為迫切。團體諮商需要耐心，讓成員自己去發現探索。耐心是團體培養責任感的必要條件。Grady Nutt（1971: 78）認為耐心有如：「春筍在一夜雨後茂生，蘭花要 7 到 12 年才會開花。你們的關係是春筍還是蘭花？成熟的人會等待蘭花綻放，但也會容忍春筍蔓生！」

順其自然或等待數秒再給予回應，領導者讓團體成員負起「進展」或協助其他成員的責任，團體成員才會明白「這是我們的團體」，領導者也才懂得助人者就在團體之中。

團體成員的責任

讓團體成員擔負起幫助他人的責任，也體驗被幫助的過程，是相當振奮人心和提升自我評價的會心經驗。責無旁貸地走進另一個人的生命，將會對助人者的生命品質帶來獨特、深刻的變化。有了這層體驗後，某位團體成員寫道：「這個團體協助我建立更堅毅的自我概念，每一次團體結束後，我都越來越喜歡自己。知道自己對他人有幫助是件很重要的事，我對自己也產生新的觀感。」

如果允許團體成員為改變負責，他們也比較願意改變。即使改變看來勢在必行，成員仍然會抗拒嘗試新的行為。如要增強改變的可能性，必須賦予成員自由度，同時協助他們為後續的行為結果負責。此種容許而非強迫改變的態度，或許就像某位成員說的：

> 你幫助我的方法之一，就是讓我自己改變，我信任這一點，我
> 不怕探索或改變，你讓我成長，如果我遭遇困難，驚惶失措，
> 你會允許我體會這種感覺，即便我們都知道大可不必這麼畏首
> 畏尾。

當成員負起責任，他們會更加信任自己，更敢鼓起勇氣探索內在深

層的自我。成員願意為他們的行為改變負起責任，個人的成長為期不遠
矣。

在團體諮商中成就團體的穩定性

天涯何處無團體。團體無處不有，舉目皆是。人是社會性的動物，
團體無所不在的特性是它之所以迷人之處。人會自然而然地群聚成團
體。在教育機構服務的諮商師正可善用這個利基和原則，組成諮商或
「成長」團體。

成員和團體的穩定性

任何一位帶領團體的諮商師都有義務為團體創造有利於產生效果的
條件。實證顯示，自願參與的成員優於非自願或奉領導者之命而來的團
體。這不是說非自願性的團體注定會失敗，因為，比成員的自願與否還
要重要的，是團體的氣氛或成長的氛圍，也是領導者在帶領團體時須著
墨之處。

團體的穩定性，或團體願意同休共戚、齊心向目標前進，跟團體對
成員的吸引力有關。換句話說，團體目標與成員對團體的正向知覺成正
比。如果希望團體對成員具有吸引力，團體必須仿效一般社會的組成結
構。單一性別或「單一問題」（single-problem）的團體恐怕無法做到
這一點。異質性的團體比較容易贏得形成團體穩定性時必備的吸引力。
Barker 等學者（2000）支持異質性團體，認為異質性團體比同質性團
體的效能更高。

領導者和團體的穩定性

領導者最主要的功能，就是催化團體成員互動，協助他們釐清問題

112

的情況。非結構性的團體領導者以民主的方式運作團體，與權威型的領導者大異其趣。當團體自然產生的領導者呼之欲出時，領導者不會因自身的權力需求而干涉團體歷程。他們不但將自己視為團體的一分子，同時也是能夠敏銳覺察團體和個別成員需求變化與發展的幕後功臣。

事關團體互動是否有效的領導者變項，有賴於領導者的變通度。換句話說，領導者須對團體互動的內容和歷程保持開放的心胸。相較於個別情境下的諮商師，團體領導者必須敏察團體的整體動力，與之步調一致。團體的互動數量不知凡幾，所以才能孕育值得探索的新議題，提供新的管道嘗試行為改變。

團體的進展與學習

同樣地，團體中能否產生學習，跟成員是否對團體抱有正向看法息息相關。如果團體的氛圍讓成員覺得必須對保護和保有自我提心吊膽，學習的歷程將會處處受限。

領導者有責任敏察與調和團體與個人的動機，營造有利於學習的環境。不強人所難、接納和同理的氣氛能減緩自我保護和自我維護的需求，讓成員自在地學習、探索和嘗試有助於自我成長的行為。

團體的一體感乃是經由成員與領導者的共同參與和分享而漸次培養與增強。每位團體成員都有分擔責任的機會，從而真心實意地參與並挖掘出潛力領導人才。許多學者亦鍥而不捨地檢視和探討跟團體進展與任務完成有關的團體信任、團體關係、支配或權力、情緒等概念。

缺乏吸引力或團體的穩定性，團體會很快地面臨解組。從另一個角度來看，成員若覺得團體具有吸引力和意義，團體就有穩定人心的強大力量。在有意義的互動催化下，吸引力於焉促成團體的穩定性，營造成長的氛圍。

113

成員對團體吸引力的感受程度並非不約而同、完全一致。在團體發展的不同時期，多少有些成員會表達不滿的感受。領導者必須處理成

員的不滿，留意這些線索反映出的團體需求。團體的進展不受固定的邏輯規則約束，領導者應該讓團體「順其自然」。如果團體能建立接納的氛圍，成員才能自在地表達對團體進展的感受。當然，在非結構的團體中，團體會自己決定何時已大功告成，該散場了。

如果陷入僵局或泥淖，團體當然也會覺察到。當此時，領導者就要釐清團體裹足不前的理由。

統整：團體示例

此團體範例是作者之一（Robert C. Berg）帶領的大學生團體，原先的長度是兩小時。這個範例經過剪輯，加入一些教學指示，並聚焦在某幾位成員身上。

領導者：感謝大家前來參加團體。我們之前都見過面。我不太瞭解各位參加團體的理由，不過我們可以花些時間想想看。希望大家都能簡短地談談你們想要怎麼度過今天下午。說說看（環視團體）。

領導者先以歡迎成員為開場白，感謝他們的參與，也邀請他們簡短地輪流發表想法。這個技巧能鼓勵每位成員開口說話。若成員能在第一次團體發言，往後較有可能積極參與團體，不會閉口不談。

多娜　：我先來。最近幾個月來我很自閉，不想做任何事也不想見任何人。那天有人來到班上，問我們願不願意參加團體，我告訴自己：「去吧！」團體……沒那麼危險，就做點什麼吧。我鼓勵自己走出去，不過我總是三心二意。

領導者：所以，多娜，對妳來說，好像是妳要求自己參加團體，妳期待會有什麼好事發生。

領導者反映成員的內容與情緒，與之產生連結。

多娜　：我把它當作是我個人的心理治療。

領導者：沒關係。很好，謝謝妳的分享。

麥克　：我跟多娜一樣。我逼自己要冒點險。我得做點什麼，可是又不確定有什麼好期待的。我真的不知道接下來會發生什麼事（笑）。這個團體對我來說是個挑戰。

領導者：你想嘗試新的行動。這是一個特別的經驗。

麥克　：沒錯。

領導者：謝謝你，麥克。感謝你的分享。

史考特：我這個學期有點不同，因為我不再把自己搞得像以前那麼忙。我的空閒時間變多了。如果是以前，我一定會對這個團體說：「沒空參加。」現在這個時間剛好有空。還有，我的生活出現一些變化，有些事情不像從前那麼順利好過。或許我正想找個場合說一說。

領導者：很棒。有時間為自己做點事，表示你在成長。謝謝你，史考特，很開心在這裡見到你。

史考特：（點頭微笑）。

茉莉　：一聽到有這個團體，我馬上想到：「可以加分了，感謝上帝！」（成員哄堂大笑）後來仔細一想，也想知道什麼是團體治療，就覺得太棒了，可以加分又有地方可以說話。

領導者：一開始，妳的動機是為了自己（成員又低聲竊笑），可以說來到這邊，妳的心情有點猶豫，五味雜陳。

茉莉　：現在沒有！我是有別的地方可去，但我想來這裡（沒有看著領導者）。

領導者：妳覺得還不錯。

茉莉　：對。

領導者：用妳的話說，就是「想來」。好的，謝謝妳，茉莉。

吉兒　：我的情況跟麥克很像，我想試試自己的能耐，再冒一次險。參
　　　　加完上個團體後，我的冒險也跟著結束了。我想拉自己一把，
　　　　看看還能做些什麼。我喜歡直來直往、說一不二（笑），所以
　　　　參加團體是個考驗，雖然我不知道會發生什麼事。

　　　注意：每位成員都有機會表達參加團體的理由。領導者要默記在
心，同時留意團體當下發生的問題或情況。

領導者：很好。這個經驗雖然有點嚇人，但妳覺得自己應該、也必須來
　　　　參加。
吉兒　：的確是。這個經驗或許會讓腎上腺再度破表（笑）。
領導者：很興奮──或許吧（停了一下）。吉兒，妳現在的生活少了些
　　　　什麼嗎？

　　　領導者問得深入一些，也給其他成員機會體驗一下不同的聚焦層
次。

吉兒　：我想是少了點興奮感。想找點樂子，或許是我來這裡的原因
　　　　吧！
領導者：好的，這也是事實。有點像史考特──給自己找件不錯的事來
　　　　做。你們好像不太習慣對自己好一點、為自己著想一些（有成
　　　　員點點頭）。謝謝妳，吉兒，很高興見到妳。

　　　連結團體成員──普同感。

南希　：我有幾個參加的理由。一個理由是這個團體不太一樣。我想知
　　　　道跟其他團體的人相處起來感覺如何。這需要很大的勇氣，它
　　　　會讓我更堅強。我是那種想要躲在角落、不跟人家玩的人。待

在角落比較安全。沒想到越是躲起來，別人越是喜歡來煩我。

領導者：也就是透過躲起來，妳反而更引人注目。

　　雖然領導者想鼓勵團體的每位成員發言，但也必須敏察團體當下的
治療時機。領導者覺得這對柯蒂斯而言是個好機會，因為他有點膽怯、
拘謹，與柯蒂斯的對話顯示如何用立即性的方式把行為帶到團體中。
在這個例子裡，與柯蒂斯協商行為契約時，也帶領整個團體加入討論過
程。

南希　　：沒錯！

領導者：很高興妳願意冒這個險。我知道保持原狀不要參加團體對妳來
　　　　說容易多了，但妳必須推自己一下。

南希　　：是的。（微笑點頭）

柯蒂斯：我想我來到這邊的理由，是想做些不同於以往的事。

領導者：有沒有什麼特別的事情是你想從今天的團體中得到的呢？

　　　　注意：從外在、團體外的經驗轉變為此時此刻的經驗。

柯蒂斯：我想，就是聽大家說話而已吧！

領導者：好。柯蒂斯，這裡你跟誰最熟？

　　　　領導者連結和鼓勵成員回饋。

柯蒂斯：我不知道。

多娜　　：我覺得柯蒂斯是班上最難親近的人。

柯蒂斯：沒錯，我是認識一些同學，但沒有很熟。

領導者：你懂多娜的意思嗎？

柯蒂斯：懂，別人不太敢靠近我。

領導者：妳可以給柯蒂斯多一點回饋嗎？

多娜　：柯蒂斯很和氣，但有點冷漠。

領導者：跟柯蒂斯說。

　　　　在這個時候，領導者鼓勵多娜直接對柯蒂斯說出她的看法，而不是「透過」領導者傳話。

多娜　：（笑）好吧！我認為我們應該有話聊，但每次都擦身而過，也許我們沒有時間多認識對方，我沒有花時間跟你聊，我也有其他不太熟的同學。

領導者：所以不完全是柯蒂斯的問題？

多娜　：對。

領導者：不過我同時也聽到，柯蒂斯，你說你的個性比較害羞，只想當個聽眾。在這樣的個性底下，你真正想從別人那裡得到什麼？

柯蒂斯：就是聽而已，我想。

領導者：所以你是想告訴團體成員說：「我想在這裡，但是不要靠近我。」是嗎？

柯蒂斯：才不是，我沒有要那麼高高在上。

多娜　：我不懂他說他只想要聽的意思。他的意思是他要我們聽，還是他要聽我們說話？

領導者：問柯蒂斯。（團體大笑）

柯蒂斯：以前好像沒有人想聽我說話。現在我慢慢知道其實人家有想聽，對我來說這樣好多了。這是我要努力的方向。

多娜　：讓別人聽你說話。

柯蒂斯：對！希望他們對我說的話感興趣。

多娜　：有時候我也有這種感覺，或許不是要叫別人聽我說話，而是我不能左右別人的做法，我能掌控的只有自己。

柯蒂斯：沒錯，的確如此。

領導者：多娜，就妳剛才所說的，對柯蒂斯有何含義呢？

多娜　：也許他把不是他責任範圍的事都攬過來了。

領導者：對，我同時也聽到柯蒂斯你說：「我逐漸明白別人有想聽我說話。」這是一個全新的體驗，感覺很不一樣。

　　在這一點上，多娜的回饋似乎釋放了團體的能量，帶動南希加入討論。

柯蒂斯：對。

領導者：對你而言，所謂的冒險就是說些話，跟團體其他成員的立足點相同，跨出這一步。

柯蒂斯：你說得對，好。

多娜　：另一方面，因為你向來很安靜，當你說話的時候，我會聽。也許我要學學聆聽話不多的同學說話。

南希　：對，當一向文靜的人終於開口說話時，那應該是很重要的一刻。

史考特：（對著南希）對，我想的跟妳一樣。

領導者：很好。柯蒂斯，通常在團體裡兩個小時，你大概會想說話幾次呢？

柯蒂斯：不會很多。

領導者：可以給我一個數字嗎？

柯蒂斯：最多二到三次吧。

領導者：好，聽起來還不錯。

柯蒂斯：嗯，那是最好的情況下。

領導者：那今天算很好囉！（團體又大笑）就以今天而言，你願意跟團體訂個契約，至少回應五次，可以嗎？

　　契約協商在輕鬆的笑聲中進行，整個過程妙趣橫生不至於沉悶乏味。

柯蒂斯：沒問題。（微笑；露出靦腆的笑容）

領導者：你好像有點緊張。有什麼讓你不舒服的地方嗎？

柯蒂斯：是有點害怕。好像闖入一個陌生的場所。

領導者：好，當我說「五次」的時候，你可以在內心默想你正在說話的
　　　　畫面。有沒有看到那個畫面呢？

柯蒂斯：感覺很好，我好像看見自己在說話。

領導者：雖然有點嚇人，但感覺還不錯。有點像是去看牙醫。（笑聲）
　　　　五次對團體來說還可以嗎？（看著赫麗）

赫麗　：我會想來參加團體，是因為過去我每週都有參加團體，但它突
　　　　然喊停了，我有被硬生生切斷的感覺。我想念團體。

繼續輪流發言，直到最後一位成員。

領導者：那是什麼樣的失落？那種失落的感覺像什麼？

赫麗　：我很期待它，團體幫我走出來。

領導者：它提供什麼樣的幫助？談到團體，妳現在的感覺如何呢？

赫麗　：如果有什麼事情讓我很煩惱，我會說出來，或者靜靜地坐著聽
　　　　別人說。

領導者：但現在情況不是這樣？

赫麗　：有一點。

領導者：所以，對妳來說，這個團體能把妳和他人重新連結起來，至少
　　　　有個參與的機會。

赫麗　：是的。

領導者：很好，謝謝妳。是不是每個人都發言了呢？好，我們都提到想
　　　　改變，有沒有誰願意先開始呢？（一陣尷尬的笑聲和低聲交談
　　　　後，團體陷入沉默）

117

　　這是團體的另一個轉折點，氣氛有點緊繃。領導者的邀請揭示團體即將進入另一個互動與揭露的層次。

多娜　　：好吧，很好。這就是我為什麼來這裡：我想避開所有人，但這些人偏要跟我唱反調。

領導者：意思是：「謝謝妳啦，赫麗，竟然不讓我躲在角落裡。」

多娜　　：班上很多人都知道我很閉俗。

赫麗　　：妳是說那張卡片？

多娜　　：正確！我可以拿出來嗎？（碰碰赫麗）

赫麗　　：當然可以！

多娜　　：赫麗給我一張卡片，上面寫著：「我知道妳有些煩惱，我願意聽妳傾訴。」在我家裡沒人會這麼做。

領導者：感覺很特別。

多娜　　：對，非常特別！（一陣短暫的沉默）

史考特：好吧，我來說些話（露出緊張的笑容）。就像我說的，我最近做了一些改變。我不是真的想得到什麼解答，我甚至不知道有沒有答案。這幾年我一直很忙，團體是我首度嘗試挑戰的地方，經過一番長考後，我知道我不想一直活在壓力底下，或許我想擁有被需要的感覺吧！

　　史考特花了些時間談到他安排時間的方式，以及他正在經歷的改變。他說話時欲言又止、小心翼翼，但內容很有哲理。他在團體的人緣極佳，因此其他成員也樂於提供回饋和協助，使他得到來自團體的支持，也讓不同的成員有機會加入對話。

領導者：一個屬於你自己的地方。

史考特：對，這學期我下定決心要練習說「不」，真是不容易。

領導者：沒錯。重新規劃時間是一項改變。史考特，你覺得困難的地方

在哪裡？

史考特：我習慣別人找我、問我的意見。現在沒有了。

領導者：發生這樣的情況，你的感覺如何呢？

史考特：孤單吧！但只要一想到，我就罵自己笨，幹嘛想這個。

領導者：喔，所以你會痛扁自己一頓。（團體爆出笑聲）

史考特：是啦，我想到那些來找我談話的人一定非常寂寞吧！我的生命
　　　　有很多美好的事情，但前天晚上我突然悲從中來，可是又說不
　　　　上來為什麼。我通常不會讓自己有這種感覺。我想跟人說話，
　　　　但是不想因為說出問題而毀了我的形象。

領導者：所以你還沒有做好心理準備。

　　　　領導者透過正確反映，協助史考特釐清他在團體中暢所欲言的自我
揭露程度。

史考特：對（目光低垂）。

領導者：不過你願意去感受悲傷的情緒，而且你挺過來了。

史考特：沒錯，我辦到了（微笑）。

領導者：這是一個全新的體驗。你把時間表塞得滿滿的，是為了逃避悲
　　　　傷的感覺？

史考特：或許有吧！但我不是故意的，我知道休閒很好，可是仍有一股
　　　　忙個不停的衝動。

領導者：你還不確定問題所在。

史考特：對。我不知道是否有答案。

領導者：有沒有人對這個部分有什麼想法……或看到什麼？

　　　　領導者鼓勵團體提供回饋，培養凝聚力。

柯蒂斯：沒錯，我向來愛找事情做，沒有把時間留給自己。我知道你的

感覺。

史考特：謝謝。（沉默）

領導者：獨自一個人的話會怎樣？

史考特：我會想我該做什麼（笑），我是說規劃時間，如果只是閒坐發呆，有時我會有罪惡感。

領導者：史考特，無所事事、放慢腳步或漫無目標，對你的意義是什麼？你會想到什麼？

史考特：會讓很多人痛苦，應該有很多好事等著我去做。只是閒坐發呆並不能成事。

領導者：你認為你助人的驅力，可能跟你的痛苦有關嗎？

史考特：當然，對。

領導者：你有仔細想過嗎？

史考特：我不知道，也許我是這麼認為。我也不知道我為什麼會這樣，我想這就是我。（輕笑一聲，看向窗外）

領導者：現在的你可能覺得尷尬和不舒服。你已經跨出好幾步，到了你不確定是否為自己真正想去的地方。

領導者運用此時此刻的團體回饋進行面質。

史考特：是吧！我也不知道。

領導者：可以談談你現在的感覺嗎？好像很難受。

史考特：（深嘆一口氣）我真的覺得……（沉默）或許我在浪費大家的時間（笑）。對呀，都是我在講話，說自己的事感覺還不錯，但花這麼多時間在這上面，覺得有點糗。

茉莉　：看來某人出了大麻煩囉。（笑）

領導者：你覺得這是值得一試的冒險。我認為你值得，你可以跟其他人確定一下。

團體　：你值得的。

領導者：令人難過的是我們比你還相信自己。

　　　　領導者運用此時此刻的團體回饋進行面質。

吉兒　：也許你可以試著檢視自己是否什麼事都要親力親為。你覺得呢？
史考特：或許吧，我想。（沉默）
赫麗　：我有看到你上學期的改變，放鬆多了。
領導者：對此妳有什麼看法，赫麗？

　　　　鼓勵成員回饋。

赫麗　：跟他在一起愉快多了。以前跟他出去玩都會有罪惡感（笑），他讓我覺得我什麼事都沒做。
領導者：妳的感覺是當史考特放鬆一點，跟他在一起也比較自在。
赫麗　：對。
領導者：你聽到了別人的回饋，也覺察到一些改變。你很清楚這些改變，這部分我覺得你做得很好，因為要做到並不容易。有沒有覺得這樣更能做自己，感覺更好一點？

　　　　看得出來史考特並不想再深入探討這個議題，領導者也知道要見好就收，暫時先擱置一旁。

史考特：有！
領導者：現在不當主角好像更輕鬆了些。我會依照各人的步調，如果你今天還沒準備好，那也沒關係，我覺得人在自願且準備好的情況下最有動力，你們只要說一聲就行。
史考特：謝謝。

南希　：對！我總覺得其他人應該還有更重要的話要說。

領導者：我不這麼認為。

南希　：喔，好吧，我知道這麼想很奇怪，可是……

領導者：妳認為冒險要有什麼條件？如果妳可以建造一個避風港，它會是什麼樣子？

　　此時，南希的姿態和表情似乎想表達些什麼。注意南希怎麼用簡短、省略的語句和問題，試圖保有主控權且主導對話。

南希　：有很多發自內心的談話。你告訴自己要信任這些人，如果不把握機會，就不會有收穫。所以基本上就是說服我自己……

領導者：說服自己……

南希　：說服自己沒問題。

領導者：妳說：「信任這些人」，也就是說……

　　信任與安全感是所有團體恆久存在的議題。領導者抓緊時機協助南希處理信任議題，同時也推動團體朝向更立即性、此時此刻的互動。

南希　：對！信任是安全感很重要的一環。

領導者：此時此刻妳對團體的信任度如何呢？

南希　：你是說現在？

領導者：沒錯。從 1 到 10 評個分數。10 代表「我完全信任這個團體」，1 代表「一點都不信任」。

　　把這個議題「帶入」團體，用數字的方式評量，可以讓它更確實和具體。

史考特：要老實說哦！

南希　：我的理智告訴我有9分，但感覺上沒那麼安全，大概是6分吧！

領導者：感覺6分是保守的說法，跟這群人說不定還更少？

南希　：沒錯！都是我的問題。

領導者：可以談談讓妳害怕的6分這一部分嗎？「有時候我很難信任別人，因為……」

南希　：我很難信任別人，因為……哦，真的很難，因為我的過去。我信任過（深吸一口氣），但結果卻是慘不忍睹。

南希想把話題帶到過去，但領導者仍著重該議題在當下的經驗。

120

領導者：妳仍深感痛心，寧願停留在表層關係。

南希　：是呀，來來去去，若有似無。（沉默了一下）

領導者：南希，妳現在的生活，有沒有什麼是因為那個痛而放棄掉的？付出的代價是什麼？

南希　：親密關係。它把我和某些人隔得遠遠的。

領導者：好，某些妳大可親近的人。

南希　：沒錯。

領導者：不信任他人讓妳錯失這些關係。

南希　：是的。（沉默）

領導者：在這個房間裡，誰是妳最信任的人？

連結南希與吉兒，催化她們即時、真實的接觸，化抽象為具體。

南希　：大概是吉兒吧。我們隸屬一個團體很久了，彼此都敞開心房過。

領導者：吉兒，妳也是嗎？

吉兒　：對，的確如此。我們在團體外也會交換意見。我也覺得我們有

　　　　些共同點，例如緊抓著過去的痛苦不放。

領導者：妳也會緊抓著過去的痛苦不放，所以妳很瞭解她在說什麼。對
　　　　她的痛苦，妳有什麼幫得上忙的地方嗎？

吉兒　：（緊張地笑了一下）我不知道該怎麼做。

領導者：嗯，或許只要妳願意感受她的痛苦，兩人互相信任就可以了。

吉兒　：（連連點頭）。

領導者：南希，同樣的 1 到 10 分。妳可否看著吉兒，告訴她妳跟她的
　　　　關係位在何處，以及妳信任她的程度呢？

領導者繼續用數字探究經驗。

南希　：大概是 8 分吧。

領導者：妳覺得有沒有上升到 10 分的可能性呢？

南希　：有。

領導者：8 分是吉兒的緣故，還是妳的因素？

南希　：是我。

領導者：好。請妳再看著吉兒，告訴她，她是 8 分，而且妳會為這個分
　　　　數負起責任，以及為什麼。

南希　：（微笑）妳在我的信任表上是 8 分，我會為評分負責。我想原
　　　　因在於我不太想冒險。

領導者：吉兒，妳有什麼想法？

吉兒　：嗯，認識妳以後，我很幸運能跟妳有 8 分的關係。謝謝妳這麼
　　　　信任我。

領導者：很棒的冒險。謝謝妳們兩位。接下來我要問的是，在這裡，誰
　　　　是你們怕到最不敢信任的人？（南希低下頭，抓耳撓腮）我不
　　　　是要你們現在說，但可以放在心裡想想看，好嗎？謝謝大家討
　　　　論信任這個議題，這是團體很重要的一部分，謝謝。

柯蒂斯：當我聽大家交談時，我發現不是我不信任別人，而是我不信任

自己。有些事情我不想談，因為我不認為自己可以說。

　　這裡可以很清楚地看到柯蒂斯從南希的自我揭露中得到很大的鼓勵，決定敞開心房向前跨出。在這個過程中，他立刻得到領導者和團體成員的認可。

領導者：嗯，很有道理。今天在這個房間裡，你的信任程度如何呢？　121

柯蒂斯：今天感覺還不錯，或許是因為坐在這裡的人，或許是我準備好要處理某些議題了。

多娜　：我會看看簽名表上的名字，確定我信任的人有來。（笑，沉默）

柯蒂斯：我常覺得如果我說話，別人會噓我、嘲笑我。

領導者：嗯，柯蒂斯，你今天勇敢地在團體分享，我真的以你為傲。

團體　：對（拍手，柯蒂斯面帶笑容）。

領導者：你會畏怯不前，是因為害怕別人會笑你或輕視你。你覺得原因可能出自哪裡？

　　領導者感覺柯蒂斯的人際退縮可能跟早期的痛苦經驗有關。他溫和地帶領柯蒂斯回憶過去的痛苦和創傷。

柯蒂斯：從小到大，我就常被當作取笑的對象。

領導者：你仍然覺得痛苦。當時你幾歲？

柯蒂斯：嗯，大概六年級。

領導者：有沒有哪個特殊的場景？

柯蒂斯：六年級體育課時，我總是最後一個被選上。

領導者：是老師還是同學呢？

柯蒂斯：不是老師，是那些受歡迎又自以為很厲害的同學。

領導者：想想看，你們當時在哪裡？

柯蒂斯：在外面。大家準備要玩壘球什麼的。

領導者：他們有隊長，要選人分組。還剩下幾個人，你還沒被選上。你有什麼感覺？

柯蒂斯：難過、苦惱。我是最後一個。

領導者：沒錯，你是最後一個。還有呢？（短暫的靜默）

領導者：（注意到吉兒的不安）是不是讓妳想到什麼？

　　此時，出現連結柯蒂斯和吉兒過去是「醜小鴨」的機會。許多人帶著這些被輕視的傷口步入青春期。

吉兒　：對，我有同樣的感覺。那些小朋友喜歡騷擾我，然後把我丟在一邊。

領導者：感覺跟其他孩子格格不入。

吉兒　：對。

領導者：被晾在一邊，孤單，有點害怕。

多娜　：很尷尬。我也有那種感覺。

吉兒　：我常想他們為什麼要挑中我。不是還有其他傻瓜、笨蛋嗎？為什麼是我？我哪裡做錯了？

柯蒂斯：沒錯。

吉兒　：我為什麼會受到這種對待？最後我只覺得一定是我哪裡有問題。

領導者：有責怪自己的傾向。如果妳再繼續想下去的話，遲早就會這樣認定自己。當時妳對自己說了什麼？

　　注意：把重點從責備外在的世界轉移至責怪自己的傾向，以及伴隨而來的情緒。進一步催化成員把焦點放在自己身上。

吉兒　：我又高又醜，走起路來奇形怪狀。我沒辦法跟人相處，只能埋

怨自己。我媽媽常說：「別管他們，統統忘掉。」

領導者：不要有任何感覺。

吉兒　：（提高聲調）「妳不要這麼生氣！」

領導者：家裡給妳的訊息是「不要有感覺」。

吉兒　：沒錯。

領導者：所以妳學會把自己跟感覺隔開來。

吉兒　：是的，我猜是吧。如果我讓自己有情緒，我肯定會覺得我有問題，我就會心煩意亂，這樣怎麼跟人相處！這是惡性循環。

領導者：柯蒂斯，從你的反應看得出你有很多類似的經驗。

領導者連結成員，發展凝聚力。

柯蒂斯：喔，是的。

領導者：對於吉兒分享過去跟你類似的經驗，你有什麼想法？

柯蒂斯：沒有，我沒什麼想法。

領導者：為什麼？

柯蒂斯：不知道。

領導者：好吧。聽完了吉兒的故事，你對她有什麼看法？

領導者鼓勵成員透過分享來學習。

柯蒂斯：沒什麼特別。

領導者：當你是最後一個被選上的時候，你內心有什麼想法？

柯蒂斯：我不好，我不會玩，我很差勁。

領導者：你記得那種感覺是……

柯蒂斯：難過、生氣。

領導者：當時的情況就是這樣，你覺得受到排擠。你怎麼因應這些事呢？不只是你，大家都可以說說看。（許多成員點點頭）

柯蒂斯：我想辦法挺過來了。忍氣吞聲、視而不見。

吉兒　：我用退縮的方式。我不想再受到任何傷害了。

領導者：謝謝你們的分享。我相信很多人都有被排除在外的經驗。（成員點點頭……一陣靜默）

領導者：還有什麼漏掉沒提到的？

　　團體接近尾聲，領導者給成員最後的機會結束討論。例如，多娜和柯蒂斯似乎說出團體大部分成員的心聲，象徵本次團體結束。

多娜　：我們是不是該做個總結了？

領導者：最後有沒有誰還想對團體說什麼話？（沉默）很高興大家排除萬難來到這裡，沒有以忙碌當藉口。我覺得很受用，謝謝你們。我向團體致上謝意。

柯蒂斯：我覺得好極了（笑），很高興今天有來這裡。

領導者：我也很高興你來參加，或許你已學到當你冒險一試時，你也創造了機會。我認為你今天很勇敢，這是你的決定。我們也談到了信任及不信任的問題。我覺得這是一個能夠互相信賴、也值得信賴的團體。感謝你們的熱情、坦誠和寶貴的時間。（團體成員互道感謝）

　　領導者簡短摘要。

參考文獻

Barker, V. E., Abrams, J. R., Tiyaamornwong, V., Siebold, D., Duggan, A., Sun Park, H., et al. (2000). New contexts for relational communication in groups. *Small Group Research*, 31, 470–503.

Braaten, L. J. (1990). The different patterns of group climate critical incidents in high and low cohesion sessions of group psychotherapy. *International Journal of Group Psychotherapy*, 40 (4), 477–493.

Budman, S. H., Soldz, S., Demby, A., & Davis, M. S. (1993). What is cohesiveness? An empirical investigation. *Small Group Research*, 24, 199–216.

Carrell, S., & Keenan, T. (2000). *Group exercises for adolescents*. Thousand Oaks, CA: Sage.

Corder, B. F. (1994). *Structured adolescent psychotherapy groups*. Sarasota, FL: Professional Resource Press.

Corey, G. (2004). *Theory and practice of group counseling* (6th ed.). Belmont, CA: Brooks/Cole.

Corey, G., & Corey, M. S. (2005). *Groups: process and practice* (7th ed.). Pacific Grove, CA: Brooks/Cole.

Crutchfield, L., & Garrett, M. T. (2001). Unity circle: A model of group work with children. In K. A. Fall and J. E. Levitov (Eds.), *Modern application to group work* (pp. 3–18). Huntington, NY: Nova Science.

Devencenzi, J., & Pendergast, S. (1988). *Belonging: Self and social discovery for children of all ages*. San Luis Obispo, CA: Belonging.

Dies, K. R., & Dies, R. R. (1993). Directive facilitation: A model for short-term group treatments, Part 2. *The Independent Practitioner*, 13, 177–184.

Dion, K. L. (2000). Group cohesion from "field of forces" to multidimensional construct. *Group Dynamics: Theory Research and Practice*, 4, 7–26.

Drucker, C. (2003). Group counseling in the middle and junior high school. In K. R. Greenberg (Ed.), *Group counseling in K–12 schools*. New York: Allyn & Bacon.

Fall, K. A., & McMahon, H. G. (2001). Engaging adolescent males: A group approach. In K. A. Fall and J. E. Levitov (Eds.), *Modern applications to group work* (pp. 43–68). Huntington, NY: Nova Science.

Huss, S. (2001). Groups for bereaved children. In K. A. Fall and J. E. Levitov (Eds.), *Modern application to group work* (pp. 19–42). Huntington, NY: Nova Science.

Khalsa, S. S. (1996). *Group exercises for enhancing social skills and self-esteem*. Sarasota, FL: Professional Resource.

Landy, L. (1992). *Child support through small group counseling*. Charlotte, NC: Kidsrights.

Lane, K. (1991). *Feelings are real: Group activities for children*. Muncie, IN: Accelerated Development.

McGee, T., Schuman, B., & Racusen, F. (1972). Termination in group psychotherapy. *American Journal of Psychotherapy*, 26 (4), 521–532.

Marmarosh, C., Holtz, A., & Schottenbauer, M. (2005). Group cohesiveness, group derived collective self esteem, group derived hope, and the well being of group therapy members. *Group Dynamics*, 9, 32–34.

Mudrack, P. E. (1989). Defining group cohesiveness: A legacy of confusion? *Small Group Behavior*, 20, 37–49.

Nutt, G. (1971). *Being me*. Nashville, TN: Broadman Press.

Posthuma, B. W. (2002). *Small groups in counseling and therapy* (4th ed.). Boston, MA: Allyn & Bacon.

Trotzer, J. (1999). *The counselor and the group*. New York: Taylor & Francis.

Tuckman, B. W., & Jensen, M. C. (1977). Stages of small group development revisited. *Group and Organizational Studies*, 7, 419–427.

Walker, E. (2000). *Helping at-risk students: A group counseling approach for grades 6–9*. New York: Guilford.

Yalom, I. D. (1995). *The theory and practice of group psychotherapy* (4th ed.). New York: Basic Books.

第九章

有效處理團體的抗拒

如果你著火了，千萬別再往鏡子裡瞧。我敢打賭那才會真的嚇
死你。

Jack Handy

要懸崖勒馬，不要一錯再錯。

Elvis Presley

何謂抗拒？

諮商這門專業對治療歷程的抗拒有諸多討論，雖然大部分的文獻視
抗拒為個案的問題，但在本書裡，我們寧可把它當成一窺團體成員如何
面臨改變，以及個人與團體交互作用的動力。從這個整體觀點的角度出
發，抗拒還可用來評估個人內在自我與人際現象。

團體領導者難免會碰到抗拒的情況。團體有時候會不自覺地「有志
一同」按兵不動，或不想再進一步踏入個人更內在的議題。當團體中的
一名或數名成員不約而同有此意時，抗拒就發生了。

當團體抗拒時，領導者必須檢視自身的情緒。對團體有不切實際、
高度期待的領導者，在團體的進展不如預期時會很容易洩氣，因而喪失

了客觀性。須牢記在心的是，大部分的團體或多或少都有抗拒的情形發生，如果領導者明白這一點，就不會把抗拒全往自己身上攬，為團體承擔太多的責任。

記住，抗拒通常與信任和安全感的議題有關。如果有數名成員不願冒險自我揭露，不願與他人分享心情時，通常跟缺乏信任脫不了關係。在團體中嘗試新行為會觸及成員最深層的不安全感：「如果我說出了內心深藏已久的秘密，在這裡有誰會在乎及體貼我呢？如果知道我的真實情況，他們還會接納我嗎？這些人會繼續用溫暖和善的態度回應我的問題嗎？我能相信他們嗎？」

領導者處理抗拒最有效的策略，是在當下立即分享他對團體行為和前因後果的觀察心得：「團體似乎在這個時候裹足不前了。我想這是否意味著我們的心情不甚篤定，有點害怕真誠的坦露、親近？」

無論你的介入策略為何，切記抗拒的存在是很自然的事，安全與信任的議題常是主因。當團體成員有共同處理懷疑與不信任的機會時，將是團體發展向前邁進一大步的轉機。Kline（1990）指出，回應抗拒最好的時刻，就是領導者能夠清楚地瞭解自己的反應與介入處理的決定，並且知道介入的原則與目標。團體領導者若能自在地處理抗拒，將能創造有利的機會催化團體前進。

想要有效地處理抗拒，團體領導者在團體陷入僵局前，須想想以下幾個問題：

- 抗拒的本質為何？在思考抗拒的本質時，團體領導者要辨識構成**抗拒**的行動及態度。
- 成員是故意擾亂團體歷程，例如獨佔團體時間、不斷地改變團體的話題、在進行嚴肅的討論探索時開玩笑，抑或是他個人本身的問題？

Otani（1989）把抗拒分成四大類：

- 欲言又止：沉默、模糊的回應、離題；
- 了無新意的內容：問問題及理智化；
- 操控：苛求他人、推卸責任；
- 犯規：缺席或遲到、賴帳、不適當的行為，如性騷擾或攻擊。

當你思考團體抗拒的特徵時，這項簡單的分類非常好用。

- 就成員如何因應生活中的變化這部分，抗拒透露什麼樣的訊息？
- 其他的團體成員對抗拒有何反應？團體認同這樣的行為嗎？抑或這樣的行為妨礙了團體的運作？
- 我該如何回應沉默？成員的行為反映出領導者和成員間的人際衝突嗎？

團體歷程的絆腳石

我們的經驗是，如果領導者能謹慎地留意團體的組織階段，多數團體歷程的潛在問題其實並不大。這些行政作業上的細節雖然要耗點時間，但當團體真正開始時就會看到它的好處。這些活動，我們稱之為**團體前活動**（pre-group activities），都涵蓋在「諮商團體，啟動！」這一章（第七章）。團體成員的篩選程序、團體組成、團體結構、運作規則、規範等，都是團體開始前須釐清的重點，會影響團體最終的成敗。

我們認為領導者應該瞭解團體的發展與階段，才能預期團體將會如何開展。團體歷程的發展階段在「維繫團體」這一章（第八章）已有充分探討。在這一小節裡，我們將探討某些常見的團體歷程如何演變成抗拒。

沉默在團體中的意義

雖然已有很多的文獻教導領導者瞭解團體諮商中沉默的成員，但整

個團體都沉默或許是最令人不解的。以下的說明欲協助團體領導者思考及更加瞭解，當團體悄然無聲時，究竟發生了什麼事。

　　沉默是團體諮商歷程很重要的一環，發生的時刻及帶給團體的感受也各不相同。每段沉默都有特色，它可能傳達出許多不同的訊息，因此諮商團體中的沉默經常是「無聲勝有聲」。團體的沉默不是沉默，是一種姿態、一種無聲的語言、說不出口的情緒、臉部表情，以及團體氣氛。

沉默：團體歷程的一環

　　沉默是團體歷程很自然的一環。在沉默期間發生或體驗到的事，未必與團體未沉默時截然不同。在團體中，由於一次只能有一位成員發言，除此之外團體成員無一例外地沉默靜聽，因此，沉默的時刻與尋常的情況並無多大差異，只不過是有超過一位以上的成員靜默不語。當沉默能被視為合乎常情且發揮功能時，它會是成長的途徑，而不是人人避之唯恐不及的洪水猛獸。

　　在團體歷程中，沉默所傳達出的溝通訊息通常顯而易見。團體剛開始時，成員會互相寒暄問候。接著，似乎接到什麼信號一般，成員鴉雀無聲，好像在等待換檔再次啟動。此種沉默反映團體想要改變的需要，隱而未說的訊息是：「我們已準備好要談論更深刻、更個人層次的議題。」藉由沉默，團體暗自希望某個成員率先發難，準備進入工作期。

　　沉默最容易發生在團體諮商剛開始進行時，此時成員的感覺多是忐忑不安與尷尬難為情。此階段的沉默具有多重目的。它可能起因於成員在新環境的焦慮感，或成為引發焦慮的觸媒，致使成員打破沉默，試圖與其他團體成員接觸連結。然而，發生在團體歷程初期階段的沉默通常蘊含各式各樣的情緒。第一次團體諮商療程結束後，有位成員在團體日誌中寫道：

沉默……無止境的沉默。我抓抓癢、抖抖腿、隨手亂畫，暗暗希望有誰能跳出來說些話，什麼話都行、都好。這樣我才能抬起頭看看大家，而不是偷偷地、鬼鬼祟祟地瞧著他們。我絞盡腦汁想問個問題，但不能讓大家覺得我很蠢。想不到問題啊！我該做什麼？——打噴嚏、大聲咳嗽、假裝昏倒從椅子上摔下來？絕對不行！或許如果我露出莫測高深的微笑，大家就會認為我胸有成竹，希望他們也了然於心。奇怪，怎麼還是沒人說話。我實在很想說些什麼，但話到嘴邊又吞了回去，**一個字都吐不出來**！為什麼我不問我想知道的事情呢？我信任這個團體嗎？好吧，在你魯莽地一頭跳進布滿斷株殘幹的湖水前，總得試試水溫吧！

有效的沉默

127

團體的沉默時間究竟有多長，不在於真正的時間過了多久，而在於它帶給成員的感受，它通常也會成為團體效能的指標。此時的效能跟一般的看法不同，因為團體歷程發展時，漫長而令人洩氣的沉默也有它的效益存在。然而，有效的沉默通常持續時間不長，當團體成員分享他們在團體經驗到的情緒和想法時，時間似乎被壓縮了，成員不會特別注意到沉默。事實上，沉默時甚至不覺得正在沉默，當成員逐漸培養出適能感（sense of adequacy），沉默的時間就越來越為成員所接受、自在。無效的沉默則是拖延時間，好像在說：「我們正在沉默。」此種沉默的特徵是環顧團體、變換姿勢、手足無措、假笑、迴避眼神接觸，每個人都在等其他人打破沉默，想破頭要拱出誰說說話。當團體認為某些成員「很煩」或「有病」時，這種情形更加顯著。彷彿有什麼暗號一般，團體全場一片鴉雀無聲，大家都打定主意不要成為出聲的那一人。敏感度高的團體領導者很快就能覺察團體的抗拒、拉扯、退縮，彷彿在說：

「我才不要說話，讓自己成為眾矢之的呢！」當此時，團體的沉默確實是「有話要說」。

　　團體的沉默並非「閒閒無事」，相反地：沉默或許是團體正對某位難以表達情緒或想法的成員提供支持。成員似乎也能感受到沉默中蘊含了鼓勵。分享受傷或難過的情緒後，此時的沉默意味著成員的支持，因為大家知道現在說任何話都不適合。藉由沉默感受到他人的支持與接納，讓成員深入體驗個人的內在自我。例如，經過 15 分鐘的沉默後，有位成員說：「這是我一生中自我反思最深刻的時候，我好好地疏理了十年來一直逃避的課題。」團體的沉默就像是一條安全的毛毯，溫暖了成員的心。

　　憤怒情緒爆發後的沉默當然也不是沉默，此時的團體正在「充電」，瀰漫「山雨欲來風滿樓」的情緒張力。此時成員承受的是沉默的重量。每位成員的心裡交響著千言萬語，試圖理解動怒的原因。團體的沉默可能意味著令人張口結舌的尷尬：「現在我們該怎麼辦？我們要如何進行下去？」

　　因此，沉默可用來化解衝突、獲得洞察與建立關係。在其他的情況下，它透露出敵意、困惑、洩氣或退卻。大部分的學者認為沉默象徵團體的親密無間與合作，在深度的探索與情緒宣洩後，沉默正可讓團體好好鬆一口氣。當體驗到一段非常有意義的「高峰」經驗後，團體成員也會等待一段相當長的沉默時間，消化這段意味深長的經驗，此時的沉默不僅讓人舒服自在，還「熱鬧非凡」（Donigian & Molnati, 1997; Jacobs et al., 2006; Kottler, 2001）。

回應沉默

　　如同沒有如出一轍的沉默存在，對領導者來說，也沒有正確無誤回應沉默的唯一方式。然而，團體領導者可以記住以下的歷程取向問題，或許能派得上用場：

- 我耐得住沉默嗎？為什麼？
- 團體耐得住沉默嗎？我如何得知？
- 成員沉默就表示他們沒有投入團體嗎？
- 沉默對團體的意義是什麼？
- 非語言行為有何意義？該如何處理？

　　沉默可以成為團體進一步互動的墊腳石，其實沉默本身就是一種互動。領導者的回應會影響沉默是否有助於催化團體歷程或自我反思。或許最有效的做法就是領導者先檢視他對團體沉默的感受，解決可能會干擾覺察團體沉默意義的焦慮。如此一來領導者將可催化團體瞭解沉默背後所隱含的意義。

　　傳達出接納與支持，並且鼓勵成員修通想法和情緒的沉默，通常是建設性的沉默，領導者不必大驚小怪。然而，領導者必須敏察無助於關係建立、消極的抑或別具深意、須言明的沉默。當此時，領導者必須跟團體分享他對沉默意義的解讀、感受或反應。領導者也可以鼓勵成員分享，問問他們：「如果你們可以說說在沉默時的感覺和想法，對團體將會非常有幫助。」或者問：「蘇珊，妳可以跟我們分享剛剛的沉默時間，妳心裡在想些什麼嗎？或者它有什麼意義？」有些領導者較喜歡透過結構化活動來彰顯沉默的意義。沉默的確意義重大，不可小覷。由於沉默可能跟開始一段新經驗而導致的焦慮有關，以下做法有助於領導者探討焦慮，催化成員間的連結。

討論團體規範或規則

　　領導者必須加強團體的保密性。較好的做法是公開討論這項規範，並取得全體一致的同意，確保成員都能在相當安全的情況下揭露自己。

領導者：保密的意思是不能把在這邊聽到的話說出去。在諮商關係中

這是理所當然的事，在別的關係裡卻很罕見。保密不是我的職責，而是在座每位成員的責任。你們認為保密對我們這個團體能有什麼助益呢？

喬治　：我並不怎麼信任人，所以如果想要我在這裡坦誠開放，我得確信在場的每個人會保守秘密，這樣我會比較放心。

彼得　：嗯，我同意，如果我覺得有人會在團體外說三道四，我就不太想在這裡說話了。

129　　　必要的時候也可以討論其他的團體規範。這麼做的好處是讓團體成員有發表的機會，而不只是閱讀紙本內容。領導者的目標是要讓團體成員盡量參與討論，促進成員投入團體的承諾。

示範適當的自我揭露

團體剛開始進行的時候，常可見到成員勉為其難的樣子，因為他們不確定如何開始或該說些什麼。我們常常在團體初期跟成員分享此時此刻的心情，效果出奇地好。大部分的成員會提到有輕微的參與焦慮，而他們的自我揭露也會引發其他成員的共鳴，願意多談談自己的感覺。成員不再覺得那麼孤立無助，他們會說：「是的，我也有點緊張。我的心七上八下──因為我不認識這些人。」此話一出，好處是引發其他成員同理的反應。更常見的情況是，會有一或數位成員隨之樂意分享他們的問題或困擾，進而面對處理。

運用低風險的人際關係練習活動

這些活動或技巧通常被稱為「破冰」遊戲（ice-breakers），用得好的話還能轉而提高團體的效能，對鮮有團體經驗的成員特別受用。這些活動起初是用來增加成員間的互動（Khalsa, 1999; Radd, 2003），這些

著重在人格特質、態度、價值觀、信念與覺察的活動，比起單純討論內容、主題或資料的活動為佳。適用於暖身時間以打破人際隔閡。

次團體

　　團體初期最顯而易見的特徵就是口頭參與程度不一。有些說起話來較鏗鏘有力的成員不自覺地站在同一陣線，未能顧慮到其他較被動的成員。他們會很快地獨霸團體時間，引發其他成員的憤慨。結構化的活動及計時器可防範此現象。當團體越來越能相互信任與自我負責，這些問題可直接在團體中處理。

　　領導者必須敏於覺察因口語能力、人格特質優勢、價值觀差異、意見不一等，造成次團體形成的可能性。雖然在異質性團體中，次團體的形成難以避免，但任由次團體各行其是，則會對整個團體帶來毀滅性的影響。如果領導者以開放公平的態度處理得宜，團體內的衝突亦能帶來轉負為正、激發成長的效果。所有的成員都應該有機會說出他們的想法和觀點。所有成員間發展出來的尊重氛圍將視衝突與差異為合理、健康、可預料的現象。領導者可以藉由探索、接納、衝突與差異的解決過程來示範。

權力競爭

　　權力競爭不僅發生在個別關係中，團體裡也不例外，可以說是非常自然的現象。就像在家裡，家人間也會耍點花招以獲取地位與關注。在一般的情況下，這個問題通常很快就得到解決。要避免權力較勁的紛爭擴大，領導者須均衡分配每位成員的分享時間，不可偏心。在一個健全的團體裡，權力是大家共享的，若權力的議題浮上檯面，團體也能客觀、彈性地就事論事。如果次團體暗中運作，阻礙團體的成長，導致整個團體都快要被捲進去了，此時領導者就要直接介入。倘若次團體間的

良性競爭得宜，將可為團體帶來更多的成長與凝聚力。雖然成員間難免產生權力競爭，團體成員試圖把領導者拖下水的情況亦時有所聞，如下面的例子所述。

洛思提：你以為你是誰呀，竟然想告訴我們怎麼過日子？看你也沒有比我兒子大幾歲。我吃過的鹽比你吃過的米還多，應該換我來帶團體。

領導者：告訴我，你希望團體能有哪些改變呢？

洛思提：我不知道。我只是覺得有時候你並不很瞭解我們。你跟其他人沒兩樣……只會批評。

領導者：我可以體會不被瞭解的挫折感。蘇珊，妳曾經告訴我們在婚姻中受到誤解。在這個團體裡也會這樣嗎？

蘇珊　：有時候會，但在這裡好多了，因為大家都真心聽我說話。

在這個例子裡可以看到，領導者並未指責洛思提錯了。領導者沒有跟洛思提唇槍舌劍，陷入權力鬥爭中。相反地，領導者鼓勵洛思提更深入地探索情緒，肯定他的感覺。領導者將洛思提的情緒與其他成員的情緒連結，化解了此場權力競爭。領導者可繼續處理這個主題，不需要涉入權力爭奪戰。

團體凝聚力

諮商團體的凝聚力意指團體經驗到的一種甘苦與共感，通常被稱為團體的「黏著劑」──大家彼此吸引。從積極面來看，凝聚力顯示團體成員對彼此和整個團體懷著友好、支持及尊重的態度。當團體成員珍視團體經驗，一視同仁地看重其他成員，願意付出也願意接受，這種「我們」（we-ness）的一體感亦會造成排外的心理。

雖然凝聚力是團體追求的目標，有利於成員相互支持，但團體也

可能在無意間過於團結，變得「太黏」。這對領導者來說會是個難以處理的歷程問題，因為潛伏未動的通常是害怕揭露、擔心失控、不信任領導者、團體或歷程。像這種「相親相愛」的團體（"cousin" groups）反而讓某些成員得以繼續否認問題或困擾，淪為拐彎抹角、淺嘗輒止的談話。Kurtz（1992）曾提到，太多的凝聚力就像是「團體迷思」，導致成員為了維護和樂融融的氣氛，刻意迴避衝突。

領導者最有效的介入策略就是溫和地指出問題，協助團體重新檢視目標，勇敢地面對他們的焦慮。

領導者：我現在對團體有一種困惑的感覺。一方面，我很訝異你們能在那麼短的時間內就建立起友誼，這種互相尊重及親近的感覺很棒。但另一方面，我也在想是否這種和樂融融的氣氛限制了我們。我的意思是，或許我們擔心如果談深入一點，可能會破壞這種好感。

莫伊拉：我不知道。我覺得我們進行得不錯呀！我很喜歡這裡的夥伴。

領導者：是的，你們的關係經營得不錯。我只是在想應該還有更多可以思考的地方。有沒有人曾經想在團體中說些什麼，但又害怕破壞這種祥和的氣氛呢？（有人點頭）有沒有夥伴想要冒險分享看看呢？

根據 Slavin（1993）的研究，面對抗拒的個案，增進凝聚力最佳的時機就是此時此刻立即處理這個議題。當團體拒絕前進時，領導者毋須洩氣，領導者要做的事就是創造成長的條件。領導者不需要強迫團體成長。為團體的進展承擔太多責任是初學者容易落入的陷阱。如果所有的方法徒勞無功，而團體似乎只想原地踏步，解散團體也不無可能。並不是說每群聚在一起的人就一定會形成有效能的團體。

團體成員的問題

支配與操控

　　當團體領導者遇到各式各樣的成員類型與抗拒時，幾乎都知道這與團體成員對個人控制的需求和控制情境的需求有關。經驗告訴我們，有高度情境控制（situational control）需求的成員，對於探索個人議題會覺得焦慮不安，生怕「失去自我控制」，也很擔心招架不住不安全感與無價值感。未知或模糊、無結構，以及混沌不明的情境，在在都對此種成員造成威脅。

　　從我們對這些成員的觀察，會發現他們的基本人格傾向多為強調秩序，想要理解團體中讓人不安的情境為何。客觀上看來，這些行為多半很僵化或抗拒意味濃厚，但這些喜歡支配與操控的成員似乎渾然不覺。以此觀之，操控行為是有目的的，即便有些過於極端或適應不良的案例，但他們的目的都是試圖在混亂的情境中追求理性、穩定與自在。

　　當然，從最深層的內在心理層面來看，控制需求是核心的人格議題，與是否信任自己和他人有關。對於模糊性和特定對象的焦慮，可能源於個人早期易受他人影響的生命發展階段，卻欠缺了再保證與支持系統，因此必須再度滋養他們欠缺的部分。處理成員對怕受傷害與信任的抗拒沒有特效藥。以同理心與溫柔的慈悲心就事論事，可以減緩他們的焦慮。

　　我們也發現，向團體成員簡短地解釋說明，其實所有人都會採用某種控制的方法，只要能時時審視，不逾越界線，控制倒可以發揮效果，增強個人自信心。相反的一端是「失去控制」，是一種無能、無助與全然依賴的感覺，沒有人想要體驗這些感覺。以控制的觀點視之，我們可以進一步討論成員不同的風格或角色，它們在團體中如何展現以維持內

在心理狀態平衡。一般說來,這些成員的行為和逃避行為、依賴行為、攻擊與爭權行為相去無幾。

逃避

逃避與他人和自我接觸,也是令團體領導者深感頭大、沒有建設性的成員行為。此種成員喜歡用逃避的方式與團體保持距離,讓其他成員充滿挫折感。跟逃避有關的行為,從消極的缺席到主動的逃避都有,例如波莉安娜(Pollyanna)或不食人間煙火型(naive)的成員。當然,慣性**缺席**(absent)的成員明顯會造成領導者經營團體的困擾。有些成員會來參加一次團體,有時還會成為團體的注目焦點,然後就「擅自消失」接下來的三次聚會。領導者必須介入處理此種行為,跟該成員及整個團體討論這種「打帶跑」策略所隱含的意義。一般說來,如果成員無法下定決心按時出席,就得考慮讓他們退出團體。

團體的疏離行為始於慣性沉默的成員。此種持續一段時間、極不願意開口的成員,不是成為「團體投射」的對象,就是變成替罪羔羊——視該成員的整體吸引力而定。對團體來說這是個非同小可的問題。團體可能會不自覺地想邀請這位沉默的成員加入,因而給了不適當的建議或再保證。沒什麼吸引力的成員就會成為團體不滿甚至怨氣的箭靶。團體領導者須留心覺察成員正在退縮的警訊,把焦點放在這個行為,並協助成員鼓起勇氣在團體中發展信任關係。

長期**退縮型**(withdrawn)的成員可能有心情低落現象,團體領導者必須揣測選擇以逃避行為當作因應機制的成員是否罹患憂鬱症。社會退縮是憂鬱症常見的症狀,其他可觀察到的徵兆有:哭個不停、面有悲色、動作呆滯等,領導者須加以留意檢核。憂鬱症的心理徵候包括:無價值感、罪惡感、焦慮、灰心喪志,生理症狀則有睡眠障礙、食欲和性欲改變。

領導者必須對逃避行為背後的憂鬱狀態保持高度警覺,因為那可能

是自殺意念的早期徵兆。如果懷疑有憂鬱症狀，領導者要趕快諮詢精神科醫師，必要時須服用精神藥物，搭配心理治療。

　　疏離型（alienated）的成員可能會用找碴和唱反調的方式表現他們的疏離行為。此種行為雖然讓人很窘，倒還容易處理，因為這種人至少還會對當下發生的事有反應。疏離型成員背後隱藏的怒氣通常與早年經驗有關，如果能加以修通，將有助於他們敞開心胸再次信任他人。

　　最後，某些**不食人間煙火**或**波莉安娜型**人格者也會有逃避行為。雖然他們有些相似點，但不食人間煙火型的成員可能真的是缺乏必備的生活問題解決技巧。如果其他成員能給他們具體及量身打造的建議，或許他們還能從中獲益。由於不食人間煙火型的成員生活經驗不足，其他的成員還可以透過分享自身的經驗和想法協助他們增加覺察。有時候，團體成員還可以教他們一些特殊的用句。當這些用句發揮了效果，不食人間煙火型的成員會看到周遭世界的建設性變化，隨之改變他們的態度或觀感。不食人間煙火型的成員需要的是大量的鼓勵與再保證。

　　波莉安娜型的人深信這世界就是一座迪士尼樂園，到處都像鑲上銀飾一般閃閃發亮，沒有什麼事會讓人不愉快——彷彿得了**玫瑰色眼鏡症候群**（rose-colored glasses syndrome）（譯註：指對目前的狀況抱持過於樂觀的想法）。在團體中，他們會輕描淡寫其他成員的問題，一筆抹殺痛苦，點到為止。有經驗的團體領導者會花些時間教導波莉安娜型成員，其他成員也能從中瞭解問題的全貌。也就是說，透過痛苦、悲傷與受傷，才是我們堅強、成長最多的時候。

　　（譯註：波莉安娜乃是 Eleanor H. Porter 原著小說 *Pollyanna* 內的人物。敘述小女孩波莉安娜雖然命運坎坷，但依然樂觀面對生活。由於書籍十分暢銷，「波莉安娜」一詞竟收錄於字典之中，成了正面樂觀的象徵代名詞。參考資料 http://en.wikipedia.org/wiki/Pollyanna。）

依賴

接下來的抗拒類型跟**依賴**（dependence）的議題有關。依賴人格的溫床與早期的成長經驗息息相關。過度社會化或抱怨型人格者背後的行為動機，就是認為自己須討好他人。一般說來，此種人格類型的人對環境和他人都很敏感。他們通常很溫暖、有愛心、逆來順受、不會自以為是且善於傾聽。他們很好相處，寧可犧牲自己的願望與需求來抬舉他人。由於對關係中的權力議題太敏感，他們慣於迴避衝突，避免引發他人的不快，但卻顯得矯枉過正。

打圓場者

打圓場者（harmonizer）是依賴型的一種。他們會利用分散注意力或轉移話題的方式，設法掩飾團體的衝突，即便這些衝突有促進成長的效果。打圓場者樂於承擔錯誤，為了逃避自己面對衝突的恐懼，他們會試圖緩和團體的緊張氣氛。與打圓場者非常相近的就是協調者。

協調者

協調者（coordinator）比打圓場者有過之而無不及，他們把自己當成非官方的團體協調者。他們採取更積極防護的舉動，不厭其煩地要為團體及成員「做」點事。協調者自動自發地擔負起大大小小的任務，企圖討得團體成員的歡心。

團體丑角

團體丑角（group clown）的個人需求與上述類似，但更堂而皇之

地取悅他人。如果表現恰如其分的話，他們的幽默感可消除緊張，為團
體帶來治療性的笑聲。笑，特別是自我解嘲，可以化解面對問題時的正
色嚴詞。笑聲與幽默是心理健康的特徵，也是以更具人情味的態度分享
交流的絕佳方式。

134
　　不看場合地扮演小丑是不適當的。雖然笑與憂鬱兩者為不相容的反
應，但若認為只靠笑就可以帶走困擾就顯得有些幼稚了。笑是可以帶來
洞察力沒錯，但當丑角以笑話及蠢態犧牲了真誠與有意義的人我接觸，
就可能干擾團體進展。丑角想得到他是「OK」的保證，並在團體中居
於安全、穩固與重要的地位。丑角必須瞭解，每週都在團體裡用插科打
諢來贏得注目是沒有必要的。

拯救者

　　拯救者（rescuers）可能是團體罪惡感的投射。當感覺到某位成員
的衝突或不安時，他就會急忙跳出來「挽救」這位正處於難堪局面的成
員。拯救常是一種偽裝巧妙的助人行動，因此領導者必須留意這種現
象。一項溫和的做法是，尊重但直接地挑戰此種行為，如此一來對拯
救者及被拯救者都有助益。每個人都應該像個成熟的大人一樣照顧好自
己。拯救者通常不會覺察到他的拯救行為，因此有時候問題並不容易處
理。此時團體領導者可能需要幾個「提醒者」（reminders）的幫忙協
助。

問題解決者

　　問題解決者（problem-solvers）也在團體中擔任特殊的管理位置，
有這種傾向的成員深信他們有多不勝數的有效建議可解決別人的問題。
不屈不撓的勸告與問題解決式的建言其實多來自「常識」、下猛藥，
忽略了個人內在心靈層面的微妙之處。會用這種方式幫助別人的人自認

閱歷豐富，自信心十足。他們通常不瞭解別人為什麼就是不能「去做吧」！認知及行動導向的風格使得他們很難理解舉棋不定的人。溫和的介入策略可能無法發揮作用。

　　鼓勵問題解決者欣賞生命的獨特與複雜性，鼓勵他們全神貫注傾聽、鼓勵其他成員，才是能滿足其需求的行為。

可憐的我

　　可憐的我（poor me）的成員習慣置身於自憐、無助與絕望的境地。利用團體對他們的關注來獲取控制感與權力。有共依存（codependent）和「受害者」人格問題的成員通常都符合這種形象。與不食人間煙火型的成員相似，這種「可憐的我」的成員花了很多時間（儘管是在潛意識層面）維持向下沉淪的生活。在關係當中，他們幾乎無一例外地會「黏上」和過度依賴某人，好得到自我價值感。有時候，他們好像能忍受無止境的不當對待。

　　此種成員需要大量的增強與肯定，才能抗衡長久以來逐漸降低的自信。當然，這是一條漫長且需要耐性的歷程，希望最終能提高他們的自我信任。

強聒不捨者

135

　　強聒不捨者（compulsive talkers）是團體領導者頭疼的問題人物，一不小心他們的行為就會成為團體的亂源。再者，由於很多成員對火力全開的言語攻勢根本無法招架，更讓強聒不捨者成為團體的替罪羔羊——或名列不受歡迎人物。我們有時不禁懷疑這種人的潛意識裡是否害怕死亡。在很多情況下，強聒不捨者似乎必須透過聽到自己的聲音，才能肯定自我的存在。此種現象通常源於早年的發展經驗，因此不太可能覺察到。說話可能是為了補償自卑感：「如果我能逮到機會說話，成為

眾人注意的焦點，我就是個重要人物。」必須溫和但堅定地挑戰此種行為，如果置之不理，就會對團體造成不良的影響。強聒不捨者的自卑感多半跟自認頭腦不佳或與追求完美主義有關，特別是學校與課業成就表現。此種成員通常閱讀能力不錯，也懂得很多知識。

最後一種類型的抗拒則與**侵略**（aggression）和**權力**（power）的議題有關。

操縱者

最後一種成員角色類型或風格與他者大相逕庭。他們之所以會被歸為一類，是因為在團體裡他們抗拒得最起勁，在團體中這種人被稱為**操縱者**（manipulator），此種人喜歡控制團體以滿足個人內在的需求。常見的類型有兩種。第一種較和善，但對團體仍有一定的影響力，我們通常把第一類型的人稱為**藝能者**（Music Man）。此種人多半不諱言控制團體的需要，他們會耍寶、妙趣橫生、深具個人魅力、逗人喜愛。這類成員的社交技巧純熟，長袖善舞，渴望獲得他人的讚美。他們的行為乃是為了討好領導者，儼然如團體裡「最受寵的兒女」。如果能循循善誘的話，他們倒是能覺察自己的行為，肯於修正。

第二類型的操縱者就比較難應付，一些介入方法也起不了作用。他們對權力、控制、支配的需要更隱晦、壓抑。他們的社會興趣微乎其微，憤怒的外表下隱藏著傷口，於團體中表現出的則是情緒疏離甚至敵意行為。此種成員認為團體的關懷照顧行為皆居心叵測，不輕易相信人，因為他們的成長過程中沒有「信任」兩個字。他們認為這世界壞人當道，必須起而抗爭，因此即便團體對他們表達出支持、友善，還是容易被他們誤解。

此種成員加諸團體的雙重束縛是，當團體成員碰了一鼻子灰，跟他保持距離或公然非難他時，操縱者更振振有詞地說團體成員和這社會果然是要「找他麻煩」，最好的辦法就是自我保護。

很明顯地，此種根源於成長過程中重要關係被剝奪的行為無法在短期內修通，他們需要的是長期的心理治療。領導者必須溫和但堅定。很有趣的地方是，當此種人格類型能獲邀（enlisted）加入治療歷程（這點很重要），他們通常會搖身一變，成為出色的團體成員。訣竅就是團體領導者要夠強、夠有力，才能讓他們信服。

理智者：超級助人者與傳道授業者

136

理智型成員在團體內的行為相仿，因為他們喜歡靠認知能力來操控團體。助人者（helpers）通常博覽心理學叢書，藉由詮釋他人的行為與問題來攫取團體的注意。團體可能會被這種行為吸引，因為他們的建議有時也非常正確有用。然而，他們的詮釋只見到問題的一角，太快給建議也阻礙了團體成員的探索，同樣地，他們傾向於提供智性的解決方法，誤以為知識和資訊就能改變行為。嘉許有益的忠告，但主動地打斷沒有用的建議，是最適當的介入方式。

典型的傳道授業者（special interest pleader）特別拘泥於某一視角觀點，很難讓他們看見事情的全貌。無論他們著眼的特殊領域興趣為何，傳道授業者總能發現「真理」，迫切地想跟大家分享他的經驗與理念，讓他人也能得到「真理」。團體中有此傾向的成員，話題都離不開宗教與靈性、物質濫用、各式各樣密集與獨家的「團體」經驗、運動與飲食養生法寶等。傳道授業者的特徵是最近才幡然改圖，一個心眼地執拗在他的興趣上。

在團體初期，領導者須接納成員的觀點，同時也須限制冗長的陳述。因為這些傳道授業者通常無視團體成員提供的社交線索，因此運用公正且直截了當的介入策略是有必要的。

攻擊者

　　最後一種令人感到頭痛的成員稱為**攻擊者**（attacker）。對資淺的領導者來說，這可能是最讓人聞風喪膽的成員，因為他們在掌握權力方面相當直接、挑釁，非常不友善。由於此種成員可能從不被接納，順從社會標準的團體壓力常會引發他的怨氣與質疑——不想成為團體的一分子。這是源於他擔心被征服，害怕喪失他的個體性與獨立性。

　　攻擊者很會鼓譟及刺激團體。但他們獨斷獨行的要求，其實也在幫助其他較沉默的成員接觸跟衝突與自我肯定有關的情緒。因此，使用重新架構技巧可以達成兩個目標。第一，肯定攻擊者的本意，但個人的界線應受到尊重。第二，要向團體說明不同的行為風格是可被接受的，而且能增加團體的豐富多元性。例如：「謝謝你的提醒。讓我們在這個團體裡可以仰賴你的誠實與率直。」

　　將攻擊者與團體治療歷程相連結後，領導者可協助他探索攻擊行為背後的動機，以及透過他人或自外於他人可能導致的後果。

　　最後，要注意攻擊者的地方是，當隱身於攻擊下的議題與滿足個人需求或貶低他人有關時，不但令人惱怒且有礙團體進展。如果攻擊是針對某位成員或根本就是辱罵，此時團體領導者應採取直接行動出面制止。不管是在家庭或其他社交聚會場合，欺凌的行為都不應在團體發生。例如：

137　　　約翰，我很佩服你有勇氣面質麥可，看得出來你對這個議題很
　　　　投入。但同時，你也需要找到適當的方式來表達你不同的意見
　　　　——你的用字遣詞會讓人覺得太過分，希望下次不會再有這樣
　　　　的情況發生。

摘要

本章概述團體常見的抗拒類型。評估抗拒的方法之一是正視它的存在,並討論隨之衍生的重要議題,如沉默、次團體、權力競爭與凝聚力等。本章也指出團體成員常扮演的角色與基本人格型態間的關聯,以及對團體造成的影響。

參考文獻

Donigian, J., & Malnati, R. (1987). *Critical incidents in group therapy*. Pacific Grove, CA: Brooks/Cole.

Jacobs, E. E., Masson, R. L., Harvill, R. L., & Schimmel, C. J. (2011). *Group counseling: Strategies and skills* (7th ed.). Pacific Grove, CA: Brooks/Cole.

Khalsa, S. (1999). *Group exercises for enhancing social skills and self esteem*, vol. II. New York: Professional Resource Exchange.

Kline, W. B. (1990). Responding to problem members. *Journal for Specialists in Group Work*, 15 (4), 195–200.

Kottler, J. (2001). *Learning group leadership*. Boston, MA: Allyn & Bacon.

Kurtz, L. F. (1992). Group environment in self-help group for families. *Small Group Research*, 23, 199–215.

Otani, A. (1989). Client resistance in counseling: Its theoretical rationale and taxonomic classification. *Journal of Counseling and Development*, 67, 458–461.

Radd, T. (2003). *Classroom and small group activities for teachers, counselors and other helping professionals*, vol. II. New York: Grow With Guidance.

Slavin, R. L. (1993). The significance of here-and-now disclosure in promoting cohesion in group psychotherapy. *Group*, 17, 143–149.

第十章

評量領導者與團體

　　評量和經驗年資之間似乎是反差關係。對諮商受訓者而言,每件事都需要被評量,而隨著經驗的累積,幾乎沒有督導會再堅持評量領導者或團體中發生的事件了。評量可以促進領導者與團體成員的進步成長,因此,團體領導者仍然有責任持續評估團體的效能。

領導者自我評量

　　領導者首先要評量的重點應該是自己。領導者必須真誠且開放地檢視自己和團體的關係。如果是協同帶領團體的話,也可從協同領導者那裡得到關於投射、盲點、坐失良機,以及一般性催化技巧方面的回饋。此外,若有錄音或錄影,自我反省批判的機會俯拾即是。

　　每一次的團體結束後,採用下列問題進行自我檢視,是對領導者滿有幫助的一道程序:

- 這個團體給我的體驗為何?
- 對於這次的團體,我有哪些感覺?我有表達這些情緒嗎?有哪些情緒讓我覺得不自在?
- 我對不同的團體成員有哪些反應?我有拒絕某些成員嗎?所有成

員都知道我關心他們嗎？他們覺得被我接納了嗎？

- 我有對每位成員說話嗎？我說出了我真正想說的話嗎？我有清楚表達出我的意思嗎？

- 我花了多少時間討論內容，但沒有把討論的焦點放在彼此的互動，或是隱微的感覺與需求？

- 我希望我有說什麼或做什麼？我下一次可以有怎樣不同的做法？

- 我主導性很強嗎？我擔負領導者角色的意願有多強？

領導者除了用質性的探索方式進行自我評估外，Page 等學者（2001）發展出來的「團體領導者自我效能量表」（Group Leader Self-efficacy Instrument, GLSI），亦可用來評量受訓者團體帶領催化技巧的自我效能。這份共 36 題、李克特五點量表的題目，與領導者運用各種團體技巧的自信度有關，例如：「我確信我所採用的介入策略都有理論根據」，以及「我確信我有鼓勵不同的表達方式」（Page et al., 2001: 175）。雖然這份量表主要用於初學者，但其他團體領導者亦可用它來自我評估，瞭解自己改進成長的空間。

團體領導評量

由 William F. Hill 發展出來的 Hill 互動矩陣（Hill Interaction Matrix, HIM）是專為團體領導者設計，用以檢視成員間口語互動、概念化團體動力與歷程最有用的評量工具之一。它也能客觀地評估團體達成目標的程度。

Hill 的矩陣（見圖 10.1）乃是累積了數百小時團體臨床觀察研究資料，鉅細靡遺地檢視團體內的人際互動。完整的歷程發展內容討論請見 Hill 的 *HIM：Hill Interaction Matrix*（1956）一書。HIM 是從臨床治療情境發展而來，因此，大部分的案例都跟心理健康議題有關。然而，矩

140

	內容				
	型態				
	主題中心		成員中心		
	主題	團體	個人	關係	
	I	II	III	IV	
A	I A	II A	III A	IV A	反應式
工作前 工作型態 工作					
B	I B （1）	II B （2）	III B （9）	IV B （10）	傳統式
C	I C （3）	II C （4）	III C （11）	IV C （12）	肯定式
D	I D （5）	II D （6）	III D （13）	IV D （14）	推測式
E	I E （7）	II E （8）	III E （15）	IV E （16）	面質式

圖 10.1　Hill 互動矩陣

陣可類化至所有的團體類型，所以它的分類原則幾乎相同。

在這個矩陣內，分類的次序以治療效益而論。排序等級是根據下列的假設：

- **以成員為中心**（member centeredness）：團體樂意花大部分的時間把焦點放在成員上。
- **人際冒險**（interpersonal risk taking）：團體成員樂意捨棄人際安全的需求。
- **人際回饋**（interpersonal feedback）：所有的團體成員都樂意提供與接受立即的回饋。

內容型態

HIM 把團體內的口語互動概念化為兩個主要的向度。第一個在矩陣的最上端，稱為**內容型態**（content style）。內容是指團體討論的話題。第二軸則與成員的工作型態和溝通歷程，或成員彼此和團體如何交流有關。

內容向度跟討論的話題內容有關。大體而言，Hill（1956）認為所有的口語內容都可歸類於四個內容類別。以下是這些類別的概要介紹，以及有助於加以區別的特點。

主題（topic）

這個類別涵蓋的範圍相當廣泛普遍，**除了團體本身、團體成員，或團體內關係之外**的話題，差不多都可包含在此類別內。就定義上來看，社交人際應酬的話語，及團體成員間的客套寒暄皆屬此類。進一步說來，團體大部分的討論內容幾乎都符合主題這個類別。

團體（group）

在這個類別裡，口語互動的內容**僅限於**團體當下的互動，包括檢視團體規範與流程、團體形成、運作與目標。互動的特色是團體當下與立即性的互動。

個人（personal）

談話的焦點幾乎在某位成員上。談話的焦點可能由該位成員所引發，或團體中其他成員直接針對該位成員。互動的內容在個別的團體成員上，或成員當下的狀態、人格特質、特點、行為、成長史、問題或議題上。

140

關係（relationship）

這個類別是內容向度的最高等級，與團體成員間立即或「此時此刻」的交流互動有關。重要的不是關係，而是印證團體內的關係存在。它說明了團體成員間的關係，或成員和整個團體間的關係。

工作型態

141

第二軸稱為**工作型態**（work style）或歷程類別，是成員討論團體內容時的**態度**（manner）。最重要的區別在於個別成員如何對團體討論內容發話或回應。以下分別描述這五種歷程類別。

反應式（responsive）

此種型態暗示團體成員不願意發表口語意見。成員把互動縮短至三言兩語、問問題或偶發式的回應。此類別常見於嚴重社會退縮或防衛心特別重的成員。

傳統式（conventional）

此種對話多與一般性的話題、事實或訊息有關，通常是基於社交禮貌。工作導向或脈絡尚未建立，互動的層次停留在敘述（descriptive）或社交（social）言談，而非問題解決（problem-solving）。

肯定式（assertive）

就我們對這個名詞的瞭解，我們認為此類別較適合稱之為攻擊式（aggressive）。此歷程類別通常懷著敵意或抨擊的語調。表達方式通常蘊含爭論意味，加上被動模式的行為。辨識此類別最有用的線索是互動的語氣意欲結束討論，不想再多說下去。說話者的看法似乎不容置疑，不太願意接受其他觀點，是單向而非雙向的意見交流。

推測式（speculative）

談話的氛圍轉為任務導向的資訊或問題討論，想要更進一步的雙向、開放與持續的溝通對話。推測式互動的特色為有意願共同合作以瞭解問題背景。

面質式（confrontive）

此類別的關鍵字之一是**澄清**（clarify）。面質式的表達方式試圖釐清、評估與解決問題。此種表達方式通常有某種形式的具體證據為後盾。發言者支持他的論點。此種溝通風格對發言者、話題或談話的焦點成員通常都具有療效。

我們把 HIM 右下方的部分稱為**權力象限**（power quadrant）。假設論點是如果團體把更多的時間花在推測—個人、推測—關係、面質—個人和面質—關係等互動模式上，個人和團體的獲益也會跟著水漲船高。

成員對團體和領導者的評量

我們發現可以運用以下的開放式問句來做為成員的評量回饋。團體領導者可以在最後一次團體聚會時預留一些時間，或附上回郵信封寄給成員。如果不必署名的話，成員較會誠實填寫。

指導語：寫下你對這些未完成語句的第一個反應。盡可能地坦
　　　　誠與開放。你可以把每一個句子當作一段話的開頭語。
　　　　不需要在上面註明你的名字。未完成的語句如下：

這個團體……

團體領導者……

我最喜歡的地方是……

我最不喜歡的地方是……

我覺得……

若希望得知成員對團體領導者的反應與具體的回饋，可以採用圖 10.2 的評量表。

143

領導者姓名：_____

指導語：請根據團體領導者在團體中的表現加以評分。

尊重：真誠、專注又溫暖地尊重團體成員，願意瞭解他們，讓每個人都能
　　　　自由表達。

5.0	4.5	4.0	3.5	3.0	2.5	2.0	1.5	1.0
極好		好		普通		差		極差

同理心：對團體成員的情緒與經驗有正確的瞭解。團體成員知道領導者瞭
　　　　　解他們的感覺。

5.0	4.5	4.0	3.5	3.0	2.5	2.0	1.5	1.0
極好		好		普通		差		極差

真誠：誠懇。他做的每件事都真心實意、表裡如一，不會惺惺作態。

5.0	4.5	4.0	3.5	3.0	2.5	2.0	1.5	1.0
極好		好		普通		差		極差

具體：「定調」（tunes in）並清楚地回應團體成員的感覺或經驗。不會
　　　　說出模稜兩可的回答。

5.0	4.5	4.0	3.5	3.0	2.5	2.0	1.5	1.0
極好		好		普通		差		極差

自我揭露：讓團體立即知道他個人的感覺。落落大方、不防衛。

5.0	4.5	4.0	3.5	3.0	2.5	2.0	1.5	1.0
極好		好		普通		差		極差

自發性：回應時不會「瞻前顧後」，猶豫不決。言行如一、自然流露。

5.0	4.5	4.0	3.5	3.0	2.5	2.0	1.5	1.0
極好		好		普通		差		極差

彈性：因時制宜，不會手忙腳亂。會權宜當下的情況與需要。

5.0	4.5	4.0	3.5	3.0	2.5	2.0	1.5	1.0
極好		好		普通		差		極差

信任：信任他的能力。率直有自信。

5.0	4.5	4.0	3.5	3.0	2.5	2.0	1.5	1.0
極好		好		普通		差		極差

圖 10.2　團體領導者評量表

　　不管問卷是以最後一次團體或團體結束後郵寄給團體成員的方式實 142
施，都應該考慮填寫問卷須花費的時間。若是 20 到 30 題的問卷就容易
讓團體成員覺得負荷過重了。圖 10.3 是一份較具體的問卷範例。

　　寫出團體和自己的經驗感受可以協助成員具體闡明他們的改變，並
讓這些有意義的改變得到支持與鼓勵。

你覺得你對自己的態度與感覺，以及與他人的關係有哪些改變？ 144

團體經驗如何協助改變發生？

團體領導者對你最有幫助及最沒有幫助的地方是？

有沒有對你造成傷害的團體經驗？或對你有任何負面影響的團體經驗？

簡短地說明你最喜歡及最不喜歡的團體經驗。

你希望你在團體中能有哪些不同的表現？

經過這場團體經驗後，你最大的改變為何？

圖 10.3　團體成員評量領導者

成員自我評量 142

　　評量是團體諮商最後要收成時自然而然會做的事，可以帶給成員
成就感，品嘗勝利的果實，也就是說，有某些值得肯定的目標達成了。
這種評量方式鮮少請成員講述完成哪些特定具體的目標，通常是在最後
幾次團體，由領導者邀請成員分享他們的改變、改變的影響與意義，或
他們觀察到其他成員有何改變等，或者敘說至今為止有哪些令人印象深
刻、特別的團體經驗。這是很合乎常理的評量方式，團體領導者也應該
瞭解。

　　由於團體自有其生命歷程，因此成員也可能會重新擬定他們的目標和期待，這也是改變過程中很合情合理的經驗。因此，在某些情況下，若只根據團體初期訂下的目標，或照章行事地評量團體及成員的改變是不恰當的。評量時應該思索與考量諮商團體本身具有的改變歷程動力。有鑑於此，成員可能要重新界定他們的自我期許，或設立新的目標。

144

　　下面的自我評量表乃是運用語義差別（semantic differential）的測量技術，讓個體對現實我與理想我進行自我評量。這種量表適用於團體領導者及團體成員。

　　這份量表的目的，是用來協助你瞭解你對表列的雙向形容詞與概念的觀點，可選擇你重視的部分做為自我成長改進的方向。

　　填寫這份量表時，你要指出你對每一道評量題目的位置。不要過度擔心該如何解釋各形容詞的差異。以下是完成第一部分評量過程的說明：

指導語：步驟一

　　如果你覺得自己**非常**偏向下列形容詞的兩端，你註記的地方應該是：

強硬的　__：__：__：__：__：__：__：X　　怯懦的
強硬的　X：__：__：__：__：__：__：__　　怯懦的

　　如果你覺得自己**相當**偏向下列形容詞的兩端，你註記的地方應該是：

公平的　__：__：__：__：__：__：X：__　　偏頗的
公平的　__：X：__：__：__：__：__：__　　偏頗的

　　如果你覺得自己**有點**偏向下列形容詞的兩端，你註記的地方應該是：

機智的　__：__：__：__：X：__：__　笨拙的

機智的　__：__：X：__：__：__：__　笨拙的

　　如果你覺得自己只是**稍微**偏向下列形容詞的兩端，你註記的地方應該是：

145

複雜難懂的　__：__：__：__：X：__：__　簡明的

複雜難懂的　__：__：__：X：__：__：__　簡明的

　　注意：(1) 把你的註記標示在空格的中央，不要超出邊界；(2) 確定每一題都有註記到，不要遺漏任何一題。

　　快速地進行下述各題的評量，不要陷入苦思或在某一題上咬文嚼字──只要寫下你的第一印象，你當下對每一題的「感覺」即可。

自我評量表

領導者	__：__：__：__：__：__：__：__	追隨者
散漫的	__：__：__：__：__：__：__：__	周到的
生氣的	__：__：__：__：__：__：__：__	平靜的
乏味的	__：__：__：__：__：__：__：__	生氣勃勃的
固執己見的	__：__：__：__：__：__：__：__	有耐性的
開放的	__：__：__：__：__：__：__：__	封閉的
主動的	__：__：__：__：__：__：__：__	被動的
落伍的	__：__：__：__：__：__：__：__	風靡全場的
難過的	__：__：__：__：__：__：__：__	歡樂的
口才好	__：__：__：__：__：__：__：__	口才差
遲鈍的	__：__：__：__：__：__：__：__	敏銳的
溫暖的	__：__：__：__：__：__：__：__	冷漠的、疏離的
有信心的	__：__：__：__：__：__：__：__	優柔寡斷的

不得體的	__：__：__：__：__：__：__	得體的
悲觀的	__：__：__：__：__：__：__	樂觀的
讀得慢	__：__：__：__：__：__：__	讀得快
言不由衷	__：__：__：__：__：__：__	真誠的
滔滔不絕	__：__：__：__：__：__：__	寡言木訥
自主的	__：__：__：__：__：__：__	依賴的
精神不濟	__：__：__：__：__：__：__	神采奕奕
受助者	__：__：__：__：__：__：__	助人者
善解人意	__：__：__：__：__：__：__	茫然不解
有彈性	__：__：__：__：__：__：__	死板的
自我導向	__：__：__：__：__：__：__	他人導向
女性化	__：__：__：__：__：__：__	男性化
不可靠的	__：__：__：__：__：__：__	可信賴的
文筆好	__：__：__：__：__：__：__	文筆差
明確的	__：__：__：__：__：__：__	模糊的
其貌不揚	__：__：__：__：__：__：__	外貌出眾
孤僻的	__：__：__：__：__：__：__	外向活潑
直覺思維	__：__：__：__：__：__：__	理性邏輯
中性的	__：__：__：__：__：__：__	性感的
博採眾議	__：__：__：__：__：__：__	愛唱反調
善於傾聽	__：__：__：__：__：__：__	不善傾聽
言語表達	__：__：__：__：__：__：__	肢體語言

步驟二

你已經完成了步驟一的自我評量歷程，從步驟一你可以看出自己在每一形容詞的位置。接下來的步驟二是再次瀏覽每一題，並用「O」這個符號註記。

注意：(1) 註記要標示在空格中央，不要超出邊界；(2) 確定每一題都有註記「O」，不要遺漏任何一題；(3) 可能會有幾題是你對自己的期許剛好也是你現在正做到的。如果有這種情形，就將註記「X」的標誌圈起來，表示你已經做完這題。

步驟三

當你註記完每一題的「X」和「O」之後，再檢閱一次這些形容詞題目，挑出四到五題你認為對自我成長最重要的題目。這四到五題應是你覺得最想改進的地方。在你覺得重要的題目左邊畫一條線，標出優先順位（1, 2, 3, 4, 5）列為改變的核心要項。

例如：

1（2, 3,……）公平的　＿：X：＿：＿：＿：＿：O：＿　偏頗的

Walters（1975）

用日誌做為自我探索的工具

如果邀請團體成員撰寫日誌（daybook），團體領導者即以此經驗瞭解其對團體的影響，從中獲得洞察。日誌概觀了團體的進行過程，以非評斷的做法讓團體成員評估改變。因此，日誌是一種溫和、不具威脅性的成員自我評量方式。

由於團體諮商的效應在療程間仍會持續發酵，領導者可思考用哪些方法鼓勵成員讓團體歷程延續。團體成員可用撰寫日記或日誌的方式記錄感覺和反應，有效地在團體療程時間外繼續未完成的自我探索。由於團體進行的時間有限，因此日誌可讓沒有時間在團體分享與探索想法和反應的成員有機會表達。

Riordan（1996）評說諮商中的「寫作治療」（scriptotherapy），

147

舉出數例在諮商中運用寫作的好處。有些研究者認為連結個人議題的寫作具有改善心理健康的功能（Pennebaker, 1997; Wright, 2002）。Doxsee 與 Kauligham（1994）也指出，治療經驗的寫作可以緩解人際與個人問題的困惑混亂。研究文獻中亦提到寫作對團體工作的正面效果（Falco & Bauman, 2004; Hall & Hawley, 2004）。Haberstroh 等學者（2006）更進一步地認為，日誌不只寫在「紙上」（hard copy），還可用電子日誌（e-journals）的方式讓團體更臻完善。

日誌鮮少用於中學年齡以下的兒童團體。就年齡這一點也須考慮青少年的特性，因為青少年可能會把寫日誌當成回家作業或指派的功課，引發團體不必要的抗拒。對小學階段的兒童來說，日誌可簡化成一感覺的形容詞與自我描述的語句，讓他們圈選會比較有效率。也可以邀請兒童用繪畫的方式描述他們在團體中的學習、感覺或團體間隔期間的日常生活經驗。

對那些拙於在團體中表達個人情感與反應的成員，日誌是一個安全的出發點。經驗告訴我們此種成員稍後會比較願意在團體中直接說出同樣的感覺和反應。雖然寫日誌可能會「消耗」或降低自發性的表達，但還好這種情形並不常見。

日誌讓團體領導者有機會充分認識與瞭解團體成員，這些資訊能大大地增加領導者的敏感度、理解力與團體效能。當然，這點也該審慎看待，領導者不應該將寫在日誌裡的內容告訴團體，這是全體成員的責任。領導者若草率地透露內容，就是違反了保密規定，也會讓團體成員想要依賴領導者「說出來」，這樣會剝奪團體成員嘗試冒險揭露的學習機會。

日誌的用途與架構應得到團體充分的討論，尊重大家的願望。以下兩個範例說明撰寫日誌時可行的架構與方向。這兩種架構可分別運用，或兼而有之，端視團體的需要而定。

範例一：日誌撰寫指南

日誌很像日記，但也有些微差異，因為它並非課堂團體的記事與場景。與其摘述團體中發生的事，你的記述重點應放在自己在團體中經驗到的情緒，例如對團體成員、領導者、你自己或對「團體」的情緒。

以下是一些撰寫時可參考的方向：

148

- 盡可能在每一次團體結束後立即撰寫日誌，如此一來記憶才會比較正確。
- 重點在你自己的感覺上，而不是其他人或團體歷程。
- 要具體明確。
- 把日誌當作團體經驗的延伸，而非摘要附記。日誌應為深度自我探索的練習活動。
- 「接觸」你當下的情緒，做為未來進一步探討的動機。
- 把日誌當作專業資料一樣地列為高度保密的文件。日誌只能交由團體領導者閱讀。

以下四則日誌摘錄呈現出對撰寫者而言最有助益的內容。

摘錄一

或許這就是為什麼我對＿＿這個人這麼有興趣的原因吧！我也猜想這是否跟重要他人的認可、信任和喜歡有很大的關係。我不怎麼喜歡人家給我負面的回饋。我沒有接受批評的雅量——但是我很尊重且佩服願意以建設性的方式給我批評的人。

摘錄二

當瑪莉玲說我們並非全然陌生時，那正道出了我的感受——陌生、疏離與孤獨。當我第一次談到自己時，其實我很高興，因

為我想要有人推我一把，逼我坦誠、揭露我自己，雖然那真的
把我嚇死了。我希望團體能看到我，我想受到肯定，我不要他
們把我當成騙子，我不要他們放任我這麼做。

摘錄三

如此看來，女性的漂亮、仁慈、開放與誠實的確具有某種優
勢，但這些並非今日市場的賣點。我的要求很高嗎？我真不敢
相信。即便我擁有每項優點，但我還是會懷疑自己。我想大
喊：「我可是堂堂正正地做好每件該做的事，但還是不夠。為
什麼！為什麼！為什麼！」

摘錄四

當法蘭克說吉姆都不開放時，我的臉抽動了一下。看得出來受
到這樣的指控，吉姆很痛苦。我也覺得難過，因為即便我想坦
誠，我還是不知道該怎麼做。

範例二：結構化的日誌寫法

團體目標

團體目標定義清楚了嗎？目標會隨著每次的團體而有變動嗎？

149   ## 個人目標

你自己的目標是清楚明確的、含糊不清的，抑或還在形成當中？它
們有隨著團體進行而變化嗎？目標是為你量身訂做的，還是一般普遍的
目標？

團體歷程

　　互動的層級為何：智性的、感覺取向的，抑或兩者交疊遞增？團體停滯不前還是前進無礙呢？有任何次團體存在嗎？大體上看來，團體的情感氛圍如何？

個人的／個別的

　　（有寫出名字很好，沒有也無妨。）團體成員個別的態度、感覺、信念和反應／行動為何？我的情緒、反應和行動呢？有沒有什麼事情觸動了我？我可以運用哪些自我探索的方法來增加自我瞭解？

團體聚會

　　在這次的團體中：(1) 團體；和 (2) 我，完成了哪些事？

　　日誌亦可用別具一格的方式著手，如同下面的例子，是由一位碩士班研究生在團體諮商課中所寫的詩。

團體

人們被隨意、
偶然地
拋擲。
冥冥中命運的吸引力，
讓大家相聚在一起。
互相溝通
相互交流
重要的事。
我們分享對婚姻的憧憬，
關係破裂後的痛苦，
過度負荷下的頹然挫折。

我們想知道別人怎麼看待

那些對我們而言重要的事，

例如上帝、家庭與工作，

以及論文題目。

有時候我們的進展

一點都不讓人眼睛為之一亮或深富戲劇色彩；

對一位臨陣磨槍上陣的觀察員來說

也不是那麼容易度量判準。

當闖入者進來

叫賣神奇吸塵器，

我們很有禮貌地告訴他：

「你可以晚一點再來嗎？我們正在談一些

非常重要的事。」

Gunn（1988）

後續追蹤聚會

150

在團體結束後二至三個月排定追蹤聚會，並向成員告知此類訊息，能讓成員更有動力繼續邁向自我成長、促進改變。對短期、密集、有時間限制的團體來說，追蹤聚會可讓成員有機會處理未竟事務，得到團體的支持與鼓勵。短期、密集的團體最讓人詬病之處，就是團體領導者不能提供此類的追蹤聚會。因此，短期團體的領導者應該：

- 規劃追蹤聚會；
- 建立轉介的專業資源。當領導者不在時，團體成員若有需要可尋求的專業協助；
- 告知團體成員其他可用的資源。

追蹤聚會給團體成員一個絕佳的機會設定新的目標、探討繼續成長

以達到新目標的過程中可用的資源，以及任何未竟事務等。當然，這不是一個解決重大議題的時刻。在「靠自己」數週後，成員需要的是情緒支持與肯定，而不是答案或建議。分享改變的想法、穩固已有的改變，還有對自己和他人的關懷與擔憂等，都是追蹤聚會可討論的內容。

摘要

　　評量與追蹤是團體諮商歷程很重要的兩項措施，不應被當作是附加的團體經驗。評量是必要且有意義的，它讓領導者能為團體成員提供更有效能的協助。團體領導者應不斷地自我覺察，開放地接受團體成員的回饋。一套有系統、有效的評估程序益發加強團體領導者的催化效能。

　　追蹤聚會能刺激團體成員繼續成長與改變。因此，團體領導者應事先規劃好追蹤聚會。

參考文獻

Doxsee, D. J., & Kauligham, D. M. (1994). Hindering events in interpersonal relationship groups for counselor trainees. *Journal of Counseling and Development*, 72, 621–626.

Falco, L. D., & Bauman, S. (2004). The use of process notes in the experiential component of training group workers. *The Journal for Specialists in Group Work*, 29, 185–192.

Gunn, P. W. (1988). Group. Unpublished poem. Denton, TX: University of North Texas.

Haberstroh, S., Parr, G., Gee, R., & Trepal, H. (2006). Interactive e-journaling in group work: Perspectives from counselor trainees. *The Journal for Specialists in Group Work*, 31, 327–337.

Hall, J., & Hawley, L. (2004). Interactive process notes: An innovative tool in counseling groups. *The Journal for Specialists in Group Work*, 29, 207–224.

Hill, W. F. (1956). *HIM, Hill Interaction Matrix*. Los Angeles, CA: University of Southern California, Youth Studies Center.

Page, B. J., Pietrzak, D. R., & Lewis, T. F. (2001). Development of the group leader self-efficacy instrument. *The Journal for Specialists in Group Work*, 26, 168–184.

Pennebaker, J. W. (1997). Writing about emotional experiences as a therapeutic process. *Psychological Science*, 8, 162–165.

Riordan, R. J. (1996). Scriptotherapy: Therapeutic writing as a counseling adjunct. *Journal of Counseling and Development*, 74, 263–269.

Walters, R. H. (1975). A factor analytic study of the EPIC self-assessment scales. Unpublished doctoral dissertation. Denton, TX: North Texas State University.

Wright, J. (2002). Online counseling: Learning from writing therapy. *British Journal of Guidance and Counseling*, 30, 285–298.

第十一章

兒童的團體諮商

我反對「不過是個孩子」這種說法。我的經驗告訴我：寧有小
兒作伴，不喜成人相隨。

Fran Lebowitz

　　兒童與青少年需要且想要獲得協助。團體諮商正是協助他們發展的
絕佳方式，協助他們認識自我、預防可能的負面人際關係、增加正向的
人際體驗。思及未來願景時，也須協助他們探索此時此刻，活在當下。

兒童的團體諮商

　　對多數領導者來說，這個年齡階段的兒童可能是最難以理解和最不
合作的人。兒童和成人慣用的溝通方式不同，他們通常不會乖乖遵從團
體的禮儀規範，也不像大部分的成人一樣靠著洞察就能完成自我探索。
他們鬧哄哄地跑來跑去，一點都不配合領導者費盡心思設計的催化活
動。雖然上述這些說法道出了兒童團體的部分真相，但他們也是最具生
命力、積極活潑、真心關懷和照顧團體的一群人。帶領兒童團體時，仍
須具備良好的催化技巧，尤其兒童的發展水準更歧異，不斷地挑戰領導
者個人的價值觀。面對兒童的破壞性行為，帶領兒童團體的領導者必須

克制自己，不能像一般父母親一樣反應，這是大部分成人辦不到的事。

目標與目的

在團體諮商關係中，能讓兒童感受到治療效果的因素為：(1) 發現同儕原來也有困擾；(2) 減緩孤獨感所造成的隔閡，歸屬感油然而生，並在「真實生活」中試行新的人際關係技巧，期能透過嘗試錯誤的方式學習與他人相處。團體，是兒童日常生活世界的縮影。在團體情境中，兒童得以從同儕那裡得到立即性的回應，從觀察他人中得到替代學習（vicarious learning）。兒童亦能培養同理他人的能力，藉由協助他人提升自我概念。對低自我價值感與長期受挫的受虐兒童而言，發現自己對他人有所貢獻，這或許是最具治療性的經驗。在諮商團體裡，兒童也會發現他們值得受到尊敬，他們的價值不在於他們做（do）了什麼或製作（produce）出什麼有用的物品，而在於他們自己是什麼樣的人（who they are）。

如同青少年與成人的團體諮商，兒童團體諮商的心理與社會歷程能讓他們學習瞭解自己與他人，透過團體互動相互打氣鼓勵。當兒童無法發展適當的社交技巧，缺乏紀律控制自己的行為，低自尊、缺乏動機，或無法發展因應行為以做出適當的自我成長改變，此時可考慮運用團體諮商做為介入歷程（Homeyer & Sweeney, 1999）。團體介入的焦點可放在有高離婚率、染上酒癮、肢體虐待、性侵害、財務負荷重、濫用藥物等雙親的兒童，這些都是兒童的高壓力源，使其在學校裡的表現不佳，或無法有高成就。我們認為應當在兒童還未遭遇一連串的挫折失敗前，就給他們團體諮商經驗，避免不健全的自我概念憾事發生。

特殊考量

　　雖然團體諮商的基本原理原則皆適用於兒童的團體諮商，但在聚會結構方面有些額外的考量。第一個基本原則是：年齡越小的幼童，專注的時間越短，因此療程的時間也要縮短。對學齡前幼兒和低年級幼童而言，最有效的時間長度為 30 到 45 分鐘，某些團體還會一週進行兩次。

　　第二個基本原則為，幼童的肢體活動程度較強，因此團體人數應該要少一點。小於九歲的兒童以五至六人的團體為佳。遊戲治療團體可能只有二至三位兒童，視兒童的需求與遊戲室或遊戲區大小而定。

　　如果治療取向仍以口語討論為主，那麼第三個基本原則就是：兒童的年紀越小，就越不知道自己在團體中該有的行動為何，因此他們需要更多的結構。我們的經驗顯示，當兒童逐漸學到在團體中要為他們的行為負起責任，結構的重要性就式微了。

　　成人諮商與兒童諮商的專業倫理守則大同小異，無論是機構聘任或私人執業的諮商師，都要得到父母親或合法監護人的同意。在法律上，父母親對兒童有監護的責任，因此也要告訴他們團體諮商的程序，獲得知情同意。由於社會的離婚率節節高升，諮商師必須確保同意書乃得自於有合法監護權一方的家長。在大部分的公立學校裡，要獲得父母親的同意書不是問題，因為諮商服務本來就是學校教育方案的延伸。然而，不是所有的公立學校皆一體適用，因此諮商師最好熟悉當地的學校教育政策。

　　多數的兒童團體會在第一次療程進行期間就訂定團體的基本規則。必須讓兒童瞭解界限在哪裡，因此，復習團體互動的規則，如**一次只能一個人發言、坐在座位上、聽別人說話**等，有助於兒童學習合宜有效的團體行為表現。可以要求兒童分享他們認為團體成功的要素為何，藉此讓兒童知道他們在團體的責任。在本章稍後亦會談到，在遊戲治療團體裡也要清楚說明行為的界限。

　　兒童的團體諮商有別於成人的團體諮商。兒童不像成人那麼會用口語表達自我。他們天生的互動方式是遊戲和活動。沒錯，九到十歲以下的幼童最自然的溝通方式就是遊戲。因此，兒童團體諮商的領導者必須接受兒童督導訓練，這樣才能瞭解如何善用這些媒材催化兒童之間，以及兒童與諮商師間的溝通交流。

形式

　　兒童團體諮商的形式必須考量兒童的發展水準，以及兒童天生用以表達情感與社會需求的方式。兒童最自然的「語言」是遊戲，他們較善於用行動而非談論的方式表達他們的問題或關切的事情。因此，過分強調訪談或討論的團體諮商形式並不適用於九歲以下的幼童。如果非得要兒童以他們不熟練的方式表達自己，反而會弄巧成拙，也難以建立團體諮商歷程中最至關重要的關係。依據兒童的年紀，最適合兒童的團體諮商形式為團體遊戲治療、活動團體治療和結構性團體諮商。

團體遊戲治療

遊戲的意義

　　團體遊戲治療適用於九歲的兒童，因為他們的抽象邏輯思考功能須至 10 或 11 歲時才能發展成熟。由於大部分的口語溝通須仰賴抽象符號，而年齡低於九歲的兒童尚不太能運用語言來表達感覺與探究關係。兒童對語言的表達與理解也有差異。兒童對語言的理解通常比他們的表達能力還強。若限制兒童只能用口語表達，將會造成兒童與治療師、兒童與同儕團體間治療性歷程溝通的絆腳石。遊戲之於兒童，就好比成人運用語言，它是表達情緒、探究關係、描述經驗、揭露夢想和達成自我實現的媒介。

　　根據 Landreth（2012）的研究，遊戲是兒童自我表達的象徵性語言，它可以顯示：(1) 兒童的經驗；(2) 對經驗的反應；(3) 對經驗的感覺；(4) 兒童的願望、需要或夢想；(5) 兒童的自我知覺。兒童的遊戲行為提供治療師進入並瞭解兒童內在世界的線索。由於兒童的世界是行動與活動的世界，因此遊戲治療是治療師進入兒童世界的入口。由治療師挑選出各種適合的玩具以催化兒童表達情緒。兒童不再受限於口語討論，相反地，他們可以在遊戲當下重新體驗過去的經驗與感覺。治療師亦得以經驗和參與兒童的情感世界，不用被動等待情境發生。當兒童全神貫注地遊戲，兒童所表達的情感經驗是獨特的、具體的、當下的，治療師可據此回應兒童當下的活動、口語表達、感覺與情緒，不會受到過去情境的牽制。

　　對兒童來說，遊戲就是他們的聲音，團體是他們社交學習的實驗室。Homeyer 與 Sweeney（2001: 98）指出：「兒童從團體遊戲治療中學習認識自己。他們透過聆聽與觀察治療師和其他成員的舉動來學習。」團體是日常生活的社會縮影，但藉由遊戲這個令兒童感到自在的媒介，日常生活的焦慮得以修通與化解。

遊戲的歷程

　　在遊戲室與其他孩子互動的時候，兒童學習的對象不僅是其他的兒童，還有他自己。Ginott（1994）指出遊戲室若有其他兒童在場，有助於定位現實世界的經驗。在互動的過程中，兒童會協助彼此負起人際關係的責任。接著，兒童會很迅速自然地把同儕互動擴展到團體遊戲治療室之外。與多數的團體諮商取向不同的是，團體遊戲治療沒有團體目標，團體凝聚力也不是發展過程的要件。

遊戲室與玩具

　　團體遊戲治療的物理環境，可以是專門的遊戲室，也可以切割出大房間的一部分，適當地陳列玩具與媒材物件。最主要的考量是保有足夠

155

的隱秘性以及足夠的自由活動空間，但不至於毫無節制地破壞。房間太小會限制兒童的表達，造成不必要的挫折感。同樣地，房間太大，活動的範圍也變大，可能不利於兒童與諮商師或其他兒童發展關係，因為缺乏互動交流的機會。

兒童使用玩具和物件來表達他們的內在世界，Landreth（2012）就認為玩具和物件能達成以下目標：

- 與兒童建立正向關係；
- 表達多種情感；
- 探索真實生活經驗；
- 試探界限；
- 培養正向的意象；
- 發展自我瞭解的能力；
- 修正不為他人接受的行為。

Landreth 也認為玩具應包含三大類：

- **真實生活玩具**（real-life toys），例如洋娃娃、可彎折娃娃家族、娃娃屋與家具、奶瓶、碗盤、汽車、飛機、電話等。
- **行動化或發洩攻擊的玩具**（acting-out or aggressive-release toys），例如手銬、飛鏢、玩具兵、敲打台、橡皮小刀、充氣拳擊玩具等。
- **創意性表達與釋放情緒的玩具**（toys for creative expression and emotional release），例如黏土、白紙、安全剪刀、毛根（pipe cleaners）、冰棒棍（popsicle sticks）、培樂多黏土（Play-Doh）、手偶、碰碰球（Nerf ball）、塑泥（Gumby Scotch tape）、無毒膠水或漿糊等。

活動團體諮商

活動團體治療（activity group therapy）適用於 9 至 13 歲的兒童。他們的發展仍以遊戲和活動取向為主，但團體和團隊活動對他們而言也非常重要。

活動的意義

在這段年齡時期，兒童通常寧願跟同性別的同儕團體在一起，感覺也較自在。他們不喜歡談論自己的問題，而較可能用動作來表達情感反應。如同活動團體諮商的先驅者 Slavson（1945: 202）所言：

> 幼兒透過遊戲與行動表達，學齡兒童與青少年則透過體能活動、創意表達與自由遊戲與他人互動。青春期晚期與成人靠的則是口語表達和洞察。

Slavson 因而把治療歷程中兒童展現的衝動行為視為是一種原始的溝通形式。

成員篩選

進行活動團體諮商時，要花大量的心力在成員篩選及平衡團體，因為領導者的介入程度非常少。活動與團體成員的互動是改變和成長最主要的推動力。Ginott（1994）即建議某些類型的兒童不適合參加活動團體諮商：

- 有性衝動行為的兒童；
- 對手足懷有強烈競爭意識的兒童；
- 反社會的兒童（故意傷害他人但卻沒有悔意）；

- 攻擊性強的兒童；
- 低自尊兒童；
- 近期遭受創傷或災難事件的兒童。

諮商師的角色

諮商師的角色特徵為寬容與非干預的態度。

S. R. Slavson 曾使用「中立」（neutral）這個詞來描述活動團體諮商領導者的角色。他的意思並非說，領導者在兒童的衝突情境裡應公正無私（雖然事實上亦是如此），而是依每位兒童的獨特需求做出對兒童有意義的行動。每個孩子都可以依他的需要「形塑」領導者（Schiffer, 1969: 46-47）。

對行為設限是指對行為提出建議，而非企圖中止行為。例如，有位孩子在畫架上亂塗，領導者就會拿報紙墊在地板上，還為孩子穿上罩衫。這種方法能對行為的干擾程度減到最小（Schiffer, 1969）。

157

歷程

Schiffer（1969: 2-3）認為遊戲團體的治療歷程乃是根據領導者刻意採取的容許性（permissiveness）而設定，可分成以下數個階段。

準備階段

- 簡介遊戲團體並觀察兒童對容許性的最初反應。
- 測試這個新經驗的真實性。
- 探索與放鬆。

治療階段

- 對治療師及其他兒童發展出多層次的移情。
- 退化。
- 攻擊。
- 減緩焦慮與罪惡感。
- 宣洩。

再教育階段：統整與成熟

- 增加挫折忍受力，具有延宕滿足的能力。
- 發展個人技巧：擴展興趣範圍。
- 改善自我意象。
- 昇華。

大功告成：不負眾望

- 團體控制更有效力；成員對團體的回應增加。
- 互動近似於一般正常的團體。
- 移情淡化；認同趨於接近現實。
- 結束。
- 因分離焦慮導致行為暫時退化。
- 接受與總結。

活動室與器材

設備完善的活動室是活動團體諮商不可或缺的條件。一般而言，

300 平方英尺（約 8.4 坪）大的房間可容納六名兒童的團體。Schiffer（1969: 73）建議放置在活動團體諮商室的媒材有：

- 代表重要他人與動物的物件：娃娃、玩偶、大的充氣塑膠物體、面具；
- 辨識重要他人及其活動的物件：給成人穿著的衣物、嬰兒床、嬰兒車、冰箱、水槽、玩具大小的娃娃屋家具；
- 塑膠製品、多功能的媒材：廣告顏料、指畫、塑膠黏土、自硬泥、積木、水；
- 操作性技術及工藝用具：木材與基本木工工具、編織器具、皮製工藝、縫紉工具、毛線、鉤針；
- 娛樂物件、玩具與遊戲：套圈圈、軟球、拳擊遊戲物件組、骨牌遊戲、西洋棋、挑筷子（pick-up sticks）、桌上曲棍球（Nok Hockey）、卡車、汽車、飛機；
- 其他標準配備的家具，如桌椅、畫架、櫥櫃、書架、水槽、掃帚、簸箕、拖把、水桶、報紙等等。

聚會時間

每週 1.5 或 2 小時的聚會時間最為恰當，而且至少要保留 30 分鐘的醒腦時間（refreshment time）。醒腦時間意指專留給兒童聚會的時間。領導者雖然身在團體裡，但此時卻不是領導者的角色。這段時間常會成為規劃出遊及團體活動的時刻。

結構性團體諮商

結構性團體諮商將團體諮商經驗限定在兒童的口語表達能力範圍內，並由團體領導者事先決定好討論主題。這些團體通常會運用某些結

構性媒材，如玩偶、故事、角色扮演、遊戲、活動，或高結構的系列問題與討論題綱等。

　　結構性團體透過技巧學習的方式滿足參與者的需要，協助成員適應充滿挑戰性的生活事件或轉換期，抑或為參加團體的成員設定特殊的主題。例如帶領跟友誼問題有關的結構性團體時，領導者可朗讀 Kate Petty（1991）所寫的《交朋友》（*Making Friends*）。讀完這本書後，團體成員可以用說或畫的方式談談這個故事，抑或回答團體領導者提出的友誼相關問題。

活動訪談團體諮商

　　雖然兒童缺乏用口語完整表達自我的能力，參與團體的技巧亦不成熟，但 Gazda（1989）仍認為若善用適當的結構與訓練活動，就能協助兒童學習在團體中有適當的表現。在他的理念架構裡，進行完遊戲與活動之後，緊接著是改正問題行為的相關經驗或活動討論。最初的三到四次自由遊戲療程被視為建立關係階段，其後諮商師透過閱讀、說故事和玩偶進行後半段每次 40 至 60 分鐘的療程。Gazda 建議可用玩偶及娃娃布置問題解決的情境，例如要求兒童用玩偶演出問題解決的方法。多數情況下，在自由遊戲療程時段出現的人際問題是結構性問題解決討論的重點。自由遊戲和活動的選擇應根據團體成員的需求而定，各療程間也應有所變化以符合成員多樣化的興趣。當兒童能學會如何在團體中有效地發揮功能後，Gazda 認為每次療程的結構大抵可固定了。

　　注意：遊戲或計畫性活動不應取代有意義且自發性的討論。結構也得有彈性。

159

結構性遊戲與多媒體

　　另一種結構化的方式為運用虛擬遊戲與琳琅滿目的多媒體。虛擬遊

戲裡有促使兒童面對現實情境的問題，他們必須想辦法克服。此種遊戲會教導知識與技巧，還能發展自我覺察。

成員篩選

若用心搜尋，即可找到許多適合各年齡和主題的遊戲與多媒體輔助資源。團體領導者可以好好研究這些資源是否適用於團體成員。

受虐兒童的團體諮商

在為數眾多的高危險群兒童中，受虐兒童是最需要關注的一群，因受虐所造成的問題也最多。Grosson-Tower（2004）論述跟虐待脫不了關係的行為、情緒、認知和人際問題，其他學者也證實虐待對兒童有長期負面的影響（Ater, 2001; Strand, 1999）。Fall 與 Howard（2004）指出「虐待」（abuse）這個詞的含義甚廣，可包括在內的行為有：肢體暴力、恐嚇、情緒操控、性剝削等。根據統計，美國每年有多達 300 萬的兒童受虐，每州皆有兒童受虐法，強制要求通報兒童受虐事件。

目標與目的

由於施虐父母的反覆無常及難以預料的個性，受虐兒童不僅不信任雙親，也不相信生命中其他的重要他人，遑論諮商師了。此外，他們也不信任自己或周遭環境。結果，受虐兒童往往內化了三個重要的訊息：「不說」、「不相信」、「不要感覺」。諮商師須有極大的耐心，否則難以協助他們。受虐兒童有的攻擊性強，有的極端退縮或孤僻不合群，他們可能也有學習困難或社交適應障礙。協助受虐兒童的首要目標即建立關係，給予足夠的安全感，使其願意冒險嘗試信任他人。

相較於其他特殊境遇的兒童，必須要協助受虐兒童瞭解他們並非孤

軍奮戰地對抗經驗和感覺。要給受虐兒童宣洩這些侵害經驗的機會，透過這樣的過程重新找回控制感。此外，也要讓受虐兒童表達對施虐者五味雜陳、混亂迷惑的情緒。

成員篩選

要安置受虐兒童參與團體諮商必須非常小心。與受虐有關的情緒強度不容忽視，特別是遭受性侵害的兒童，此時團體諮商可以搭配個別諮商。假使最近有性虐待傷害發生，個別諮商就能派上用場。針對遭受性虐待的兒童，無論年紀大小，建議採用同性別團體。其他形式的虐待則無此限制。

160

介入策略

團體遊戲治療最適合十歲以下的幼童，讓還不太會說話的兒童有表達情緒的機會。Jones（2002）曾舉出某些介入策略特別有助於處理因受虐造成的行為及心理問題，如：攻擊、退縮、過度警覺和界線問題等。對年齡較大的兒童來說，可運用結構性團體諮商中聚焦談話主題及假裝遊戲的形式，協助兒童分享及探索經驗、情緒與反應。

離異家庭兒童的團體諮商

在美國，已至少有 50% 的兒童受到離婚事件的衝擊，留給兒童的是迷惑、混亂、受傷、生氣、拒絕或被遺棄的感受。由於兒童正處於自我中心時期，他們常會懷著罪惡感，認為是他們的緣故才會導致父母親離婚。有些兒童更因離婚造成的創傷，引發嚴重的發展問題。年紀較小的兒童正值具體運思期，因此多半會害怕如果父母親要「拋棄」對方，那麼接下來他們也會被拋棄。這種恐懼會使他們難以信任成人照顧者。

目標與目的

離異家庭的孩子需要在安全且建設性的環境中表達他們的情緒與反應，以克服疏離感，也提供他們可以坦然溝通的情境。團體會探討離婚的動力，協助兒童探索跟家庭失落有關的情緒，討論離婚對日常生活帶來的影響，協助兒童更勇敢地向雙親提出要求和需求，也協助他們瞭解雖然遭遇父母離婚這件事，但他們並非孤立無援。

成員篩選

11 到 12 歲大的兒童最適合結構性團體諮商，因為他們已具備抽象推理能力與將團體經驗類化至日常生活的能力。團體遊戲治療讓兒童能建設性地用肢體發洩怒氣，亦能透過遊戲在幾近失控的生活中培養控制感。這兩種團體形式都能協助兒童發現他們並非孤獨無助。

介入策略

Gilbert（2003）略述因應父母離異與分居的八次會談團體。這個團體的主題是情緒，希望透過團體的普同感減緩兒童的孤單情緒，並學習因應離婚的生活技巧。團體運用歷程與結構性活動，讓團體成員有機會學習新的技巧，也給他們時間討論各自的看法。團體的活動可採用讀書治療〔如閱讀的 Michael Prokop《當好孩子遇到父母離婚》（*Divorce Happens to the Nicest Kids*）和 Laurie 與 Marc Brown 的《恐龍離婚記》（*Dinosaurs Divorce*）（譯註：此書已由遠流出版）〕、冰棒棍遊戲、紙板遊戲（*My Two Homes*, from Child's Work Child's Play），以及開放性的討論與遊戲。

親子遊戲治療

當代社會的父母親正面臨維繫家庭關係與營造有助於每位家庭成員發展之氣氛的艱巨任務。父母親對自己的感受以及他們的自我和親職效能感，大大地影響親子間的互動與兒童的發展。父母親需要學習新技巧才能培養正向的親子關係，如此一來也會對自己的父母角色有較正向的看法。我們不能假設大多數的父母親單靠經驗就知道該運用哪些技巧。我們的社會鮮少教導父母親如何有效地與孩子互動。根據 Landreth（2012: 324）所言：「兒童需要有跟父母親分享心情的時間，父母親也要知道如何適當地回應，以促進他們的關係發展。」親子遊戲治療就是要訓練父母親基本的、以兒童為中心的遊戲治療（child-centered play-therapy）技巧，它是一套獨特的親職訓練方案，目標是訓練父母親成為孩子的治療代理人。

親子遊戲治療的歷史發展

雖然親子遊戲治療是心理健康界近期才發展出來的，但訓練父母親成為兒童的治療代理人可追溯至 20 世紀初期。

早在 1900 年代初，Freud 就曾擔任一位父親的治療諮詢者，協助他五歲的孩子克服畏懼症，這就是著名的「小漢斯」（Little Hans）案例。Freud 指導這位父親在家裡進行遊戲治療，並向他解析孩子在治療中的遊戲有何意義（見 Freud, 1959）。Baruch（1949）主張在家裡進行親子遊戲治療可以增加親子溝通，改善親子關係。Nancy Rogers-Fuchs（Fuchs, 1957）師承其父 Carl Rogers，根據 Virginia Axline（1947）的論述在家中實施遊戲治療。Fuchs 的個案報告指出，女兒在治療後，成功地解決因大小便訓練所造成的情緒困擾。此外，她還看到自己的正向改變。Moustakas 率先描述家中的遊戲治療：「家中的遊戲

治療……讓兒童願意敞開心胸表達自己的情緒，也在此過程中釋放緊張和被壓抑的感覺。」（1959: 275）。這些早期的親子遊戲治療互動與當今的親子遊戲治療有些許差異：(1) 沒有定期接受訓練和專業督導；(2) 沒有機會以支持團體的形式分享彼此的經驗（Landreth, 2012）。

1960 年代早期，Bernard Guerney 看到兒童與家庭對心理健康服務的需求日殷，但僧多粥少供不應求，因而發展出一套創新的治療法，訓練父母親基本的兒童中心遊戲治療技巧，以治療有情緒困擾的孩子（Guerney, 1997）。Landreth（2012）將他的理念加以擴展，強調即使孩子沒有適應問題，父母親也能藉此學習到更有效的親職技巧。這個取向的目標在運用已存在於親子間的連結，來協助父母親成為孩子的治療代理人，故名之為**親子遊戲治療**（filial therapy）（Guerney et al., 1966）。一般說來，父母親以小團體的形式受訓，使用由 Axline（1969）、Ginott（1965）、Landreth（2012）與 Moustakas（1959）所建構實施的兒童中心治療原理原則與技巧。這些技巧每週在家中以遊戲單元的方式跟孩子一起進行。結合支持團體與教學指導的動力歷程模式，使親子遊戲治療有別於其他以教學和行為導向為主的父母親訓練方案。

為何實施親子遊戲治療？

兒童會適應不良，最主要可歸因於家庭的人際關係，以及因之形成的關係模式。親子遊戲治療強調的理念是：如果可以教導父母親成為治療者的角色，他們會比專家更具效能，因為父母親本來就是兒童生命中的重要他人。親子遊戲治療取向將父母親納入參與，成為協助孩子的關鍵性人物角色，激發父母親求助的動機，也成為幫助孩子的貴人。傳統的治療常讓父母親覺得他們是始作俑者，心懷愧疚，對治療師和孩子的關係坐立難安。親子遊戲治療將父母親視為盟友，是兒童不可或缺的夥伴。當父母親得到重視與支持，他們也會較願意去支持孩子的治療，而不會從中作梗。

　　父母親在擔任治療角色和學習新技巧時碰到的困難，都可以在訓練團體中引發熱烈的討論、獲得宣洩、洞察與自我成長。當父母親逐漸改善他們的觀察技巧，真心關心孩子的需要，越來越能感知孩子發出的情緒訊息，他們就越能瞭解孩子，越對孩子有切合實際的期望。

　　當父母親學會將他們對孩子的真心關懷、照顧、敏感度表達出來，孩子的自我概念也會因而改善，安全感提高，攻擊性減少。父母親若能成功擔任治療的角色，其影響力將遠勝於治療師。父母親學得的治療態度和人際關係技巧可用來協助孩子發揮潛能，即便在治療結束後，仍可維持長足的進步。因此，整個家庭系統的正向人際動力便指日可待了（Guerney, 1969）。

親子遊戲治療的特色

　　親子遊戲治療是一套獨特的父母親訓練方案，重點在發展與強化親子關係，而不是矯正或改變行為問題。要達到這個目標，所採行的方式包括運用遊戲，也就是以遊戲為媒介來和兒童溝通，這和完全以口語溝通為主的父母訓練方案有天壤之別。親子遊戲治療給孩子有主動參與的空間，而非只是讓父母親把學到的技巧加諸在孩子身上。

　　父母親從親子遊戲治療訓練學得技巧後，每週須與孩子進行遊戲療程一次，每次 30 分鐘。學到的技巧每週只需進行一次就好，避免像其他父母訓練方案一樣，苛求全面性的改變互動方式，壓得父母親喘不過氣來。不過，當父母親越來越嫻熟，親子遊戲技巧會很快地類化到遊戲時間之外的親子關係。如此一來可確保父母親能獲得成功經驗，增強他們繼續運用在訓練過程中學得這些技巧的動力。

163

　　親子遊戲治療的要素是：父母親須現場演練或錄下每週遊戲療程的錄影帶來接受督導。在訓練期間接受督導，是親子遊戲治療有別於其他父母親訓練方案的特色之一。接受督導是實習諮商師發展治療技巧時很重要的一環，同時也是父母親學習與孩子建立關係技巧的重頭戲。如果

父母親學不會這些技巧，那就得接受額外的訓練。

親子遊戲治療的目標

親子遊戲治療的主要目標是建立和增進親子關係。Van Fleet（2005a: 6）指出在親子遊戲治療的歷程中，整體性的目標有：「(1) 減輕當前的困擾問題；(2) 發展親子間正向的互動方式；(3) 增進家庭溝通、因應及問題解決的技巧，使他們更能獨立且成功地處理未來的問題。」在這些一般性目標的架構範圍內，也有父母親和孩子各自應該要達成的目標。

Landreth（2012）認為兒童中心遊戲治療的數項目標亦適用於親子遊戲治療的歷程。親子遊戲治療可以協助兒童：

- 發展更正向的自我概念；
- 更能自我負責；
- 更能自我引導；
- 更能自我悅納；
- 更自立自強；
- 具有自主的問題解決能力；
- 體會到控制感；
- 對問題處理的過程更敏銳；
- 發展內在的評價系統；
- 更信任自己。

（Landreth, 2012: 84-85）

事實上，正視親子之間（而不是治療師跟兒童之間）的問題，才能發展及達成這些目標。

跟親子遊戲治療目標佔有同等重要地位的是父母親。父母親在親子遊戲治療中得到肯定和賦權，反過來也為孩子創造得到肯定與賦權的

機會。當兒童觀察到父母親提升了親職效能的自信心，他們會更有安全
感，也由此賦權自己。親子遊戲治療協助父母親：

- 發展更積極正向的親職自我概念；
- 瞭解遊戲在兒童生活中的重要性；
- 增加親職能力的自信；
- 降低混亂感與挫敗感；
- 培養更多的親職技巧；
- 負起更多的親職責任；
- 體驗到控制感；
- 增加同理能力，接納孩子；
- 培養耐性。

164

結構

　　親子遊戲治療的訓練療程和親子遊戲療程的結構，乃是為了建立與
強化治療關係。雖然親子關係在臨床上不被視為「治療」關係，但父母
親在此要擔任改善親子關係的治療代理人。

　　親子遊戲治療結構的要素是訓練，以及合格的親子遊戲治療訓練
師。由於親子遊戲治療的理論基礎為兒童中心遊戲治療，因此親子遊
戲治療訓練師必須是一位經過完備訓練的資深遊戲治療師。Van Fleet
（1994）建議親子遊戲治療訓練有幾點原則：第一，親子遊戲治療師必
須體認遊戲對兒童發展的重要性。第二，親子遊戲治療師必須相信父母
有能力學會必要的技巧，並獨立進行以兒童為中心的遊戲治療。第三，
親子遊戲治療師較偏好的評估與處遇方式為教育模式。

　　親子遊戲治療訓練模式發展之初即採用父母親團體的形式。雖然也
可以用個別的方式學習親子遊戲治療的特殊技巧，但團體所具有的情緒
分享和替代性學習的功能卻是無可取代的。因此，親子遊戲治療師不僅

須具備遊戲治療技巧，也應精熟團體諮商技術。親子遊戲治療訓練團體通常包含六到八位家長或三到四對父母親。人數太多會干擾團體歷程，也很難對父母親進行遊戲療程督導。

由 Landreth（2012）發展出的親子遊戲治療模式每週只需花兩個小時，持續十週。這是充分訓練及督導父母親至少應付出的時間，如果父母親面對的是情緒困擾的孩子，還須給予他們額外的支持和訓練。十次療程是親子遊戲治療訓練的最小值，以今日忙碌的生活型態來看，父母親恐怕難以再付出更多的時間承諾參與。訓練時程太長帶來的巨額花費也是應考量的因素。

討論和互動是訓練過程的重點，領導者不可自恃為專家，才能讓父母親自動自發地尋找解決之道。有問題的話可帶到團體，透過現場討論激盪出答案。每週都有講義和家庭作業，每次聚會一開始都會先討論家庭作業。家庭作業可以強化訓練，討論家庭作業更可鞏固學習內容。講義的內容包括：遊戲治療概述、設限的範圍、規則，以及其他親職話題。家庭作業包括：辨識與回應情緒的學習單、練習反應式溝通、設定限制、蒐集親子遊戲治療的玩具、敲定遊戲時間、進行遊戲療程等等。鼓勵父母親問問題和做筆記。訓練療程的重點是接受督導和來自其他家長的回饋。本章無法鉅細靡遺地描述每次的療程，以下是 Landreth（2012）的療程結構摘要。

療程一

父母親自我介紹，也介紹即將接受治療的孩子。鼓勵父母親選擇最需要增進親子關係的孩子來進行遊戲療程（亦即有適應困擾的兒童）。每位孩子的所有遊戲療程應由同一位家長擔當進行，若隨意變換會造成兒童的困擾與衝突。討論訓練的目的、進行角色扮演、指派家庭作業。訓練的重點是以角色扮演的方式練習反應式傾聽，加強父母親對孩子情緒的敏感度。

療程二

　　討論家庭作業，進行角色扮演，並由治療師示範同理性的反應。治療師播放遊戲治療的示範錄影帶（最好是治療師本人的錄影帶，不要用別人的），或者與某位家長的孩子進行現場演練。給家長一張遊戲時間要用到的玩具清單，治療師示範操作每種玩具，詳述它們的用途。玩具種類的選擇要盡量符合遊戲療程的玩具清單。家庭作業是蒐集玩具與選擇遊戲空間。

療程三

　　討論家庭作業（父母親說明玩具種類和遊戲室位置），播放治療師進行遊戲治療的錄影帶或現場演練。家庭作業是和孩子一起製作「遊戲中，請勿打擾」的牌子，準備開始進行第一次的遊戲療程。在遊戲進行時間，父母親須遵守以下規則：

不可做的事

- 不要批評任何行為。
- 不誇讚孩子。
- 不問誘導式問題。
- 不可干擾療程進行。
- 不要提供訊息或教導。
- 不要說教。
- 不要引發新的活動。
（以上取自 Guerney, 1972。）
- 不要消極被動或沉默不語。

166
可以做的事

- 布置場所。
- 讓孩子引導。
- 留意孩子的行為。
- 反映孩子的感覺。
- 設定限制。
- 注意到孩子的能力與努力。
- 跟隨孩子的遊戲。
- 主動的說話。

療程四

父母親跟督導回報第一次的遊戲療程，接受督導的回饋。重點是父母親對此經驗的感受。接下來可用錄影帶或現場演示親子遊戲治療的過程，由治療師及團體成員給予回饋。父母之一方要錄影下一次的療程，每位家長都應該錄下至少一次的療程，並帶至團體中討論。

療程五至九

這幾次的療程大致相似，父母親報告與孩子遊戲的過程，接受治療師的督導和團體的回饋。每次療程都有家庭作業和講義。訓練和角色扮演持續進行。父母親要開始將他們的經驗和技巧類化到遊戲時間外。更詳細地討論設限的問題。

療程十

父母親報告遊戲療程，觀看錄影帶，回顧與評估訓練過程。治療

師分享第一次療程時父母親對孩子的描述，讓他們看到孩子的改變。
父母親或兒童可以預約往後需要接受額外介入處遇的時間（Landreth,
2012）。

服務對象

　　親子遊戲治療有一個很重要的面向，就是如何選擇須接受訓練的父
母親。親子遊戲治療訓練團體適用於所有的父母，但最好是篩除本身有
嚴重情緒困擾問題（重度憂鬱、精神疾病等）的家長。同樣地，親子遊
戲治療不只適用於情緒和行為困擾的兒童，也適用於所有的孩子。有效
的親子遊戲治療訓練不只含括親子關係，還可包含祖孫、青少年家庭、
準父母親、年長手足等等，如下面的「相關研究」所示。每個家庭都難
免會遭遇一些令人困擾的問題，例如新生兒出生、轉業、親友死亡等
等。這些情況或多或少都會造成孩子某種程度的焦慮或憂鬱，甚至產生
行為問題。有接受親子遊戲治療訓練的家長比較能看到孩子這些行為背
後真正隱含的情緒，而不會只想將那些令人討厭的行為去之而後快。

相關研究

167

　　已有相當多根據 Guerney 的模式（Guerney et al., 1966）和 Landreth
（2012）的短期十週模式所進行的研究，肯定了親子遊戲治療對不同
類型親子關係的效果。詳細的親子遊戲治療研究回顧分析，請見 Van
Fleet（2005b）與 Baggerly 等學者（2010）。

　　最早進行親子遊戲治療研究的是 Oxman（1973）。經過 12 個月的
療程後，51 位被診斷有情緒適應不佳孩子的母親，指出孩子的問題行
為減少，這些媽媽也描述她們心目中理想的孩子狀況。相較於控制組沒
有參加訓練的 71 位母親，結果顯示實驗組的常規行為多於問題行為。

　　Glass（1987）發現親子遊戲治療可以顯著增加父母親對孩子無條

件的愛，大大地減少父母親在家庭中的衝突情緒。除了這些統計上的顯著差異外，也提及其他重要的結果做為指標性的結論：

- 親子遊戲治療可以增進父母親與孩子的自尊，特別是父母親的自尊。
- 親子遊戲治療能有效地促進親子關係，且無礙於上下相尊關係。
- 親子遊戲治療可以影響家庭氣氛，尤其是情感表達、衝突、獨立、認知—文化導向和控制等方面。
- 親子遊戲治療可以增進父母親對兒童遊戲意義的瞭解。

　　對單親家長進行十週的親子遊戲治療模式訓練後，Bratton 與 Landreth（1995）發現，單親家長對孩子的同理心、接納度、自主性容忍度及參與度顯著提升。他們關心孩子的情緒，接納孩子的獨特性、自主性需求，無條件的愛也大幅增加。整體的親職壓力和對兒童問題行為的看法顯著降低。

　　Chau 與 Landreth（1996）研究親子遊戲治療對華人父母親的效果。經過十週的親子遊戲治療方案訓練後，結果顯示，接受訓練的華人父母親，比沒有接受訓練的控制組在同理互動上有顯著改善，對孩子的接納度好轉，親職壓力降低。

　　Landreth 與 Lobaugh（1998）的研究檢視，十週親子遊戲治療是否能提升曾經入獄服刑的父親對孩子的接納度，減緩親職壓力。結果顯示參加親子遊戲治療訓練團體後的父親，在波特親職接納量表（Porter Parental Acceptance Scale）的四個分量表皆有顯著提升，壓力顯著降低。後測的檢核表報告指出問題變少。此外，實驗組家長的兒童在自我概念上亦有顯著進步。

　　Glover 與 Landreth（2000）針對住在蒙大拿州印第安平頭族保留區（Flathead Reservation）的美國原住民家庭，進行十週的親子遊戲治療模式訓練。跟父母親一起參與親子遊戲治療的兒童，與父母親之間令雙方都滿意的遊戲行為顯著增加。雖然家長的接納度、親職壓力與兒童

的自我概念沒有顯著改變，但仍有朝正向改善的趨勢。

　　Tew 等學者（2002）檢視十週親子遊戲治療訓練團體對慢性病兒童家長的效果。結果顯示實驗組的父母親接納兒童的態度顯著提高，親職壓力明顯降低許多。實驗組兒童在整體行為問題、焦慮、憂鬱上的得分顯著低於控制組兒童。

　　Smith 與 Landreth（2003）對目睹家暴兒童的父母親進行密集式的親子遊戲治療訓練。結果顯示實驗組兒童行為問題顯著減少，自我概念較未接受處遇的控制組兒童顯著增加。結果也顯示實驗組的母親在接受訓練後，接納度和同理行為的得分顯著提高。有趣的是，比較資料後顯示，對母親進行密集式的親子遊戲治療訓練，在減少行為問題方面，效果跟專業訓練的治療師帶領的密集式個別遊戲治療、密集式手足團體遊戲治療不相上下。

　　Lee 與 Landreth（2003）探討十週的親子遊戲治療訓練模式對美籍韓裔父母親的效果。結果顯示實驗組的父母親與孩子的同理互動有顯著的增加。與控制組相較，其接納孩子的態度也大大降低親職壓力。

　　更多有關親子遊戲治療的近期研究將應用範圍擴展至父母親之外，檢視該取向對各式各樣照顧者的效果。例如，Robinson 等學者（2007）訓練五年級的教師親子遊戲治療，發現他們與幼稚園孩童的同理性互動顯著提高。Helker 與 Ray（2009）教導教師和教學助理親子遊戲治療的概念，結果發現班級裡建立關係的行為顯著增加。Morrison 與 Helker（2010）對啟蒙計畫（Head Start）幼兒園教師進行親子遊戲和小團體遊戲治療技巧訓練，發現學生的外顯問題行為顯著減少。

參考文獻

Ater, M. K. (2001). Play therapy behaviors of sexually abused children. In G. L. Landreth (Ed.), *Innovations in play therapy: Issues, process, and special populations* (pp. 119–130). New York: Brunner-Routledge.

Axline, V. (1947). *Play therapy: The inner dynamics of childhood*. Boston, MA: Houghton Mifflin.

—— (1969). *Play therapy*. New York: Ballantine.

Baggerly, J. N., Ray, D. C., & Bratton, S. C. (Eds.) (2010). *Child-centered play therapy research*. New York: Wiley.

Baruch, D. (1949). *New ways to discipline*. New York: McGraw-Hill.

Bratton, S. C., & Landreth, G. L. (1995). Filial therapy with single parents: Effects on parental empathic interactions, parental acceptance of child and parental stress. *International Journal of Play Therapy*, 4, 61–80.

Brown, L. K., & Brown, M. (1988). *Dinosaurs divorce*. Boston, MA: Little, Brown.

Chau, I., & Landreth, G. L. (1996). Filial therapy with Chinese parents: Effects on parental empathic interactions, parental acceptance of child and parental stress. *International Journal of Play Therapy*, 6, 75–92.

Crosson-Tower, C. (2004). *Understanding child abuse and neglect* (6th ed.). Boston, MA: Allyn & Bacon.

Fall, K. A., & Howard, S. (2004). *Alternatives to domestic violence* (2nd ed.). New York: Brunner-Routledge.

Freud, S. (1959). Analysis of a phobia in a five-year-old boy. In S. Freud, *Collected papers: Case histories*. New York: Basic Books.

Fuchs, N. (1957). Play therapy at home. *Merrill-Palmer Quarterly*, 3, 89–95.

Gazda, G. (1989). *Group counseling: A developmental approach*. Boston, MA: Allyn & Bacon.

Gilbert, A. (2003). Group counseling in an elementary school. In K. R. Greenberg (Ed.), *Group counseling in K–12 schools* (pp. 56–80). Boston, MA: Allyn & Bacon.

Ginott, H. G. (1965). *Between parent and child*. New York: Macmillan.

—— (1994). *Group psychotherapy with children: The theory and practice of play therapy*. Northvale, NJ: Jason Aronson.

Glass, N. M. (1987). Parents as therapeutic agents: A study of the effect of filial therapy (doctoral dissertation, University of North Texas, 1986). Dissertation Abstracts International, 47(07), A2457.

Glover, G., & Landreth, G. L. (2000). Filial therapy with Native Americans on the Flathead Reservation. *International Journal of Play Therapy*, 9, 57–80.

Guerney, B. G., Jr. (1969). *Psychotherapeutic agents: New roles for nonprofessionals, parents, and teachers*. New York: Holt, Rinehart & Winston.

Guerney, B. G., Jr., Guerney, L. F., & Andronico, M. P. (1966). Filial therapy. *Yale Scientific Magazine*, 40 (March), 6–14.

Guerney, L. F. (1972). Play therapy: A training manual for parents. Unpublished manuscript, Pennsylvania State University at State College.

—— (1997). Filial therapy. In K. O'Connor & L. M. Braverman (Eds.), *Play therapy theory and practice: A comparative presentation* (pp. 131–159). New York: Wiley.

Helker, W. P., & Ray, D. C. (2009). Impact of child-teacher relationship training on teachers' and aides' use of relationship building skills and the effects of student classroom behavior. *International Journal of Play Therapy*, 18, 70–83.

Homeyer, L. E., & Sweeney, D. S. (1999). *Group play therapy: How to do it, how it works, and whom it's best for*. New York: Routledge.

—— (2001). Group play therapy. In K. A. Fall and J. E. Levitov (Eds.), *Modern applications to group work* (pp. 95–114). Huntington, NY: Nova Science.

Jones, K. D. (2002). Group play therapy with sexually abused preschool children: Group behaviors and interventions. *The Journal for Specialists in Group Work*, 27, 377–389.

Landreth, G. L. (2012). *Play therapy: The art of the relationship* (3rd ed.). New York: Routledge.

Landreth, G. L., & Lobaugh, F. A. (1998). Filial therapy with incarcerated parents: Effects on parental acceptance of child, parental stress and child adjustment. *Journal of Counseling and Development*, 76, 157–165.

Lee, M., & Landreth, G. L. (2003). Filial therapy with immigrant Korean parents in the United States. *International Journal of Play Therapy*, 12, 67–85.

Morrison, M. O., & Helker, W. P. (2010). An early mental health intervention for disadvantaged preschool children. In J. N. Baggerly, D. C. Ray, and S. C. Bratton (Eds.) *Child-centered play therapy research* (pp. 427–446). New York: Wiley.

Moustakas, C. E. (1959). *Psychotherapy with children*. New York: Harper & Brothers.

Oxman, L. K. (1973). The effectiveness of filial therapy: A controlled study (Doctoral dissertation, Rutgers University, 1972). Dissertation Abstracts International, 32(11), B6656.

Petty, K. (1991). *Making friends*. New York: Barron's.

Prokop, M. S. (1996). *Divorce happens to the nicest kids* (rev. ed.). Warren, OH: Alegra House.

Robinson, J., Landreth, G. L., & Packman, J. (2007). Fifth grade students as emotional helpers with kindergartners: Using play therapy procedures and skills. *International Journal of Play Therapy*, 16, 20–35.

Schiffer, M. (1969). *The therapeutic play group*. New York: Grune & Stratton.

Slavson, S. (1945). Differential methods of group therapy in relation to age levels. *Nervous Child*, 4, 196–210.

Smith, N., & Landreth, G. L. (2003). Intensive filial therapy with child witnesses of domestic violence: A comparison with individual and sibling group play therapy. *International Journal of Play Therapy*, 12, 67–88.

Strand, V. C. (1999). The assessment and treatment of family sexual abuse. In N. B. Webb (Ed.), *Play therapy with children in crisis* (pp. 104–130). New York: Guilford.

Tew, K., Landreth, G. L., Joiner, K. D., & Solt, M. D. (2002). Filial therapy with parents of chronically ill children. *International Journal of Play Therapy*, 11, 79–100.

Van Fleet, R. (2005a). *Filial therapy: Strengthening parent-child relationships through play* (2nd ed.). Sarasota, FL: Professional Resources Press.

—— (2005b). Filial therapy: A critical review. In L. A. Reddy & C. E. Schaefer (Eds.), *Empirically based play interventions for children* (pp. 241–264). Washington, DC: APA.

第十二章

青少年的團體諮商

　　青春期通常被視為巨變期。對青少年來說，這是一個充滿衝突、質疑價值觀、難以抉擇、加上令人困惑的生理變化發展階段，也是迫切需要同儕認同的時期。在這些壓力源之外，還有為個人行動負責的壓力。在這個發展階段，很多青少年覺得他們深陷在自我懷疑的孤獨中。他們希望得到他人，特別是同儕的認同，同時拉扯於獨立與依賴重要他人的關係裡。強烈的同儕壓力讓很多青少年無所遁逃。若按同儕團體的反應與標準來看，許多的價值觀與傳統不再令他們深信不疑。被同儕認可與接納的需要通常比個人自尊問題更重要。青少年通常會從同儕團體中尋找自我認同，因此，這也是個運用團體諮商來協助青少年因應孤獨與眾多選擇的絕佳機會。

　　如同 Aronson 與 Scheidlinger（1996: 76）所說的：「青春期與團體可謂密不可分。典型的中學生活就是由不同的團體組成，每種團體各有各的圈子。」由於青少年的日常生活離不開團體，團體諮商恰是一個探索這些變化的理想形式。除了上述一般常識外，研究也顯示團體可用來處理各種青少年議題（Malott et al., 2010; Sanci, 2011; Schectman & Mor, 2011）。

一般考量

帶領青少年團體時，以下幾點能幫助你營造有益於歷程發展的物理環境。

舒適的場地

不管是哪一種團體，進行的場地都應有助於學習與分享。選擇一個夠大的空間以安排環形座位，而且座位間也不能太狹窄。和成人比較起來，尤須捉住青少年的注意力，減少房間裡令人分心的物品。例如：窗台雖賞心悅目，但樹上的松鼠太可愛，恐怕會干擾團體的目光。此外，還應保持場地的一致性。以學校為例，盡量不要讓團體從一間教室換到另一間教室。每轉移場地一次，團體就得重新開始適應環境。一致性可以增強安全感，有助於形成團體的凝聚力並集中注意力。

團體大小與持續時間

172

青少年團體人數以五至十人為佳。有別於班級形式，小團體較易培養親密感。團體的時間取決於團體的類型與場合，如果是在學校帶領團體，那麼最好能配合學校的學期制度，還要排除考試週與假日。一般說來，青少年的團體時間通常介於一小時到 90 分鐘，少於一小時的話歷程不夠深入。通常要花十分鐘的時間安頓和集中團體的注意力，還要留最後十分鐘準備收拾離開（時間快到時，團體成員就會開始分心），因此只有 40 分鐘到一小時的時間進行團體。

目的與目標

　　由於青少年有強烈獲得同儕認同和讚賞的需求，團體諮商特別適合青少年參加。團體支持性的氛圍讓他們放下心來，願意冒險一試分享擔憂掛懷的事。透過團體互動的過程，青少年發現其他同儕的問題和他們相似，他們並非孤立無援。在團體諮商的結構下，很多青少年第一次體會到他們不但能付出，也能接受幫助。接受他人或團體的幫助不但是個正向的經驗，對青少年來說，發現自己能對他人有所貢獻更是一個相當震撼的經驗。這樣的經驗能提升他們的自尊，感覺自己是個有用的人，進而能自我接納。青少年體認到他們是獨一無二且特別的人，還被他們欣賞及尊敬的團體同儕真心接納。這些療效因子有助於形成凝聚力高、激發成長的團體。青少年對團體諮商療效因子的看法協助我們瞭解團體經驗。根據 Corder 等學者（1981: 348）的研究，青少年票選出最受用的療效因子為：

- 「學習表達我的情緒。」
- 「學習到我必須為我的生活方式負最大的責任。」
- 「其他成員很誠實地告訴我他們對我的看法。」
- 「團體有家的感覺，是更能接納及瞭解我的家庭。」
- 「成為能瞭解及接納我的團體的一份子。」
- 「團體給我一個機會學習如何與他人相處。」
- 「瞭解我跟其他人一樣幸運。」
- 「幫助別人，以及在他人的生命中佔有重要的分量。」

　　這些療效因子都很容易轉換為青少年團體的一般性目標。然而，不管在哪個團體，青少年都必須自己決定哪些目標適合他們。

介入策略

青少年團體的主題應與生活改變有直接關聯，例如，國中階段的學生通常較在意人際問題，高中階段的學生則較關心自我議題。其他青少年諮商團體常見的主題有：酒精與藥物濫用、親子關係、校園衝突、生涯規劃、受到排擠與孤立、適當的控制情緒、異性關係等。

雖然選定主題或設定團體的話題可讓療程順利進行，但也應鼓勵成員自發性地提出與討論主題無關的問題，或他們當下關心在意的事。這些自發性的討論通常最具價值，也較能觸動其他成員的感受與經驗。

青少年不像成人一樣具備應付不確定性的能力，因此，療程結構比較能讓團體成員有安全感，也比較願意在結構方向的安排下分享內心世界。為了掩飾害怕的情緒，某些青少年會故意在團體中表現出漠不關心的態度，無法適當自在地表達情緒與需要。所以角色扮演對青少年特別有效，是最好用的介入策略，因為他們可以假裝成別人，就不會那麼忸怩害羞了。

角色扮演可以做為表達情緒的實際經驗練習。此種非正式的此時此刻實境劇給青少年一個機會扮演不同的角色，體驗領悟他人的想法、感受與經驗。這種從經驗學習的活動反而能帶來更多的迴響。角色扮演也讓青少年有練習人際關係技巧的機會，可用來進行與父母親、教師、同儕及雇主之間的溝通練習。角色扮演可培養創造性的問題解決能力，協助成員更自在地表達自我、改善溝通能力、增加團體互動的投入參與、強化對他人的同理心，且對自我有新的覺察等。

其他有助於帶領青少年團體的技巧或介入策略為**人類潛能練習活動**（human potential lab exercises），教導青少年如何給予正向的回饋、肯定訓練、做決定訓練，以及社會化技巧練習活動。

抗拒

　　青少年通常不是心甘情願接受諮商的個案，也就是說，被老師、父母甚至法院逼著來的。由於他們不是自願個案，因此青少年常將團體視為不得不吞的惡果，領導者成了把他們關進團體的代罪羔羊。顯而易見地，要建立治療同盟實在很令人傷腦筋，但這就是現實，團體領導者應該對抗拒做好準備。下面是一些能讓你的非自願青少年個案轉變成自願加入團體的訣竅。

運用團體前的篩選訪談

　　如同第七章所提到的，團體開始前的訪談是團體能夠成功的重要因素，對青少年尤其如此。這段個別談話的時間讓領導者能與個別成員先建立關係，說明團體歷程進行方向，也排除不適宜參加的人。建立關係時，團體領導者可能會碰到不太願意參加的個案，此時可協助他們找到自願參與團體的理由。以下的摘錄說明領導者如何進行團體前的篩選訪談：

個案　：我會來到這裡是因為我媽叫我來的。她覺得我不尊重她，所以　　*174*
　　　　氣壞了。真是有夠蠢。

領導者：所以，你認為她要你來參加團體，是要你學學什麼叫尊重。

個案　：（笑）沒錯。但我不覺得有什麼好學的。也許她才應該要來參
　　　　加團體，學點什麼東西。

領導者：團體對各種人都有好處。如果你不覺得你要學的是尊重，你覺
　　　　得你可以從團體中學到什麼呢？

個案　：不知道。

領導者：看得出來你不太知道團體對你能有什麼幫助。我想說的是，團

體不是你媽說的那樣要來改變你，而是你想要改變。

個案 ：如果我不想做任何改變呢？

領導者：那我猜你可能不適合參加團體。我也不想要自認很完美的人在這個團體裡。（微笑）

個案 ：（笑）我可沒說我很完美。

領導者：我知道。我的意思是你必須找到一個理由來參加團體，這可能有點難。你甚至會不想承認有什麼理由好參加的，因為你媽可能會說：「我就是要你參加！」但是找到參加的理由是很重要的。你曾經提到你和你媽為此爭執了很久，或許你可以改善你們之間的關係。也就是說，看看你能做什麼。

個案 ：這樣她的日子不就好過了？

領導者：不……如果你們的關係改善了，你的日子會比較好過……對她來說也是。重點是在關係中你怎麼互動，以及你想做什麼改變。

個案 ：我必須要做個選擇？

領導者：沒錯。團體會幫助你探索，你會發現這個過程也滿有趣的。你會聽到其他人談起他們的生活，他們如何努力地成功改善與父母、朋友、老師等等之間的關係。你也會從他們的故事當中發現一些有趣的事。

個案 ：嗯……我會試試看。

領導者：太好了。如果沒有用的話，你一定要讓我知道，我們再來談談。

探索議題時不要裝酷，而且要慢慢來！

督導新手團體領導者或接受資深專業人員諮詢時，會發現有兩個問題讓帶領青少年團體的抗拒情況更複雜惡化。首先，是領導者想要「裝酷」。領導者想藉此和青少年打成一片，好顯示他們跟其他成人不

一樣。為了和青少年站在同一陣線，所以領導者就對青少年的格調、喜好、用語依樣畫葫蘆。這樣做不會有什麼效果，最主要的原因是，青少年會看穿你的把戲，因為你**根本就不是**青少年。團體成員會覺得你很假，或是在愚弄他們。記住，你和其他成人不同的地方在於你**對待青少年和與之互動**的方式，你不需要模仿他們的言行或喜好，畫虎不成反類犬。如同 Eaves 與 Sheperis（2011: 267）所言：「青少年對有愛心、熱誠、開放和直率……一致與真誠的領導者最有好感。」正視事實吧！你永遠都不夠酷。好消息是裝酷並不會為團體帶來任何改變。

　　把抗拒弄得更複雜的第二個問題是步調太快。此種情況發生在當團體領導者認為團體成員太沉默或回答太簡短，以為團體不想討論這個主題，就匆匆忙忙跳到下一個話題。如果領導者進行得太匆促，團體就好像得在 15 分鐘內消化完所有事情。團體領導者必須明白，所有的團體在剛開始進行時都會焦慮不安，青少年團體亦是如此。給他們時間探索，直到你覺得團體裡的每個成員都有深刻的瞭解體會，不要太快轉移話題。步調太急促只會讓團體停留在粗淺表象的討論上。放緩腳步，團體才能漸漸學會深入地體驗整個歷程。

活動很重要，但歷程亦不容忽視

　　根據文獻指出，在團體中青少年對活動的反應頗佳（Ashby et al., 2008; Attaway, 2010; Belmont, 2006; Lowenstein, 2010）。不過，應該小心選擇活動，留意活動對團體歷程及目標的影響。如果過度依賴活動，團體領導者可能會誤認活動是化解抗拒的萬靈丹，一旦活動結束，才發現抗拒又死灰復燃。理想的情況是，團體領導者善用活動吸引團體成員建立關係與探索。隨著活動開始進行，有能力的團體領導者會確保足夠的時間處理整個活動歷程，讓團體成員瞭解活動是催化彼此連結的觸媒。注意：活動不是目標，活動是讓團體更能深入探索的工具。

心理教育團體與青少年

　　主題取向的團體適用於這群看來有問題或難以捉摸的青少年，這群青少年與他人格格不入，不認同學校或不認為他們是學校的一分子。他們對學校興趣缺缺，和成人的期待南轅北轍，卻對自認為重要的事興致盎然。我們相信所有的青少年都帶得起來。因此，**領導者的任務是要營造一個能激發動力的情境與氛圍，而不是自己去激勵他們**。同儕認同是這群「難以親近」的青少年最佳的激勵力量，將之運用在諮商團體中，可以協助青少年開始檢視並改變他們的態度、目標與自我挫敗的行為。新手團體領導者通常會驚訝地發現，那些原本被成人視為有問題的青少年，竟自己提出了一些建設性的建議與問題解決策略。這種朝向正向、建設性的行為見諸於各種逃學、班級秩序問題、屢犯校規、濫用藥物與蹺家等高危險群的青少年團體。在諮商團體關懷、支持性的氣氛下，青少年會更加自我負責，轉而帶動其他成員師法模仿。

心理教育團體示例

　　在我（Kevin A. Fall）帶領過的團體中，最具挑戰性的是為某群有攻擊問題的六年級青少年而成立的團體。下面所描述的團體方案是如何有系統地帶領此種團體的範例。更多團體的執行細節可參閱 Fall 與 McMahon（2001）的研究。

團體定義

176

　　六年級有攻擊問題的青少年（男）。

理念

　　青少年常須面臨相當多的社會與心理壓力，但不幸地，只有少數人知道學校或社區有諮商資源可用。生活壓力與社會常規之間的交互作用對男孩們造成壓力鍋效應，難以抒發他們的問題。有些青少年會透過攻擊行為來釋放內心的壓力。Garbarino（1999）曾指出，日積月累的風險因子是青少年暴力與自殺率孳生的溫床。這些問題日益嚴重，必須要想辦法因應。

成員

　　這是一個 12 次的團體方案，在課間進行，每週一小時。這兩年期間，領導者嘗試帶過數次團體。每天早上到學校的第一個小時（朝會時間）或午休時間似乎是最佳的聚會時段。

　　最大的挑戰是要顧及團體的性質，又要讓團體本身具有吸引力。領導者希望能召募到最需要團體的成員，但並不想讓團體變成懲罰。為了達成這些目標，領導者將必要的資訊和報名表製作成宣傳海報。由教師轉介而來的青少年則先透過一對一的面談鼓勵參加。為了彰顯團體的特色，領導者鎖定人格特質與攻擊程度不同的青少年。團體的理想是：有行為及情緒困擾的青少年，可以在團體中跟其他沒有此種困擾的同儕相互學習。

　　參加者獲得父母的同意，並簽署同意書。每位成員須填寫一份問卷，要回答的問題有：「你對團體能有何貢獻？」「你對團體有什麼期待？」這些題目是希望成員瞭解他們對團體負有責任，也可用來篩選成員。

討論主題

　　這個團體的主題選擇主要是基於文獻對青少年壓力問題的重視。團體設計理念認為攻擊是因應壓力的方式之一。為了因應壓力，所有的團體成員都應獲得協助。團體分成四個階段，每個階段大約花三次的團體時間：

- 相互介紹與認識（定向、我是誰、別人如何看我）；
- 檢視親子關係；
- 學習技巧（責任感、信任、感覺與溝通）；
- 技巧類化／結束。

雖然每個階段都有特定的目標，但這些階段須依序進行，以便能隨著團體進行而學得技巧。

聚會架構

177

　　每次聚會開始時都會先討論家庭作業，以及完成作業過程中碰到的任何問題。討論家庭作業為當天的主題搭起橋梁，領導者以提供資訊做為開場白，接著讓團體討論。領導者鼓勵團體成員分享與討論跟主題有關的親身經歷，以及在團體中的經驗（例如：如何在團體中培養信任感）。體驗性的活動可以讓主題的討論更深刻。結束這些歷程後，最後說明本週的家庭作業。

　　Fall 與 McMahon（2001）強調，雖然團體的結構設計有其任務性質，但保有足夠的彈性以滿足團體的需要也很重要。彈性能協助成員和領導者建立信任關係，團體領導者也可善用團體成員自發提出的議題，與團體過去、現在和未來討論的主題相連結。

青少年的諮商團體

　　雖然大部分的青少年團體在形式上為心理教育團體，但要成功地帶領青少年諮商團體亦非難事。諮商團體的重點是，人際關係隨著團體進行形成，跟心理教育團體相較起來也沒有那麼結構化。因此在缺少活動安排或其他學習輔助工具的情況下，團體領導者不只要顧慮到團體歷程，亦須仰賴青少年的口語表達能力。在諮商團體裡，團體領導者除了要留心傾聽團體成員表面透露的內容外，也要辨識有助於成員關係連結的主題。下面是青少年團體中常見的議題：

信任

　　信任是影響全體人類的普世論題。在青少年的世界裡，同儕與親密關係，以及與父母和老師等權威人士之間的信任問題是焦慮的來源。信任也是團體重要的討論議題，因此可以很自然地結合在一起。請看下面的互動範例：

艾瑞克：我覺得我跟爸媽好像沒有那麼親了，我現在都不太相信他們所說的話。

領導者：聽起來你很掙扎要不要信任他們。我在想是否還有人跟艾瑞克一樣，讓我們來談談信任這個話題。

琳賽　：我有。我的意思是，我不相信任何人。根本不值得。

領導者：「根本不值得」這部分可以多說一點嗎？妳需要為信任付出什麼代價？

琳賽　：全部！信任別人就會受傷。看看我，一直在接受諮商。我的上一個諮商師，我已經看了他兩年，然後某一天，他突然不見了，沒有說一句再見，不知道是搬家了還是怎樣。

領導者：所以，某個妳一直信任的人突然不聲不響離開了。可以感覺到妳一定很困惑、很痛苦。

琳賽　：你說對了。但不管怎樣，我才不在乎。

領導者：我覺得妳在乎，我也瞭解妳的心情。我想這件事一直縈繞在妳的心裡，妳也猶豫要不要在這個團體裡再冒一次險來相信我們。

178 琳賽　：（啜泣）我正在試，但真的好可怕好奇怪。

鮑比　：嗯，真的很可怕。我也在思考同樣的事情，我想我們都面臨同樣的問題……想要信任，但又害怕和膽怯。

獨立 vs. 依賴

對大部分青少年而言，生命好比是一腳踏入了成人世界，但另外一隻腳卻還停留在兒童期。與其他關係（如父母等）的地盤戰爭升高，把青少年拉扯得左右不是人。這個議題的關鍵是讓青少年瞭解這些關係如何影響他們及當前的目標。例如，有幾個團體成員提到他們得跟外界的要求相抗衡，弄得自己很不快活。來看看下面蓋瑞的例子：

蓋瑞：有些事情我明明做得來，可是我爸媽偏不這麼想。他們好像以為我只有八歲，這樣他們就可以一直把我當成小孩，真是氣死我了！我只是想向他們證明我辦得到，可是有時候還滿難的。怪的是我不能找人幫忙，我怕我如果找人幫忙，我媽就會覺得我什麼都不會，那她可就吃定我了，所以我只好孤軍奮戰。我會請我的朋友幫忙，不過我不會讓你們知道太多。就這樣，我卡住了，失敗了，或者不像我預期般的好，結果我爸媽又能管住我了！感覺我都贏不了！

認同議題

　　青少年是認同形成的時期，但也廣受各種外在因素的影響。青少年有歸屬與連結的需要，但往往會在做自己和被接納之間產生衝突，特別是做自己會引發社交孤立時尤為劇烈。當一個人覺得做自己不能為別人所接納時，就會帶來許多負面的後果。當團體成員提及接納與拒絕的困擾時，此種個人內在與人際關係的議題很快就會浮上檯面。下面的案例對話略微勾勒出這個議題。

麗莎　：有時候我覺得我必須裝笨，才能讓某些男生喜歡我。

瑪麗　：或許這些男生並不值得妳這麼做！（笑）

領導者：或許吧。不過我在想……想要跟某人在一起，但又要裝得好像不是你自己？

席妮　：我覺得我們都做過這樣的事。為了迎合大家，這樣才不會被取笑。

布萊克：沒錯，有時候我也會想，如果我的朋友知道我的真面目，他們是否還會喜歡我。

領導者：這是個好問題。我想一部分的原因可能與我們想冒多少險來展現真實的自我有關。我們真的願意給他們一個機會嗎？

瑪麗　：秀太多自己可能有點危險。那要花點時間。

領導者：現在如何呢？看看四周的夥伴，問問你自己：「這些人真的瞭解真正的我嗎？」在這個團體裡，你需要冒什麼險來讓團體夥伴瞭解真正的你？

摘要

179

　　由於成長發展過程中的同儕壓力問題，或許沒有哪一個年齡層比青

少年還需要團體諮商了。跟兒童團體不同的是，社會化議題與自我覺察是青少年團體口語互動探討的重點。對青少年而言，洞察與自我探索是一趟令人興奮冒險之旅，特別是那些低自我概念、社交關係不佳，以及衝動控制力較差的青少年。團體提供了一個絕佳的機會，讓青少年可以學到以適宜的方式表達情緒、自我負責，也發現到他們並不孤單、能被成員接納，可以付出，也可以獲得協助。

對很多青少年來說，這是一個孤立與內向，也是掙扎著尋求獨立與依賴的時期。多麼讓人困惑！一方面有順應他人的壓力，一方面又想與眾不同，伴隨此種迷惘而來的是渴望獲得認可的需求。這些壓力和內在的掙扎不安，經常讓青少年情緒起伏不定，一觸即發。諮商師必須敏銳覺察他們的內心世界，主動為青少年提供團體諮商經驗，以治療性的互動歷程回應青少年奮力掙扎的內在動力。

參考文獻

Aronson, S., & Scheidlinger, S. (1996). Group therapy for adolescents. In *The Hatherleigh guide to child and adolescent therapy* (pp. 175–189). London and New York: Hatherleigh.

Ashby, J. S., Kottman, T., & DeGraaf, D. (2008). *Active interventions for kids and teens: Adding adventured and fun to counseling.* Alexandria, VA: American Counseling Association.

Attaway, K. (2010). *Potholes in my yard.* New York: AuthorHouse.

Belmont, J. A. (2006). *103 group activities and TIPS.* New York: Premiere Publishing.

Corder, B., Whiteside, L., & Haizlip, T. (1981). A study of the curative factors in group psychotherapy with adolescents. *International Journal of Group Psychotherapy*, 31, 345–354.

Eaves, S. H., & Sheperis, C. J. (2011). Special issues in group work with children and adolescents. In B. T. Erford (Ed.), *Group work: Process and applications* (pp. 263–276). New York: Pearson.

Garbarino, J. (1999). *Lost boys: Why our sons turn violent and how we can save them.* New York: Free Press.

Lowenstein, L. (2010). *Assessment and treatment activities for children, adolescents and families*, vol. II. New York: Champion Press.

Malott, K. M., Paone, T. R., Humphreys, K., & Martinez, T. (2010). Use of group counseling to address ethnic identity development: Application with adolescents of Mexican descent. *Professional School Counseling*, 13, 257–267.

Sanci, L. (2011). Clinical preventive services: Facing the challenge of proving "an ounce of prevention is worth a pound of cure." *Journal of Adolescent Health*, 49, 450–452.

Schectman, Z., & Mor, M. (2011). Groups for children and adolescents with trauma-related symptoms: Outcomes and processes. *International Journal of Group Psychotherapy*, 60, 221–244.

附錄 A

團體諮商專業名詞彙編

行動探索（**action exploration**）：提供兒童遊戲治療所需之素材與環境，邀請他們去探索他人、探索自己。有計畫地提供兒童機會去測試他們與社會現實的關係。

解散期（**adjourning**）：協助團體統整和鞏固學習經驗的結束技巧，包括摘要與評量。

青少年團體（**adolescent groups**）：協助青少年因應跟年齡發展有關的議題，例如：身分地位、性適應、害怕親密與尋求認同。

年長者團體（**aging groups**）：協助年長者更能掌控自己的生活。常見的議題包括：孤單、社交孤立、貧窮、失落感、被棄感、無用感、無助感和無望感等。

AIDS 團體（**AIDS groups**）：支持與協助因 AIDS 而受影響的人，包括 AIDS 帶原者（PWAs）、患者的父母、配偶或伴侶。探討的議題包括提早離世的威脅、難以預料的病程、疾病的烙印等等。

利他主義（**altruism**）：願意犧牲個人利益以有利於他人的行為。

反治療防衛（**antitherapeutic defenses**）：團體成員聯手建立的行為標準，結果導致團體共謀迴避真正的親密與連結。

團體工作專家學會（**Association for Specialists in Group Work, ASGW**）：美國諮商學會分會之一。提供團體領導者訓練、認證、倫理、繼續

教育及專業發展。

權威型領導風格（authoritarian leadership style）：專制的行為風格，強調領導者的權力與權威。

權力循環（authority cycle）：發生在團體的組織角色浮現時，因支配與權力所產生的衝突等問題。團體如何化解此議題跟領導者的人格特質有關。

自主性（autonomy）：自我決定或自我管理。包括：信賴、獨立、行動自主與意願自主。

搭橋（bridging）：團體諮商常用的技巧，用來強化成員間情緒的連結。

魅力型領導風格（charismatic leadership style）：特徵是有自信、主動幫忙、直接介入、正直，讓團體成員義無反顧地追隨他。但水能載舟亦能覆舟，個人魅力得分高者必須明智而審慎地使用之。

封閉式團體（closed group）：成員在團體的整個生命週期中幾乎沒什麼變動。團體的長度或結束日期在團體初期即已決定。

結束階段（closure stage）：團體發展最後一個階段，鞏固學習經驗與展望未來是最主要的議題。結束期時亦可鼓勵成員探討分離與失落等議題。

強迫與壓力（coercion and pressure）：隱微、甚至是潛意識地壓迫成員放棄自己的想法和期待，以符合團體的情勢或目標。

認知重建團體（cognitive-restructuring groups）：理性行為療法取向，認為心理疾患導因於錯誤的思考模式。治療目標是辨識這些模式，代之以更合理的認知模式。

凝聚力（cohesiveness）：基於相互吸引而產生的情感連結，將團體聯繫在一起，使團體得以對抗分裂與外在的威脅。

出櫃團體（coming-out groups）：協助男女同性戀者處理向自己或他人承認性取向時衍生出來的議題。

承諾（commitment）：初期時是決心、願意參與團體，後期則是允諾

會增加探索、聯繫和親密的過程。

保密（**confidentiality**）：維護隱私的管理措施，是團體發展出信任
　　感、安全感、凝聚力和建設性坦露的必要條件。

衝突解決（**conflict resolution**）：有系統地處理團體因情緒和行為騷動
　　所造成的思考、情緒或行動對立。

挑戰（**confrontation**）：辨識不一致的行為，但並不加以非難或批判。
　　鼓勵成員覺察其逃避行為。

真誠一致（**congruence**）：外在的行為表現和內在的感覺想法一致。

因應與技巧訓練團體（**coping and skill-training groups**）：逐步教導有
　　效因應壓力情境的技巧。

反依賴（**counterdependence**）：積極抗拒依賴的感受，通常發生在成
　　員覺得領導者太武斷及團體規則過於僵化時。

伴侶團體（**couples' groups**）：關係問題相似的伴侶組成的團體。通常
　　採取週末密集的會心團體，或傳統的每週聚會一次的形式。

療效因子（**curative factors**）：Yalom 指出治療團體產生效果的 12 種
　　因子，分別是：利他主義、團體凝聚力、指導、人際學習、自我學
　　習、普同感、宣洩、原生家庭重現、自我瞭解、認同、灌注希望、
　　存在因素。

打斷（**cutting off**）：採取直接介入的態度阻止傷害或無效的互動，不
　　讓成員受到貶抑。

民主型領導風格（**democratic leadership style**）：領導者表現出一視同
　　仁的態度，擁有豐富的專業知識，致力於營造安全的氛圍，協助成
　　員融入團體。成員有設立目標和維持團體方向的責任。

發展歸屬感（**development of belonging**）：在安全、親密、安定的關
　　係下，團體發展出的一體感。

發展融合感（**development of inclusion**）：主動參與團體，認同自己是
　　團體的一份子，但同時又能保有個人的自主性和獨特性。

藥物與酒精濫用團體（**drug and alcohol abuse groups**）：協助沉迷於

物質使用者復原，包括戒酒、預防復發等相關議題。

自我狀態（**ego states**）：根據交流分析理論，內化的本能行為狀態可分為：像兒童般的無理取鬧、像父母般的嚴苛要求，以及像成人般的理性邏輯。這些內在的經驗模式常和外在的行為模式相呼應。

賦權（**empowerment**）：一種安身立命感。對個人的權力與存在能自我賦能。

會心團體（**encounter group**）：與 Carl Rogers 有關，此種療法強調在當下建立親密互動。重視成員的感受而非智性思考。

提升階段（**enhancement stage**）：持續運用團體的支持、壓力與激勵，使成員主動改善團體外的生活模式。

公平待遇（**equitable treatment**）：領導者公平、無私與公允。領導者不會徇私偏心，而是平等、尊重對待每位成員，連時間分配也很公平。

團體領導者倫理守則（**Ethical Guidelines for Group Counselors**）：ASGW 制定的實務工作最低標準，包括：領導者的能力、知情同意、成員篩選與定向、為成員做準備、自願參與、心理冒險、保密、實驗、研究與記錄、成員的權益、領導者的價值觀與期待、時間分配與公平待遇、個人關係、成員自主性與目標發展、酒精與藥物使用、追蹤等。

族群（**ethnic group**）：隸屬於特定國家、種族或宗教團體的成員，受主流文化信念、價值觀等影響。

忠誠（**fidelity**）：盡心竭力完成應負的義務、本分與責任。信守諾言。

追蹤（**follow-up**）：追蹤前成員的進展，提供必要的服務。可以事先規劃額外的追蹤聚會，以提供支持、增強與結束。

形成期（**forming**）：為團體的初始階段，成員依賴彼此和團體領導者，試圖找到個人在團體中的定位。成員開始凝聚在一起，澄清團體的任務。

功能性領導（functional leadership）：助人者沒有正規的資格或證書，但卻具有實際帶領的技巧。

悲傷（grief）：因失落所產生的急性絕望感。生者若能獲得社會的允許以經驗悲傷，他們的感覺才能得到外界的承認。

團體組成（group cmposition）：說明團體成員的組成特徵，可能相似（同質性團體），也可能不同（異質性團體）。

團體諮商（group counseling）：為正常發展但遭遇困擾的個體所設計的團體。團體提供安全的環境以修正態度與行為。

團體輔導（group guidance）：教育／提供資訊、預防、成長導向性質的團體。採取主動教導和學習策略技巧的團體。

團體投入階段（group involvement stage）：通常是團體的第一個發展階段，探討相互信任的議題。初期多為社交性與表淺的談話內容。在潛意識的層面下分派權力與團體成員的影響力，角色和規範逐漸浮上檯面，形成團體的基本規則。

團體維繫行為（group maintenance behaviors）：行為目標著眼於維護或強化團體功能。

團體成員（group membership）：團體的組成特徵，包括年齡、性別、共同議題及其他人格和人口變項。

團體方法（group methods）：著眼於團體的程序與歷程，透過互動提供支持、關懷與挑戰。是個別諮商力有未逮之處。

團體規範（group norms）：隱微或明顯同意的標準，以管理團體的行為。

團體心理治療（group psychotherapy）：治療嚴重的心理疾病，對象通常是住院病人。領導者受過處遇精神異常疾患的專業訓練，以矯正患者的心理問題，恢復生活功能，重建人格。

團體規則與限制（group rules and limitations）：多數同意的標準與規則，提供一定程度的運作架構，強化團體歷程。

團體篩選（group screening）：選擇適當的成員參加團體。

團體治療（**group therapy**）：方式與歷程和團體諮商相似，傾向用重建人格、長期的方式處理較嚴重的情緒問題。

此時此刻（**here and now**）：強調此刻立即性的經驗，真心實意地覺察個人與團體的關係。

異質性團體（**heterogeneous groups**）：團體成員的特質或人口變項相當分歧，成員的組成多樣化。

潛規則（**hidden agendas**）：私下、隱微、潛在或未公開的流程，隱然成為團體的慣例，但卻干擾正規的任務。

整體論（**holism**）：預防、健康取向，整合社會、心理、生理與靈性層面。

同質性團體（**homogeneous groups**）：成員有共同的議題、特質或其他相似性。同質性團體通常凝聚力較快、出席率較佳，對團體的承諾度也較高。

人類發展與訓練團體（**human development and training groups**）：教育界與企業界常用以增加生產力與效能。早期的訓練模式其後擴展為覺察、會心、敏感度、馬拉松或肢體接觸等形式的團體。近年來，Gazda 則以結構式訓練團體發展七種生活技巧。

人本主義（**humanism**）：以 Maslow 成長模式與 Rogers 個人中心學派的信念為本，目標是完全發揮人類的潛能或自我實現。

人類潛能運動（**human potential movement**）：1960 年代受到 Maslow、Rogers、Gibb 等學者的啟發，會心團體蔚為文化風潮。強調信賴與肢體接觸，引發領導風格等議題的倫理爭議。

知情同意（**informed consent**）：說明諮商架構等資訊的書面文件，保障個案被充分告知選擇的權益。

相互依存（**interdependence**）：團體發展階段之一。依賴和逃避型人格等各種次團體依互惠等預期心理形成工作同盟。

人際治療（**interpersonal therapy**）：領導者著重於團體的互動與關係。視團體為一整體，著重此時此刻的團體動力，探討阻礙團體有

效發展的因素。

非理性信念（irrational beliefs）：自我挫敗信念系統。根據理情理論創始者 Ellis 的看法，這些錯誤的信念是情緒困擾的元兇。

放任型領導風格（laissez-faire leadership style）：領導者鮮少介入團體，團體自負全責。雖然領導者看來較被動，但通常擔任技術顧問的角色，提供必要的歷程詮釋與協助。

領導風格（leadership styles）：三種主要的團體領導風格為權威型、民主型與放任型。

失落支持團體（loss support groups）：原是為癌症或慢性病患成立的特殊議題團體，但近來擴大為遭遇各種喪慟與失落的個體提供支持的團體。

馬拉松團體（marathon group）：持續進行 24 小時或更久的團體。密集不間斷的接觸與疲勞常能降低防衛、減少壓抑。鼓勵成員脫下面具與社交表象，真誠地探索自我，培養開放、一致、自我負責的行為。

成員角色（member roles）：成員在團體的行為與立場。通常與成員在原生家庭的角色分配相稱或近似。

多元文化諮商（multicultural counseling）：團體成員的民族文化背景或取向多元，強調瞭解與接納差異。

國家訓練實驗室（National Training Laboratories, NTL）：總部位於緬因州貝瑟市。敏感度訓練（t 團體）強調團體歷程與人際關係，促進正向的社交改變。NTL 創立於 1940 年代。

規範期（norming）：團體成員同意能使團體結構化運作的團體規則，以保護成員，促進個體與團體成長。

開放式團體（open group）：沒有固定或預設結束日期的團體。允許成員在團體進行期間更動。

親職團體（parenting groups）：父母親聚會分享如何協助兒童成長與發展。

同儕襄助團體（**peer-help groups**）：由一群具有相似身分或能力的同儕或夥伴組成。常見於教育機構或青少年團體。

運作期（**performing**）：團體發展的工作階段，特徵有：角色的功能與關係、目標導向、共享責任。團體關注的是完成任務與歷程、真誠、滿足成員的情緒需求。

個人成長團體（**personal growth groups**）：在安全、包容的小團體中，透過真誠與同理的相互回饋增進自我瞭解。著重情緒和親身體驗，而非認知及智性的討論。

AIDS 患者（**persons with AIDS, PWAs**）：感染人類免疫不全病毒（HIV），導致罹病機率提高，或 T 細胞數降至 200 以下。

現象學（**phenomenological**）：全然從個體的觀點來瞭解個體對生活經驗的看法。個體的主觀現實。

兩極化（**polarization**）：團體成員形成尖銳的對立態勢。

未承諾階段（**precommitment stage**）：為團體早期的發展階段，主要任務有：決議目標與設限。測試團體界限、逃避、權力結盟與團體角色是該階段常見的議題。

團體前篩選（**pre-group screening**）：選擇團體成員的過程。依團體型態不同，篩選可用來含括／排除、平衡或決定最佳的成員組成，使團體發揮最大功能。

問題解決團體（**problem-solving groups**）：成立任務團體以解決問題。團體歷程著重於透過策略與理性互動規劃以達成目標。

歷程治療（**process therapy**）：治療取向之一，主要是研究團體互動的機制或動力。

團體工作者專業訓練標準（**Professional Standards for Training of Group Workers**）：採用「諮商與相關教育課程認證評議委員會」（CACREP）的訓練規定。由 ASGW 制定碩士層級諮商師訓練課程方案指導方針，確立團體領導者的知識與實務能力。

心理劇（**psychodrama**）：由 J. L. Moreno 發展出的戲劇與表達性技

術。導演（治療師）、參與者演出具有重大情緒意義的生活情境，團體成員同時擔任演員與觀眾。主角要勇敢、自發地自我表達，探索新的生活方式。

心理治療團體（psychotherapeutic groups）：成員通常是住院的精神病患，或有嚴重情緒困擾的門診病人。領導者的處遇重點為治療干擾個人生活功能的心理問題，重建人格。

抗拒（resistance）：某個成員不情願或幾個成員聯合起來不願意投入治療歷程。抗拒可分為積極抗拒或被動抗拒（逃避、沉默、話太多）。

自我實現（self-actualization）：人本主義的理念，主張個體會努力追求成長、發展潛能，造就全然真實的自我。

自我揭露（self-disclosure）：在未事先安排的情況下分享個人現在的經驗和情緒，可為令人出乎意料的個人資訊（垂直式揭露）或對團體某位成員的反應（水平式揭露）。

自助團體（self-help groups）：具有相似議題的個體聚在一起互助與支持，通常不是由受過專業訓練的人擔任領導者。團體領導者往往是「過來人」，在場的每位成員都可能成為領導者。

自我監理團體（self-monitoring group）：團體成員為個人的投入程度自我負責，同時也一起監督其他成員的參與狀況。

敏感度團體（sensitivity group）：短期、密集、結構性的模式，協助個體改善人際關係技巧，增進覺察能力及問題意識。團體以人本取向方式進行，重點在改善與他人的關係。

短期團體治療目標（short-term group therapy goals）：當前的目標為恢復行為的功能水準，修正自我挫敗的行動。

沉默（silence）：團體歷程中一段無人發言、但卻可能具有治療效果的時間。沉默或許是成員正在自我反思、尋找問題解決的方法，抑或以此表達抗拒和反對立場。

社會興趣（social interest）：隸屬於團體社會認同一份子的感覺。願意

為團體的文明成長盡一份責任。

社會支持團體（social support groups）：團體提供安全的環境，協助成員練習新的社交技巧與行為，提升成員良好的社交生活能力。

團結（solidarity）：團體成員因共同的興趣而發展出的凝聚力，為了達成目標願意協調一致彼此的行為。

標準化（standardization）：團體加諸成員的各種影響力所形成的規範。

激盪期（storming）：團體處於憤怒、敵意的階段。權力與團體認同的議題浮上檯面。

優點轟炸（strength bombardment）：增強個體正面自我形象的團體方法。羅列成員的優點，並在大家的面前朗誦。不可以給予負面回饋。

倖存者團體（survivors' groups）：團體由遭遇相似創傷事件的個體組成，提供互助及社會支持網絡。

186

任務團體（task group）：團體的主要目標為完成特定行動或任務。

結束期（termination）：團體的結束階段。重要的議題包括：摘要、處理未竟事務、鞏固學習經驗、瞭解團體歷程。

訓練團體／ t 團體（t-groups）：一種特殊的團體工作取向，強調成員在團體的互動與行為，以促進組織的效能。

團體的療效因子（therapeutic factors in groups）：讓團體能發揮從洞察到正向行為改變的影響力，例如：同理心、信任與尊重、希望、自信、承諾改變、親密、自我揭露、勇於嘗試。

治療團體（therapeutic groups）：團體的主要目標是透過團體歷程改變成員的行為與（或）態度。

轉換期（transitions）：團體歷程的某段時間，此時多數的成員正從團體的某個發展階段轉移到另一個階段。

未竟事務（unfinished business）：指成員之間或團體歷程未完成的議題。未表達出來的情緒，如：不滿、憤怒、受傷、痛苦、焦慮、罪

　　惡感、悲傷等可能會持續下去，試圖在團體中得到完善處理。

普同感（universality）：瞭解到其他人也和自己一樣有相似的問題和
　　生活境遇時，能降低人際距離和孤寂感的機制。

自願／非自願（voluntary/involuntary）：指成員被強制或被命令參與
　　團體，抑或自由、有選擇性地參加團體。

附|錄|B

團體工作專家學會
最佳實務指南

團體工作專家學會（ASGW）是美國諮商學會（ACA）分會之一，成員致力且專精於團體工作。團體工作者是心理健康專業人員運用團體形式為介入策略以處遇多元文化族群。團體工作者重視一般社會大眾的意見，也認同多元文化價值。對成員、個案與專業人員提供服務。透過領導及歷程，催化個體和團體在社會文化脈絡下的成長與發展。

前言

ASGW 以 ACA 的倫理守則（2005 年修訂）為母法，本文中的任何條文不得取代 ACA 倫理守則。

最佳實務指南的目的在闡明如何將 ACA 倫理守則應用於團體工作領域。

1998 年 3 月 29 日經 ASGW 執委會通過。起草人：Lynn Rapin、Linda Keel、ASGW 倫理委員會共同主席。修訂者：R. Valorie Thomas 與 Debra A. Pender、ASGW 倫理委員會共同主席。修訂版經 ASGW 核准通過。

2007 年 3 月 23 日，執行委員會

團體工作者的職責和執業時採取的活動、策略與介入方法，均須與專業倫理和組織的守則一致，發揮適當合宜的效用。ASGW 視倫理為團體工作的核心要旨，同時視團體工作者為倫理代理人。團體工作者須對團體成員負責，回應團體成員的期待，正視團體成員受到傷害的可能性。

由於團體工作者乃是透過團體影響他人，因此團體工作者責無旁貸，必須詳細瞭解自身行動的意圖與脈絡，以符合倫理考量。最佳實務指南闡釋團體工作者在規劃、帶領與處遇團體的責任。

A 節：最佳實務規劃

A.1. 專業背景與規定要求

團體工作者必須主動瞭解及應用 ACA 的倫理守則（2005）、ASGW 的團體工作者專業訓練標準、ASGW 最佳實務指南、ASGW 多元文化能力準則，以及美國多元文化諮商與發展學會（Association for Multicultural Counseling and Development, AMCD）的多元文化諮商。

能力與標準、相關州法、證照要求、全美合格諮商師倫理守則委員會及相關組織規範、保險規定等，均會影響團體工作實務。

A.2. 執業範圍與概念架構

團體工作者的執業範圍，應與 ASGW 訓練標準認定的核心能力與專業能力相關。團體工作者帶領團體時，應覺察個人的優點與缺點。團體工作者應發展與培養能指引實務的概念架構和運用技巧的理念。團體工作者應將業務範圍限定在 ASGW 設定的訓練標準內。

188

A.3. 評估

- 自我評估。團體工作者應主動評估帶領特殊團體所需的知識與技巧。團體工作者評估自身的價值觀、信念、理論取向等對團體的影響，工作對象是多元文化群體時尤應如此。
- 生態評估。團體工作者應評估社區居民的需求、機構或組織的資源、贊助機構委託的任務、工作人員的能力、對團體工作的看法、領導者的團體工作專業訓練水準，以及個案對團體工作的看法、對多元文化的考量。

團體工作者應運用這些資訊做為帶領團體，抑或具有督導、評鑑、監督團體責任時做決策的依據。

A.4. 方案發展與評鑑

- 團體工作者應確認欲帶領的團體類型與社區居民需求的關聯性。
- 團體工作者應以書面文字明確陳述團體的目的與目標。團體工作者也應確認團體成員的角色對團體目標設定的影響。
- 團體工作者設定收費標準時，應與機構的收費表一致，並考量團體成員的經濟狀況。
- 團體工作者選用技巧與領導風格時，應與團體類型相輔相成。
- 團體工作者應適當地制定符合行政管理、組織和保險規定的評鑑計畫。
- 團體工作者運用科技（不限於網路溝通媒介）時，應考量現行的專業準則。

A.5. 資源

　　團體工作者應協調與團體類型和團體活動有關的資源，例如：足夠
的資金、受過適切訓練的協同領導者、所需空間與隱私、行銷與召募，
適當地與社區其他機構和組織合作結盟。

189

A.6. 專業公開聲明

　　團體工作者應對保密與隱私的文化意涵保持覺察與敏感度。關於
揭露資訊，團體工作者尊重不同觀點。專業公開聲明（professional
disclosure statement）包括：保密、保密例外、理論取向、團體的本
質、目的與目標、能提供的團體服務、團體成員和團體領導者的角色與
責任、團體領導者帶領特殊團體時具備的資格、證照、證書、所屬專業
學會、證照／證書組織等。

A.7. 團體與成員準備

- 團體工作者應篩選出適於團體類型的團體成員。篩選出合適的團
  體成員後，團體工作者應確認團體成員的需求和目標與團體的目
  標一致。
- 團體工作者應推動知情同意。團體工作者傳遞此項資訊時，應依
  成員的發展或文化制宜。團體工作者應提供適於團體類型的口頭
  和書面表格給成員，包括：專業公開聲明、團體目的與目標、團
  體參與者的期待、自願與非自願參加團體、成員與領導者的角色
  和責任、參加與離開團體的制度、藥物使用管理政策、強制性團
  體的管理章程、必要文件、向他人揭露資訊、成員在團體外的時
  間接觸或互動的含義、向領導者和團體成員諮詢的程序、費用與

時間、參加團體可能帶來的影響等。

- 團體工作者應為少數族群和其他從屬團體成員準備適當的同意書。

- 團體工作者應界定保密的範圍與限制（例如：法律與倫理的例外和期待、放棄處遇計畫、文件與保險的使用方法）。團體工作者有責任告知所有的團體參與者保密的重要性、違反保密可能造成的後果、法律特權不適用於團體討論（除非有州法規定）。

A.8. 專業發展

團體工作者須體認專業成長是專業生涯中一個持續進行和不斷發展的過程。

- 團體工作者應與時俱進強化專業知能，例如參加繼續教育、專業督導及其他有助於個人與專業發展的活動。

- 團體工作者在倫理問題干擾其有效發揮團體領導者的功能時，應尋求諮詢和督導。
  督導有責任及時掌握團體工作者的諮詢狀況、團體理論、團體歷程，恪遵相關的倫理守則。

- 團體工作者在個人問題或衝突可能損害專業判斷或工作表現時，應尋求合適的專業協助。

190

- 當個人的知識與技巧能力不足時，團體工作者應尋求諮詢與督導，確保團體進行順利。

- 團體工作者應瞭解最新的團體研究與發展。

A.9. 趨勢與科技變化

團體工作者應覺察與回應科技變化對社會和專業的影響。這些影響

包括（但不限於）：心理健康傳達系統變化、立法與保險界改革、人口統計資料與個案的需求變動、網路科技與其他通訊設備等傳輸系統的突飛猛進等。團體工作者運用發展中的科技時，應遵循倫理守則。

B 節：最佳實務表現

B.1. 自我知識

團體工作者應覺察自身的優點與缺點，監控其對團體的影響力。團體工作者應探索自身的文化認同，瞭解價值觀與信念對團體工作的影響。

B.2. 團體勝任能力

團體工作者對團體與團體動力的原理應有基本認識，具備 ASGW 團體工作者專業訓練標準所述之團體核心能力（ASGW, 2000）。處遇多元文化族群時，團體工作者應增加相關的知識、消息、自我覺察、敏感度、技巧等。此外，對於選擇執業的團體專長項目（ASGW 訓練標準所述的心理治療、諮商、任務、心理教育團體），團體工作者應有足夠的瞭解與技巧。

B.3. 團體計畫調整

- 團體工作者應運用與修正知識、技術與技巧，使之適於團體類型和階段，並符合不同文化與族群的特殊需求。
- 團體工作者應監控團體朝向團體目標與計畫進行。
- 團體工作者應與團體成員清楚界定並維護倫理、專業與社交關係

界線，謹守個人在組織或團體中的角色。

B.4. 治療條件與動力

團體工作者應瞭解與運用適當的團體發展、歷程觀察與治療條件模式。團體工作者應管理訊息流通，重申安全與揭露步調的重要性，以保護團體成員免受生理、情緒或心理傷害。

191

B.5. 意義

團體工作者應協助成員從團體經驗中獲得意義。

B.6. 合作

團體工作者應協助成員發展個人目標，每位團體成員在團體中相互平等、互惠合作。

B.7. 評鑑

團體工作者應於團體進行期間和團體結束後進行正式及非正式的評鑑。

B.8. 多元文化

團體工作者進行實務工作時，應廣泛、敏銳地覺察成員的差異。此差異不限於種族、性別、宗教、性取向、心理成熟度、社經地位、家族史、生理特徵或限制、地區等等。團體工作者應藉由互動與運用外界資源，持續不斷地留意與工作對象有關的多元文化資訊。

B.9. 倫理監督

團體工作者面臨倫理挑戰與議題時，應遵守倫理決策模式，決定自我和團體成員應有的行動與行為。除此之外，團體工作者應援用 ACA、ASGW 或其他適合的專業組織所公布的實務標準。

C 節：團體歷程最佳實務

C.1. 規劃時程

團體工作者應適當地與團體成員、督導或同僚一同規劃團體流程，包括評估團體歷程、成員目標、領導行為、領導技巧、團體動力、介入措施、培養瞭解與接納意義的能力。規劃時間可為團體進行期間，或每次團體進行前後、團體結束前、團體追蹤期等等。

C.2. 反思實務

團體工作者應把握整合理論與實務的機會，並將學習結果應用於往後所帶領的團體。團體工作者應留意團體進行時成員的動力與互動模式，也留意團體動力，以及領導者的價值觀、認知與情緒。

C.3. 評鑑與追蹤

192

- 團體工作者應評鑑團體歷程與結果，所得結果可用來規劃團體方案、改善和修正目前的團體，或發表於專業研究文獻。團體工作者使用團體素材進行研究與報告時，應盡量遵循合適的政策和標

準。

- 團體工作者應對團體成員進行追蹤，或在團體成員要求下適當地評鑑結果。

C.4. 諮詢與至其他機構受訓

團體工作者應提供諮詢，並在目前就職的場所或至其他機構接受適當的訓練。團體工作者在必要時應諮詢專家團體工作的相關知識。

參考文獻

American Counseling Association (ACA). (2005). *ACA code of ethics*. Alexandria, VA: ACA.

Association for Specialists in Group Work (ASGW). (1998). ASGW best practice guidelines. *Journal for Specialists in Group Work*, 23, 237–244.

—— (2000). ASGW professional standards for the training of group workers. *Journal for Specialists in Group Work*, 25, 327–342.

附錄 C

團體工作專家學會團體工作者專業訓練標準

2000 年 1 月 22 日執行委員會修正通過

起草人：共同主席 F. Robert Wilson 與 Lynn S. Rapin，及 ASGW 準則委員會成員 Lynn Haley-Bañez

顧問：Robert K. Conyne 與 Donald, E. Ward

前言

近 20 年來，團體工作專家學會（以下簡稱 ASGW 或學會）公布團體工作者專業訓練標準。1980 年代早期，學會出版 ASGW 團體工作者專業訓練標準（1983），確立 9 項知識能力、17 項技巧能力，以及督導團體諮商各種臨床經驗的底線。這些標準反映當時對團體諮商的重視，指出諮商師從事的團體工作應稱之為團體諮商。

ASGW 團體工作者專業訓練標準 1990 年修訂版有幾個新里程碑：(1) 清楚闡釋團體工作（group work）這個名詞為諮商師與團體互動影響的多樣方式；(2) 將核心訓練視為諮商師的必備要求，專業訓練則是針對以團體工作為專業業務者；(3) 明確區分四項團體工作：任務與工作團體、心理教育團體、團體諮商、團體心理治療。這些標準生效十年來，引發諸多區域與全國性會議研討小組的評論與批評，學會出版的刊

物——《團體工作專家學報》（*Journal for Specialists in Group Work*）亦闢文分析。

　　ASGW 團體工作者專業訓練標準 2000 年修訂版以 1990 年版的訓練標準為本，擷取公共討論與學界辯論後的精華。2000 年修訂版保留並強化核心訓練與專業訓練間的分野，認定核心訓練是專業訓練不可或缺的指標。再者，釐清並擴充團體工作專業的定義。為求四大團體專業的訓練標準公平一致，遂建構單一指標，詳述各專業的特色與必要條件。ASGW 團體工作者專業訓練標準 2000 年修訂版在課程內容和臨床實務上，與 CACREP 的訓練標準和認證標準一致，課程教學內容包括必修課程與知識目標，臨床實務包括必備經驗與技巧目標。修訂版的訓練標準受惠於 ASGW 最佳實務指南（1998）以及 ASGW 團體工作者多元文化能力準則（1999）。雖然這些文件各有其組織架構，但都闡明團體工作的規劃、執行、歷程、倫理與多元文化能力。

194

目標

　　團體工作者專業訓練標準的目標乃是提供諮商師訓練課程指引，據此建構諮商研究所的課程（例如：碩士層級、專家、博士層級或其他研究所進修形式）。具體而言，核心標準代表學會對所有諮商研究所團體工作課程的最低訓練要求，包含研究所初階課程、碩士層級以及專業標準，並以文件闡述訓練的架構、理念、目標、課程和效果。

團體工作核心訓練

　　所有諮商師皆應具備一般團體工作的核心能力。ASGW 主張，這些核心團體工作能力是諮商師培訓課程的必備基礎訓練。學會的核心訓練標準，與 CACREP（1994）認定之標準一致，詳細闡述並據此核定初階諮商課程的標準。精熟 ASGW 團體工作者專業訓練標準核心能力

能使諮商師瞭解團體歷程，更有效地發揮諮商師在團體中的功能。精熟團體工作的知識與技巧是專業訓練延伸的基礎，但並不具備獨立執行專業團體工作的資格。

團體工作專家訓練

團體工作獨立執業所需之訓練遠不止於核心能力而已。ASGW 主張，獨立執業的團體工作者必須具備在特定的團體工作專業（如：任務團體、心理教育團體、團體諮商、團體心理治療）執業的進階能力。為鼓勵課程開設單位在專業訓練上發揮創意，專業指南不會規定受訓者的最低標準能力。取而代之的，指南裡建立的是一套架構，在此架構下，課程開設單位可依科學根據與最佳指南發展獨特的訓練經驗，達成訓練目標。指南裡雖然說明了專業訓練，但 ASGW 並未規定諮商的研究所課程須提供任一項團體工作專業，也沒有規定諮商碩士學位的專業訓練一定得面面俱到。為獲致適當的專業訓練，完成碩士學位後的選擇另有：碩士後研究或博士學位。再者，學生完成某一特定專業的訓練後，並不保證能在所有的團體和職場中無往不利。個案與職場的情況千變萬化，理想的情況是在研究所課程之後另接受額外的多元文化能力訓練，加強特定族群的團體工作實務知能。

195

定義

團體工作（**Group Work**）：一項實務範圍廣泛的專業。運用催化團體的知識與技巧，協助一群個體共同達成與個人、人際、工作有關的目標。團體目標可能包括：完成與工作有關的任務、教育、個人發展、解決自我與人際問題、治療心理與情緒困擾。

團體工作核心訓練（**Core Training in Group Work**）：包括碩士層級諮商師必備的知識、技巧與經驗能力。ASGW 主張所有的諮商師

培訓課程皆應提供團體工作核心訓練，無論該課程是否欲培訓獨立執業的團體工作專家。團體工作核心訓練是進階團體實務工作的必修課程。

團體工作專業訓練（**Specialization Training in Group Work**）：是諮商師欲投入團體工作獨立執業必備的知識、技巧與經驗。四項進階專業為：任務團體、心理教育團體、團體諮商、團體心理治療。上述專業並非界線分明，互不相干，每一專業各有特色。這些團體工作專業的定義乃是仿效 ACA 對諮商的定義（1997 年 ACA 執委會正式通過），說明團體工作常用的方法、這些方法欲達成的目標，以及特有的服務對象。專業訓練乃是為了精熟必要的核心知識、技巧與經驗。

任務與工作團體專業（**Specialization in Task and Work Group Facilitation**）：透過團體的教育、發展、系統性的介入策略，運用正常人類發展原理於此時此刻的互動上，協助為完成團體任務目標而召集的團隊發揮效率、效能。

心理教育團體領導專業（**Specialization in Psychoeducation Group Leadership**）：透過團體的教育與發展介入策略，將正常人類發展與功能的原理應用於此時此刻的互動上，協助可能遭逢自我與人際問題風險的個體，增進自我與人際成長發展，未雨綢繆防患未然，提升個人潛能。

團體諮商專業（**Specialization in Group Counseling**）：透過團體的認知、情緒、行為或系統性的介入策略，將正常人類發展與功能的原理應用於此時此刻的互動上，指出自我與人際問題，協助可能遭逢短期適應不良、自我與人際問題風險高的個體，增進自我與人際成長發展，未雨綢繆防患未然，提升個人潛能。

團體心理治療專業（**Specialization in Group Psychotherpay**）：透過團體的認知、情緒、行為或系統性的介入策略，將正常和異常人類發展與功能的原理，應用在因個人與人際問題、感官修復、認知扭

曲或重複的失功能行為模式導致負向情緒喚起（negative emotional arousal）的個體上，促進嚴重或慢性情緒失調個體的自我與人際成長發展。

核心訓練標準

I. 必修課程與必備經驗

必修課程

核心訓練應包括至少一門研究所團體工作課程，講授內容包括（但不限於）：執業範圍、團體工作類型、團體發展、團體歷程與動力、團體領導、團體工作者的訓練標準與實務。

必備經驗

核心訓練應包括至少 10 小時（建議時數：20 小時）的團體觀察與參與經驗（擔任團體成員或團體領導者皆可）。

II. 知識與技巧目標

A. 實務的本質與範圍

- 知識目標。闡述：
  a. 團體工作的本質與各種團體工作專業。
  b. 團體工作的理論，包括各種團體工作專業的共同點與獨特性。
  c. 團體工作專業的相關研究文獻。
- 技巧目標。演示如下技巧：

a. 準備專業領域實務的專業公開聲明。

b. 應用理論概念與科學研究結果規劃團體方案，並據此解釋團體中的個人經驗。

B. 評估團體成員及其生活與工作等社會系統

- 知識目標。闡述：

a. 團體功能評估的原理原則。

b. 應用個人脈絡因素（如：原生家庭、居住環境、組織身分、文化身分）來解釋成員在團體中的行為。

- 技巧目標。演示如下技巧：

a. 觀察與辨識團體歷程。

b. 觀察個別成員在團體中的人格特質。

c. 對團體成員的行為提出假設。

d. 運用脈絡因素（如：原生家庭、居住環境、組織身分、文化身分）解讀個人與團體資訊。

C. 規劃團體介入策略

- 知識目標。闡述：

a. 影響團體介入策略規劃的環境脈絡。

b. 成員的多樣性（如：性別、文化、學習型態、團體氣氛偏好等）對團體成員的行為、團體歷程與動力的影響。

c. 擬定團體工作計畫的原理原則。

- 技巧目標。演示如下技巧：

a. 與目標對象（targeted populations）協同商討，增強團體介入策略的生態效度（ecological validity）。

b. 規劃團體工作活動，例如：形成首要目標、確立目標、達成目標的詳實方法、效果評量方法、驗證生態效度。

197

D. 實施團體介入策略

- **知識目標**。闡述：

  a. 組成團體的原則，包括：召募、篩選、選擇團體成員。

  b. 有效發揮團體領導功能的原理。

  c. 團體工作的療效因子，說明團體工作方式的限制。

  d. 團體動力的原理，包括：團體歷程要素、發展階段理論、團體成員角色、團體成員行為。

- **技巧目標**。演示如下技巧：

  a. 鼓勵團體成員參與。

  b. 同理地專注、描述、確認、挑戰及回應團體成員的行為。

  c. 同理地專注、確認、澄清、摘要、挑戰及回應團體成員的發言。

  d. 同理地專注、確認、澄清、摘要、挑戰及回應團體的話題。

  e. 從團體成員處獲取資訊，亦提供團體成員資訊。

  f. 適當的自我揭露。

  g. 掌握團體焦點；將團體的注意力集中於任務上。

  h. 在團體中給予並接受回饋。

E. 領導與協同領導

- **知識目標**。闡述：

  a. 團體領導風格與取向。

  b. 團體工作方法，包括：領導取向、擅長的團體領導行動。

  c. 合作建構團體歷程的原則。

- **技巧目標**。演示如下技巧：

  a. 自我評鑑個人的領導風格與方式。

  b. 與協同領導者或團體成員共同合作。

  c. 合作建構團體歷程。

F. 評鑑

- **知識目標**。闡述：
  a. 評鑑團體歷程的方法。
  b. 評鑑團體效果的方法。
- **技巧目標**。演示如下技巧：
  a. 評鑑團體進行的活動。
  b. 自我評鑑個人選定的工作目標。

G. 倫理實務、最佳實務、多元文化能力實務

- **知識目標**。闡述：
  a. 團體工作特有的倫理考量。
  b. 團體工作的最佳實務。
  c. 團體工作的多元文化能力。
- **技巧目標**。演示如下技巧：
  a. 具有規劃、觀察、參與團體活動的倫理實踐能力。
  b. 具有規劃、觀察、參與團體活動的最佳實務能力。
  c. 具有規劃、觀察、參與團體活動的多元文化實踐能力。

專業指標

199

I. 課程首要特色

A. 課程開設單位須清楚說明培訓團體工作專家做好獨立執業準備的理念，以及欲培訓的團體工作專業符合學會認可的類別（如：任務與工作團體、心理教育團體、團體諮商、團體心理治療）。

- 課程開設單位應清楚說明欲培訓的團體工作專業類別。
- 課程開設單位應根據團體工作的科學證據，清楚說明訓練的理念，協助學生做好專業領域獨立執業的準備。

B. 針對每一申報之專業領域，課程開設單位須明確說明學生專業訓練完成後，預期達成之教育與訓練目標。這些能力須符合：

- 課程的理念與訓練模式。
- 與申報之專業領域相關的最佳實務。
- 團體工作的能力、倫理、多元文化敏感度實務標準。

C. 針對每一申報之專業領域，課程開設單位須明確說明其課程設計兼具連貫性、循序漸進、深度與廣度，協助學生做好專業與相關資格領域獨立執業的準備。

D. 針對每一申報之專業領域，課程開設單位須提出書面文件，證實學生的能力確已達成訓練目標。

II. 建議課程與經驗

A. 課程。專業訓練課程應就學生探求的專業訓練領域，奠定學生團體工作專業訓練的基礎：

- **任務／工作團體**：可開設的課程有（但不限於）：組織發展、管理學、諮詢、任務／工作團體的理論與實務。
- **心理教育團體**：可開設的課程有（但不限於）：組織發展、學校與社區諮商／心理學、健康促進（health promotion）、行銷、方案發展與評鑑、組織諮詢、心理教育團體的理論與實務。
- **團體諮商**：可開設的課程有（但不限於）：正常人類發展、健康促進、團體諮商的理論與實務。
- **團體心理治療**：可開設的課程有（但不限於）：異常人類發展、

心理與情緒問題評估與診斷、心理病理治療、團體心理治療的理論與實務。

B. 經驗。專業訓練包括：

- **任務／工作團體**：在督導下至少有 30 小時（建議時數：45 小時）催化或帶領符合團體領導者專業領域（如：學校諮商、學生發展諮商、社區諮商、心理健康諮商）年齡與客群的任務／工作團體。
- **心理教育團體**：在督導下至少有 30 小時（建議時數：45 小時）帶領符合團體領導者專業領域（如：學校諮商、學生發展諮商、社區諮商、心理健康諮商）年齡與客群的心理教育團體。
- **團體諮商**：在督導下至少有 45 小時（建議時數：60 小時）帶領符合團體領導者專業領域（如：學校諮商、學生發展諮商、社區諮商、心理健康諮商）年齡與客群的諮商團體。
- **團體心理治療**：在督導下至少有 45 小時（建議時數：60 小時）帶領符合團體領導者專業領域（如：心理健康諮商）年齡與客群的心理治療團體。

III. 知識與技巧要素

為達上述目標，課程開設單位應有清楚一貫的課程規劃，使全體學生在下列各方面皆能展現足夠的學識與能力：

A. 實務的本質與範圍

課程開設單位須清楚告知學生，其團體工作獨立執業的範圍限定在受過適當訓練與督導的專業領域。

B. 評估團體成員及其生活與工作等社會系統

專業訓練的結業生應在評估方法與評估工具上展現足夠的學識與能力，學習評估各個成員的特質、團體發展、團體動力、團體歷程現象（與課程開設單位申報之專業領域相關）。學習內容應包括（但不限於）：

- 篩選與評估可能獲選為介入對象之族群、團體、個別成員的方法。
- 於團體介入期間觀察團體成員行為的方法。
- 評估團體發展、團體歷程、團體效果的方法。

C. 規劃團體介入策略

專業訓練的結業生應在規劃團體介入策略上展現足夠的學識與能力（符合課程開設單位申報之專業領域）。學習內容應包括（但不限於）：

201

- 介入策略的首要目的。
- 介入策略的目標。
- 團體介入期間達成目標的方法。
- 團體聚會時、團體聚會期間、團體介入完成後，測量團體歷程的方法。
- 協助團體成員從團體經驗獲得意義，並將團體的學習經驗類化至外在真實世界。
- 團體介入期間與團體結束後，測量效果的方法。
- 介入計畫的生態效度。

D. 實施團體介入策略

專業訓練的結業生應在實施團體介入策略上展現足夠的學識與能

力（符合課程開設單位申報之專業領域）。學習內容應包括（但不限於）：

- 形成團體的原則，包括：團體成員的召募、篩選、選擇與定向。
- 催化團體的方法與程序。
- 適於申報之專業領域的篩選與轉介資源。
- 辨識與建設性地回應可能會影響介入策略成功與否的團體外因素。
- 主要策略、技巧與程序。
- 調整團體步調，使之與團體發展階段相呼應。
- 辨識與建設性地回應關鍵事件。
- 辨識與建設性地回應干擾的成員。
- 協助團體成員統整、應用團體學習經驗。
- 建設性地回應心理急症（psychological emergencies）。
- 協助團體成員投入團體歷程與行動規劃。

E. 領導與協同領導

專業訓練的結業生應瞭解及展現領導者的學識與能力，選擇並經營與協同領導者的關係（符合課程開設單位申報之專業領域）。學習內容應包括（但不限於）：

- 有效領導者的特質與技巧。
- 有效協同領導者必備的關係技巧。
- 有效協同領導者必備的歷程技巧。

F. 評鑑

專業訓練的結業生應在評鑑團體介入策略上展現足夠的學識與能力（符合課程開設單位申報之專業領域）。學習內容應包括（但不限於）評量參與的效果和參與滿意度的方法。

G. 倫理實務、最佳實務、多元文化能力實務

專業訓練的結業生應在團體工作的倫理守則、最佳實務、多元文化能力上展現足夠的學識與能力（符合課程開設單位申報之專業領域）。學習內容應包括（但不限於）：

- 課程開設單位申報之專業領域特有的倫理考量。
- 課程開設單位申報之專業領域特有的團體工作最佳實務。
- 課程開設單位申報之專業領域特有的多元文化議題。

實務指標

團體工作專業訓練標準實務指標，要求課程開設單位的教職員應承擔教育的責任，動員單位資源，協助所有的諮商師達到核心能力水準，做好團體工作獨立執業的準備。為落實訓練標準，學會提供的指標如下。

團體工作核心訓練

可透過一門基礎的團體理論與歷程課程來教授團體工作核心訓練。該課程必要的講授內容和臨床實務詳述如下。

課程講授

須符合認證標準（CACREP, 1994; Standard II. J. 4）。團體工作的學習內容應包含：瞭解團體工作類型（例如：任務團體、心理教育團體、團體諮商、團體心理治療）、團體發展、團體動力、團體領導風格、團體領導方式與技巧。具體言之，學習內容應包括（但不限於）：

- 團體動力原理，包括：團體歷程要素、發展階段理論、團體成員

的角色與行為；

- 團體領導風格與取向，包括：不同團體領導風格的特質；
- 團體諮商的理論，包括：共通點、獨特性、相關研究與文獻；
- 團體工作方法，包括：團體領導取向與行動、倫理守則、合適的篩選標準與方法、有效性評量的方法；
- 其他種類的團體工作，包括：任務團體、預防性團體、支持團體、治療團體；
- 觀察成員行為、團體歷程、同理性回應、挑戰、自我揭露、聚焦、保護、召募與篩選、開放式與封閉式團體、管理、明確教導與潛移默化、示範、回饋的技巧。

臨床實務

203

在督導下至少有 10 小時（建議時數：20 小時）的團體工作核心訓練實務經驗，須符合 CACREP 認證標準。為使學生有在督導下直接參與小團體的經驗，可於團體理論與實務等基礎課程為之，或另外成立小團體（CACREP, 1994; Standard II. D）。安排與實施這些團體經驗時，課程開設單位之教職員必須謹慎，切勿違反 ACA 雙重關係的倫理守則以及 ASGW 的最佳實務指南。

團體工作專家訓練

雖然 ASGW 主張所有的諮商師訓練課程應開設團體工作核心訓練，但專業訓練卻是選修課程。若諮商師訓練課程願意提供專業訓練（如：任務團體、心理教育團體、團體諮商、團體心理治療），則該機構開設的課程應符合 ASGW 專業標準。

課程講授

各專業領域自有其研究文獻。除了基本的團體理論與歷程科目外，

每項專業領域皆有額外的必修課程提供專業實務必要的專業化知識：

- **任務團體**：可開設的課程如：組織發展、諮詢、管理學、社會學，學生可藉此瞭解組織和任務團體的運作方式。
- **心理教育團體**：可開設的課程如：溝通心理學、諮詢、健康促進、行銷、課程設計等，協助學生為帶領結構性意識覺醒與技巧訓練團體預做準備，如壓力管理、健康、憤怒控制、肯定訓練、問題解決等。
- **團體諮商**：可開設的課程如：正常人類發展、家庭發展與家族諮商、問題評估與辨識、個別諮商、團體諮商（含個人成長或諮商團體的訓練經驗）。
- **團體心理治療**：可開設的課程如：異常人類發展、家庭病理學與家族治療、心理與情緒問題評估與診斷、個別治療、團體治療（含治療團體的訓練經驗）。

臨床實務

任務團體和心理教育團體的專業訓練，須有 30 小時（建議時數：45 小時）受督導下的實務經驗。由於團體諮商與團體心理治療的難度較高，因此應該有 45 小時（建議時數：60 小時）受督導下的實務經驗。以上須符合 CACREP 的認證標準，提供學生受督導機會，在專業人員的督導下執行與特定專業領域符合的團體工作（如：團體成員評估、生活與工作的社會系統、規劃團體介入策略、實施團體介入策略、領導與協同領導，以及組內、組間、團體結束的歷程與評鑑）。

除了課程講授內容與經驗須與專業規定有關之外，亦須有督導下的課程實習與駐地實習臨床經驗。以下為 CACREP 碩士層級課程實習模式，我們建議團體工作應佔臨床經驗的四分之一：

- **碩士層級課程實習**：在督導下的 40 小時直接服務中，至少有 10 小時的領導或協同領導經驗，通常是任務團體、心理教育

團體、團體諮商（碩士層級課程實習未包含團體心理治療）
（CACREP, 1994; Standard III. H. 1）。

- **碩士層級駐地實習**：在督導下的 240 小時直接服務中，至少有 60 小時符合課程專業（例如：任務團體、心理教育團體、團體諮商或團體心理治療）的團體工作領導或協同領導經驗。

- **博士層級駐地實習**：在督導下的 600 小時直接服務中，至少有 150 小時符合課程專業（例如：任務團體、心理教育團體、團體諮商或團體心理治療）的團體工作領導或協同領導經驗。

參考文獻

Association for Specialists in Group Work (1983). *ASGW professional standards for group counseling*. Alexandria, VA: Association for Specialists in Group Work.

—— (1990). *Professional standards for the training of group workers*. Alexandria, VA: Association for Specialists in Group Work.

—— (1998). ASGW best practice guidelines. *Journal for Specialists in Group Work*, 23, 237–244.

—— (1999). ASGW principles for diversity-competent group workers. *Journal for Specialists in Group Work*, 24, 7–14.

Council for Accreditation of Counseling and Related Educational Programs (CACREP) (1994). *CACREP accreditation standards and procedures*.

附錄 D

團體領導者能力評估

目標

專業諮商師具備應有的人格特質、知識、技巧與證書，恪遵專業倫理，是個能分辨何時該運用個別諮商、何時該運用團體諮商的有效助人者。他們瞭解基本的團體動力，熟悉重要的團體理論、團體發展階段、團體成員角色，以及與團體諮商有關的研究。

團體諮商能力	表現指標	評估				
諮商師是熟練的專業人員，能夠做到下述條件：	專業諮商師能證實做到下述能力：	低 1	平均 2	3	4	高 5
分辨何時該運用個別諮商或團體諮商方能最有效地處理個案的問題（包括瞭解轉介的責任）。	1.1 界定問題類型特別適合以團體抑或個別諮商方式處理。					

團體諮商能力		表現指標	評估				
			低		平均		高
			1	2	3	4	5
	1.2	成立特定主題、目標、成員的團體。					
	1.3	明確說明同儕與傳統的模式對個體行為產生的效果。					
	1.4	協調與安排成員同時接受個別與團體諮商。					
	1.5	解釋團體的力量對成員可能帶來的利弊。					
依個案年齡水準，適切地運用團體動力原理與團體療效條件於各式團體活動中，催化態度與行為改變。	2.1	瞭解團體動力知識，例如：					
	2.1a	內容與歷程變項；					
	2.1b	各種領導風格；					
	2.1c	促進健康成長的團體條件。					
	2.2	瞭解不同年齡階段的發展任務與因應行為，具有運用各種團體技巧的能力，包括：					
	2.2a	遊戲和活動團體；					
	2.2b	示範——社交學習技巧；					
	2.2c	角色扮演與心理劇。					

團體諮商能力		表現指標	評估				
			低		平均		高
			1	2	3	4	5
	2.3	運用預設線索和程序，觀察與記錄團體的口語與非口語互動：					
	2.3a	運用「軼事法」（anecdotal method）觀察與記錄個人與團體互動的要素；					
	2.3b	運用適當的互動工具規劃團體互動；					
	2.3c	評估團體互動的催化與反應面向；					
	2.3d	當團體出現特定行為時（如肢體動作、敵意言論），記錄他們的操作水平，繪製基準線資料。					
熟悉至少三個主要的團體理論及重要的學者。	3.1	適當地運用下述至少三種團體理論的方法：					
	3.1a	阿德勒心理學；					
	3.1b	行為團體諮商；					
	3.1c	完形團體治療；					
	3.1d	團體心理劇；					
	3.1e	人力資源發展訓練；					

團體諮商能力	表現指標		評估		
			低　　　平均　　　高		
			1　　2　　3　　4　　5		
	3.1f	個人中心團體心理治療；			
	3.1g	理情治療；			
	3.1h	現實治療；			
	3.1i	交流分析；			
	3.1j	家族治療團體；			
	3.1k	戒癮或復原團體。			
熟悉團體工作的歷史及貢獻卓越的人物與組織，例如：	4.1a	J. H. Pratt；			
	4.1b	Alfred Adler；			
	4.1c	J. L. Moreno；			
	4.1d	S. R. Slavson；			
	4.1e	C. R. Rogers；			
	4.1f	國家訓練實驗室；			
	4.1g	人類潛能運動；			
	4.1h	Fritz Perls；			
	4.1i	Merle M. Ohlsen；			
	4.1j	G. G. Kemp；			
	4.1k	G. M. Gazda；			
	4.1l	I. D. Yalom。			

團體諮商能力	表現指標		評估				
			低		平均		高
			1	2	3	4	5
能區辨數種團體活動的專有名詞。	5.1	適當地界定與解釋下述名詞的取向、方法、歷程、領導資格與服務對象：					
	5.1a	團體輔導；					
	5.1b	團體諮商；					
	5.1c	團體心理治療；					
	5.1d	人際關係訓練。					
	5.2	瞭解下述與團體有關的名詞與概念：					
	5.2a	團體動力；					
	5.2b	訓練團體；					
	5.2c	心理劇；					
	5.2d	開放與封閉式團體；					
	5.2e	自助與支持團體；					
	5.2f	特殊議題團體；					
	5.2g	團體的歷程規則；					
	5.2h	歷程分析。					

207

團體諮商能力	表現指標	評估				
		低		平均		高
		1	2	3	4	5
熟悉數種團體成長與介入策略，規劃適當的團體活動。	6.1　曾在下述的團體中擔任成員或領導者： 6.1a　會心團體；					
	6.1b　家族治療團體；					
	6.1c　遊戲治療團體或活動治療團體。					
	6.2　與教師、督導或同儕協同帶領團體。					
	6.3　說明和體驗各種專業團體諮商的方法與技巧，例如： 6.3a　評論自己或他人的團體錄影帶；					
	6.3b　焦點回饋；					
	6.3c　觀察團體諮商（現場或錄影）；					
	6.3d　系統減敏感法；					
	6.3e　心理劇；					
	6.3f　示範；					
	6.3g　角色扮演；					
	6.3h　延展團體或馬拉松團體；					
	6.3i　參加諮商師特殊專業知能的團體，如壓力管理團體、肯定訓練團體及團隊管理團體。					

團體諮商能力	表現指標		評估				
			低		平均		高
			1	2	3	4	5
熟悉常見的團體發展階段、適宜的介入策略與領導者行動。	7.1	預備成立團體，展開初步行動。					
	7.2	解釋團體的初期階段。					
	7.3	解釋工作階段。					
	7.4	解釋結束階段與結束過程。					
瞭解團體成員最常出現的角色及適當的處理策略。	8.1	說明且知道如何處理：					
	8.1a	強聒不捨者或獨佔時間者；					
	8.1b	沉默者；					
	8.1c	團體丑角；					
	8.1d	理智者；					
	8.1e	拯救者；					
	8.1f	攻擊者；					
	8.1g	疏離者；					
	8.1h	退縮者；					
	8.1i	過度依賴者；					
	8.1j	提出不當建議者。					

208

團體諮商能力		表現指標	評估				
			低		平均		高
			1	2	3	4	5
熟悉當代重要的團體諮商相關研究，特別是個人專業領域方面的研究。	9.1	留意專業文獻，例如：					
	9.1a	學校諮商；					
	9.1b	學生發展方案；					
	9.1c	社區機構；					
	9.1d	心理健康機構；					
	9.1e	特殊議題團體，如：憂鬱症團體；AIDS、飲食異常、化學物質濫用與成癮。					
個人的行動與敏感度能正確評價團體工作的倫理實務。	10.1	遵守團體工作專業倫理守則，例如：					
	10.1a	為新成員提供資訊與定向活動；					
	10.1b	篩選團體成員；					
	10.1c	維持保密性；					
	10.1d	處理自願或非自願成員；					
	10.1e	制定離開團體的程序；					
	10.1f	保護團體成員免受強迫、壓迫、脅迫與肢體威嚇；					

團體諮商能力	表現指標	評估		
		低　　　　平均　　　　高		
		1　　2　　3　　4　　5		
	10.1g　向團體成員強迫灌輸諮商師的價值觀；			
	10.1h　公正公平地對待每位成員；			
	10.1i　避免雙重關係；			
	10.1j　使用領導者未受訓過的技術；			
	10.1k　在團體進行期間接受成員諮詢或諮詢其他專業人員；			
	10.1l　結束團體；			
	10.1m　執行評量與追蹤程序；			
	10.1n　安排轉介給適當的專業人員；			
	10.1o　領導者的專業發展繼續教育。			

附 錄 E

團體諮商常見的議題

團體常見議題問與答

　　以下摘錄乃是我們跟一群研究生討論團體諮商議題時，所分享的一些個人與實務方面的見解。

問：Landreth 博士，您認為諮商師在團體中的角色，跟在個別諮商裡的角色有何不同呢？

Landreth：第一個問題問得真好。這是團體諮商的基本問題，也是我常捫心自問的問題。先以我來說，我自認團體中的我不太一樣。我不確定為什麼，但我就是會這樣。團體諮商和個別諮商兩者都須具備相同的基本技巧，但我在團體中更能盡情發揮、盡情表達自己、盡情去冒在個別諮商時不敢冒的險。以碰觸為例，我不曾在個別諮商時碰觸個案，雖然我曾想這麼做，但不知道為什麼就是做不到。不過在團體諮商時，我更能自在地起身，穿過團體去擁抱一位團體成員。我不是每次團體聚會都會這樣，但的確發生過幾次。

Berg：除了 Garry（指本書第二作者）談到的個人自由度外，比起個別諮商師，團體領導者必須覺察的面向還有數個。團體領導者負責的

是整個團體，還有團體裡的個別成員，這樣的專注力非同小可，而且要具備瞭解團體和成員互動的知能。領導者必須覺察某位成員對其他成員的回應所造成的影響，以及他們之間可能產生的反應。雖然團體領導者不可能面面俱到，但覺察這些是很重要的。在團體裡，無時無刻都會有一大堆事情發生。

Fall：我認為最大不同點是我處理資訊和與個案連結的方式。在個別諮商中，只有我和個案之間的連結。拿轉盤特技做比喻，個別諮商時就像只要轉一個盤子，能轉盤的就只有諮商師。但團體裡卻有很多盤子（成員），我必須同時兼顧速度與每個盤子的平衡，維繫團體歷程。在團體（諮商）裡，團體動力層出不窮，成員間相互影響。在個別諮商時，諮商師是改變的原動力，但在團體諮商時，領導者必須把所有成員推向改變。

Landreth：對我來說，團體諮商和個別諮商的不同點之一，就是在個別諮商時，我可以立即覺察個案的感受並加以回應。但在團體第一次聚會時，我傾向於回應當下的互動，協助成員投入，讓成員彼此連結。因此，在第一次聚會時，我會花比較少時間在個別成員的感受上——就算我有這麼做的意思。我注意到當我們一起合作時，Berg（指本書第一作者），你會花很多時間留意個別成員，我則是花比較多的時間協助成員參與互動歷程。

Berg：這可能是我跟你合作時我們的個人風格不同。我認為二十多年來與你們一起帶團體，我們對彼此瞭若指掌，因此我們配合得恰到好處。

問：為什麼有那麼多成功、受過良好訓練的個別諮商師覺得要轉職做團體工作很難呢？

Berg：我猜那是因為有許多優秀的個別諮商師在團體中放不開，其中一個原因可能是他們沒有足夠的團體經驗。團體比個別諮商難掌控多了。無論我們喜歡與否，但諮商師總希望事情在掌握之中。同樣

210

地，選擇從事團體工作的諮商師較具有表達性、冒險性的人格傾
向。

Fall：我受過「良好的」團體訓練，不過對帶領團體依然興致缺缺。最
大的阻因是成立團體比跟個案約診難多了。帶領團體要擬定計畫、
行銷、訂定時間、召募到足夠的成員等。這些運籌帷幄之事想起來
就很頭大。然而，一旦我開始起步，就會發現要維繫團體比留住個
案簡單多了。

Landreth：某些諮商師就是覺得在團體中很彆扭，有些成員也一樣。
不是每個人都適合參加團體，有些人適合在個別諮商中當個案，我
認為可能的原因之一是冒險的程度。如果諮商師的控制需求較低，
這樣的人比較能忍受模糊性，比較不需要明確知道團體的走向和終
點。這種人在團體中會比較自在。

問：如果團體發生一段很長時間的沉默，而我恰是團體領導者，那時候
我該怎麼辦？

Landreth：比起團體發生的其他狀況，長時間的沉默可能會讓新手團
體領導者飽受折磨，因為多數的團體領導者都希望團體有事可做。
沒有口語互動，意味著無事可做。我從帶領團體學到的一件事，就
是坦然面對沉默。無言以對並不等於無所事事，技巧嫻熟的團體諮
商師應知道如何區辨有效的沉默和無效的沉默。我不知道該怎麼形
容，當我覺得這是有效的沉默時，我可以坦然處之。如果再沉默下
去沒什麼好處，我也可以坦然地打破沉默。最糟的情況是新手團體
領導者落入「誰要先打破沉默」的心理遊戲中。如果團體領導者只
是坐在那兒，下定決心不打破沉默，這可是致命傷。當團體也不想
打破沉默時，此時領導者就該介入。因此，團體領導者必須敏察團
體的狀況，決定是否要介入，或者耐心地等待沉默發生。

Berg：沉默有很多種。其中一種是抗拒型沉默。假使團體進行期間領
導者感覺到——我用「感覺」（sense）這個詞，因為真的是這

樣。如果領導者嗅出沉默裡有抗拒的意味，我認為領導者最好回到整個團體，邀請成員檢視沉默，花些時間觀照自己，看看自己的行為，想想自己在抗拒什麼。

Fall：沉默帶給領導者的不安尤甚於成員。我通常會計算沉默的時間，然後問領導者，他們覺得沉默的時間持續了多久？毫無例外地，領導者會高估這段時間。要學會與沉默共處真不是件簡單的事。如果你不能安於沉默，那就更難分辨何為有益的沉默、何為無益的沉默了。

Landreth：還有，團體領導者常會覺得：「無論發生什麼事，都是我的責任。」這麼一來就會變成如果沉默發生了，就是領導者的責任。我喜歡讓團體決定該如何處理沉默，責任不全在我身上。他們可以決定接下來要做什麼，或許還能學會在團體歷程裡負起他們應負的責任。

問：您認為團體領導者在團體中應多有結構性或主動性？

Berg：在團體剛起步、成員的團體經驗尚淺的時候，我會比較忙碌、更主動發言、更有結構性。但隨著時間過去，我的涉入程度會逐漸減少，讓成員為自己和團體的走向擔負更多的責任。除了團體初期為化解成員焦慮的破冰活動之外，我不贊同用太多套裝式的結構性活動。基本上，我不會在團體中使用太多結構性活動，理由是團體**總有**事情發生。我對自己的一大認識，就是信任我有能力覺察團體當下發生的事。信任讓我犯錯時可以原諒自己。我不害怕犯錯，而且有一段時間我常犯錯。如果我敢於犯錯，也等於告訴團體成員他們也可以。因此在團體初期階段，我會忙於示範，讓團體成員知道何謂建設性、有益的回應。從團體中聽到這些回應後，我才比較放心地功成身退，讓團體成員互相協助。這樣的學習和團體歷程除了讓成員學會自助外，也學會協助他人。

Landreth：Berg，我們能夠合作無間的理由之一，就是你能把焦點放

在示範，協助成員學習如何給予有建設性的回應。而我則較喜歡協助成員投入團體、彼此互動，把責任轉移到團體上。在這樣的過程中，成員能兩面兼顧，不會顧此失彼。

Fall：我認為不同類型的團體需要的結構程度各異。心理教育團體與任務團體當然比諮商或心理治療團體需要更多的結構。在諮商團體的初期階段，我認為結構可以讓團體動起來，這是很恰當的做法。但應逐漸減少以活動為主的互動，代之以自發性的連結與分享。

212　問：**您覺得每個團體最理想的成員數是幾位？**

Berg：一開始浮現在我腦海裡的是歷程取向的團體，這種團體的運作基於幾點假設。其中一個假設是成員的生活和角色功能相對來說不錯，範圍從正常到精神官能性人格困擾都有。人格問題或關係問題太嚴重的個體無法從團體獲益，不應該讓他們加入團體。當團體成員的人際關係功能尚可，團體領導者還能讓團體成員互相協助，投入團體歷程，從歷程中學習，成為歷程的一份子。七到九位成員的人際歷程團體運作得最好，如果團體的人數超過這個數目，成員會沒有機會發言。如果團體的人數少於這個數目，成員會有發言的壓力。我不喜歡這樣。

Landreth：低年級的兒童團體應只有四或五位，四、五、六年級的話大約是六位最好。

問：**要如何塑造有凝聚力的團體？**

Landreth：我腦海中閃過的第一個反應是：我不知道如何「塑造」有凝聚力的團體。我可以盡己之力協助團體發展凝聚力，但團體是否有凝聚力，靠的還是團體本身。有時團體領導者盡了最大的努力，與之前帶領的團體相較，做法如出一轍，但這個團體並沒有像之前的團體那樣發展出凝聚力。我認為領導者最初展現自我的方式有助於團體發展凝聚力。我發現我能做的，就是讓成員覺得跟我在一起很放心、安心。我想原因在於在那個情境下我也能好好與自己同

在。感受到安全與自在後，他們才有足夠的勇氣跟我或其他人透露一些事情，或願意讓我們看到內在較不為人知的一面。這是凝聚力發展的初期階段。除了自我分享這一重要因素外，還有成員間的互動。在團體進行個別諮商不可能發展出凝聚力，因為團體成員間沒有互動。成員雖然覺得團體不錯，但彼此沒有互動與分享，無法走入他人的生命。我認為互動與分享在發展凝聚力上至關重要。如果我對你的生命做出貢獻，投之以桃，你也對我的生命做出貢獻，報之以李，繼之培養出親密感，也就是凝聚力。

Berg：凝聚力也跟團體的吸引力或組成有關。有些團體自始至終都沒有發展出真正的凝聚力。在發展凝聚力的過程中，口頭參與（verbal participation）是非常重要的因素。有些指標可看出團體越來越有凝聚力。凝聚力是團結一致，把團體維繫在一起的黏著劑。有凝聚力的團體是指成員把團體放在優先順位。從出席率可看出團體的凝聚力程度，成員會排除萬難準時參加團體。口語互動也透露出凝聚力的訊息，成員如何回應他人的發言會道出他們凝聚力的狀況，有凝聚力的團體成員叫得出對方的名字，在聚會期間提供支持系統，一見面就會確認對方這星期以來的狀況。只不過，有些團體變得太有凝聚力了。因此，凝聚力不是你要奮不顧身和不計一切代價維護的東西。如果團體太有凝聚力，成員可能會互相保護和拯救。團體領導者必須覺察並避免這類情況。

問：您認為團體領導者篩選團體成員時，應考慮哪些因素？

Berg：我主要的篩選條件之一，就是這個人除了這個團體外，需有其他若干令他滿意的關係。任何一種關係——配偶、情侶、朋友、家庭皆可，是雙方都滿意的關係。我會特別檢視這個部分。團體是一種人際關係，如果某個人沒有最基本的社交技巧，在團體中或許可學到一些。不過，這可能會造成團體的動盪不安，對其他團體成員的幫助不大。

　　我比較喜歡異質性團體，不希望團體只聚焦在單一問題。形形色色的人我都喜歡，有些成員主動性較強，有些成員則較被動。從不同的人身上可以學到的東西太多了。唯一的例外是，如果某個人的問題太嚴重，會佔用太多團體時間，我可能會建議他尋求個別諮商，或同時進行個別諮商與團體諮商，而不是完全依賴團體。

Fall：對我來說，團體前篩選是檢視個人如何與他人互動的一個好方法，用來洞悉一個人在團體中的模樣。我也會評估個人對團體的期待與目標和團體的目標是否適配。我同意 Berg 說的：「我不是在為團體找某種類型的人，甚至『優秀的團體成員』。」我希望團體成員的組成多采多姿。為了讓團體發揮最大的效能，它必須在成長背景和人格型態上盡可能地忠實反映真實世界。除非團體的處遇對象是針對某種疾患，否則我會排除嚴重心理疾病患者（如：人格違常、精神失常、未經治療的情感或焦慮疾患），因為其他類型的照護對他們來說更恰當。

Landreth：基本上，篩選團體成員所花的力氣隨成員年齡增加而升高，這可能是因為兒童的互動問題比成人少，雖然兒童的世界不比我們輕鬆。也可能是兒童較具有復原力和適應力，即使問題存在，也一樣能與同儕互動。另一個可能性是兒童比較願意接納別人的差異。我也比較喜歡異質性團體。我喜歡「既然我們有緣在這裡，看看我們能創造出什麼新氣象？」這樣的挑戰性思維。基於此，我並不擔心特意把某類型的人聚在一起。我們應該要篩選成員，是因為某種特定類型的成員若以團體進行處遇，效果不是很好。我不希望團體只聚焦在某種特定問題上。不過，最令我印象深刻的一個團體，就是帶領一群慣性違反交通規則的青少年。但除了這點相似性之外，他們是一個相當異質性的團體，我們很少把問題焦點放在他們的駕駛習慣上。

問：要成為一位團體領導者，您認為哪種形式的訓練是不可或缺的？

Fall：ASGW 和 CACREP 已發展出一套非常詳盡的團體工作訓練標
　　準。團體課程不是我心目中完整的訓練。我重視的是三合一能力，
　　即：正式教育、受督導下的臨床經驗、繼續教育。

214

Landreth：有兩種經驗是不可或缺的。其一是團體領導者須博覽團體
　　諮商書籍，接受正規訓練。不過，典型的團體諮商課程仍嫌不足，
　　團體領導者必須盡可能地瞭解自己。透過訓練，團體領導者可學習
　　將技巧應用在特定的情境上，但當團體發生真正的危機時，最根本
　　的工具還是團體領導者在當下展現的個性、創造力與勇氣。這些面
　　向發揮得當與否，端視團體領導者的自我接納度。因此，我建議要
　　有一些親身的團體諮商經驗。或許從 10 到 15 次的團體聚會中，
　　可以給有志成為團體領導者的人一個機會，不但可體會當成員的感
　　受，亦可瞭解別人對他的觀感。如果團體領導者無法覺知他人對他
　　的反應，他也無法敏銳地覺察團體成員對他的看法。最重要的是，
　　團體領導者須以開放的心胸從他所帶領的團體中學習瞭解自我。這
　　並不是說我把自己的議題帶到團體中來解決，或把焦點全集中在我
　　一個人身上，而是把握這難得的學習經驗。這樣的態度會帶動他人
　　見賢思齊。對我最有用的事情之一，就是鬆開必須對他人有所幫助
　　這個枷鎖。有些人對 Berg 的正向回應，是他們從來沒有這樣對我
　　說過的。

Berg：理論、技巧與知識都比不上我們這個人。我們必須瞭解人類發
　　展、瞭解團體及其運作方式。我們必須瞭解人與人之間如何產生連
　　結。但最重要的，我們必須善用自己這個工具。因此，除了有團體
　　治療的經驗外，也要把自我反思當成一種生活態度、生活方式。在
　　持續不斷地瞭解自己、如何與他人產生連結、如何看待自我的過程
　　中，常常令我大吃一驚。越常這麼做，我越能與自我保持接觸，就
　　有越多的門敞開在我面前。報酬是越來越容易同理他人。我越能為
　　自己的行為負責，就越不會畫地自限，無論何時何地都能完全地與
　　團體同在。這可不是自我陶醉，自我反思不等於自我陶醉。

Landreth：自我反思的過程不是刻意尋求，它比較像是與團體互動時，一種靈光乍現的發現：「咦，為什麼我會有這種感覺？我以前怎麼沒有覺察到？」自我覺察的頓悟可能霎時就在團體中茅塞頓開、豁然開朗。

問：如果某位成員的性格嚴重干擾團體，什麼時間點您會終止他繼續待在團體？

Landreth：有幾個方針。這個人很重要，我會關注、關心這個人。我會特別留意他的感覺。這個人很重要，但不會比團體重要；團體很重要，但不會比這個人重要。孰重孰輕，端視團體是否能對這個人做出適當的回應。如果團體對他的觀感不佳，讓他離開我覺得沒關係。我會以溫和、不打斷團體進行的態度，在聚會結束後詢問這個人是否願意接受個別諮商，不必繼續留在團體，或者現在接受個別諮商，稍後再參加另一個團體。我知道這樣聽起來好像我有主導權，但其實決定權不光在我一個人身上。不過我不會讓一個人破壞整個團體，因為我認為團體也很重要。

Berg：臨床判斷是底線。我的心裡會閃過幾件事。其一是當某人非得掌控團體時間，或跟團體其他成員都處不好，團體每件事似乎都在影射他的問題時，我們必須自問：「對這個人來說，團體是最好的處遇方式嗎？」然後我會問心無愧地對這個人說：「參加團體不是個好主意，讓我們一起來找其他的替代方案。」如果某人不斷地在團體中胡亂爆發他的怒氣，不管他本人有沒有意識到，但團體或許不再是他最佳的容身之處了。通常若能藉此學習處理衝突，對團體而言很好，但假使這種情況一而再、再而三地發生，問題就來了。這個特殊的人之所以會變成問題——我是指人格方面跟團體成員格格不入的人，他會挖坑讓自己成為團體的替罪羔羊。讓團體成員挑中這個人，把敵意一股腦地傾瀉在他頭上，這不但對團體沒有好處，還會迫使該位成員採取防禦姿態，害得他的問題雪上加霜。

我不會把團體視為萬能的仙丹靈藥。事實上，我認為團體是介入系統中的一環，完成一個階段的個別諮商，瞭解自身的人際關係動力後，個體才能從團體獲益。我比較希望來參加成人團體的成員先有一些個別諮商的經驗，先檢視自己與家人的關係、問題根源、成長史，對自己的過往和行為表現原因有合理的認識，也願意在社會脈絡下嘗試新的行為方式。

Landreth：我對誰要加入團體不會預設太多限制。高中、國中與小學階段的教育並沒有提供太多接受個別諮商的機會，在僧多粥少、缺乏個別諮商資源的情況下，我主動跨出一步成立兒童團體，但有嚴重情緒困擾者除外。多數有嚴重情緒困擾的孩子在公立學校適應得不是很好，他們會被抽離、安置到私立學校或診療機構。同樣地，帶領成人團體時，除了初期篩選之外，我不會過度探究他們的出身背景。如果他們渴望參加團體，我會觀察進展情況如何，他們也可以看看團體是否適合他們。回到是否要某位成員離開團體這個問題。有時只是把該位成員叫到一邊，跟他談談他對自己在團體的言行舉止的看法，或團體對他的回應，給他機會表達對團體的疑慮。不待你明言，他自然會抒發他的想法或表態不想留在團體了。如果你帶領的是長期團體，你可以讓他離開團體三到四次，提供他一些個別的服務，做好回來團體的準備。我曾帶領一群五年級的小學生，其中有位名叫艾瑞克的小男孩，他會在午餐時間恐嚇勒索小朋友。在團體裡他也是個體格健壯的小夥子，有時我也不得不出面阻止他。儼於他的攻擊力，團體成員都躲他遠遠地，因為他的緣故，導致團體無法形成凝聚力。五次團體之後，他離開團體，改進行個別諮商。他的離開乃出於他個人的意願決定。團體曾制定成員若想留在團體裡，則必須圍坐成一圈的規則，做不到的成員就不能留在團體裡，要回去教室。艾瑞克不想坐在圈圈裡，所以他選擇回去教室。當我送他回教室時，團體竟像一群鵪鶉般緊緊依偎在一起，從這番戲劇性的描寫，可見團體因他的存在而分崩離析。經過三週、

215

每週兩次的個別諮商後，艾瑞克終於能回到團體，而且表現得可圈可點。

問：如果這是一個非自願性團體，您會做什麼以降低它對團體的衝擊？我的工作對象是非行少年，團體裡有四到五位暴力重刑犯。您要如何減輕這四、五位成員對其他成員的影響？

Landreth：我通常會另闢蹊徑，協助其他團體成員回應該位破壞團體的成員，而不是只有我在單打獨鬥。或許在我含蓄委婉的支持鼓勵下，團體成員會發展出足夠的強度，找到方法巧妙地解決與該位成員的關係。我認為他們有與該位成員抗衡的潛力。他們會發現原來他們不需要讓步屈服。

Berg：我同意。處理非自願問題時會讓人感到挫折的原因之一，就是它會扯歷程後腿。與非行少年工作須費九牛二虎之力。帶領非自願團體，如違法者團體，面臨的問題是他們會的技能差不多，導致他們不斷惹上麻煩。他們覺得自己的行為沒有太多選擇。面對這樣的團體，你必須很有耐心，要更具教導性、示範、直接指出問題、挑戰他們過去無效的行為。告訴他們如果那些行為有效，這些成員現在也不會在這裡了。就算是非自願團體，如果某位成員干擾了團體，領導者也有權力請他離開。再者，為了該位成員、這個團體、整體系統的福祉，領導者也必須做此決定。即使這是在監獄裡，領導者也可以要求成員退出。

Landreth：這個問題讓我為難的地方是，它意味著這個人毫無疑問地必須待在團體裡。如果該位成員的行為不適合留在團體，我傾向讓該位成員離開。當這個人一再惹麻煩時，不要忘了團體的其他成員也很重要。有時候，我們必須考量團體的福祉，我們是否要讓該位成員一次又一次地破壞團體？如果可以的話，我會讓該位成員離開團體幾次，再看看情況如何。

Fall：這些話說得很好。我帶領法院強制團體已有十多年。我會做的第

一件事，就是讓團體成員知道他們有權選擇是否參加團體，這件事很重要。如果他們不覺得他們有選擇權，那團體到頭來就會變成權力鬥爭的場所。他們的選擇是什麼？嗯，他們可以選擇來這裡，或者進監獄去，或者聽從法院其他的命令。那些都算不上好的選擇，但卻是個開始。如果我可以協助他們從一開始就認清選擇，才是協助他們在這個過程中發現另有其他的選擇。例如，法院說你應該過來參加團體，但你決意不參加團體。同樣地，如果他們認清團體和入獄之間兩個選項的分別，以後當他們不遵守團體規則時，我才能把他們的干擾行為解讀為他們選擇離開團體（意指他們想選擇入獄）。

217

問：您對**毫無建樹的聚會**（nonproductive session）有何看法？

Berg：我會說根本沒有這種說法。不過，有的聚會的確讓人感到無趣，團體結束以後覺得沒有像之前的一樣好，也曾在團體結束後認為團體成員沒有達到我的期待。我的第一個回答可能是最佳答案，第二個回答跟我個人希望團體有成效的需求有關。我需要團體有進展。我越是告訴自己說團體成員會做他們該做的事，我就越能讓他們自然發展，不去揠苗助長，我也越能釋懷和放手。曾有理論說如果團體只有些許進展，就讓成員坐著等待，等他們厭倦到受不了，就會有所行動了。我還沒碰過這樣的事。同時，我認為領導者擔負太多責任是不對的。如果團體決定採取行動，團體自然會一週又一週地運轉，此時領導者想必會覺得：「太好了！」如果每週都能這樣，我們必然大有可為。到了下一週，團體成員度假去了，領導者可能會懷疑這是同一個團體嗎？這些團體對我來說都沒問題。

Fall：**有成效**（productive）這個詞說來太沉重。團體歷程是流動的，不能隨機抽樣一次聚會，但卻不從整體的角度評估之。我參加過整體看來沒有什麼成效的團體，但即便是這樣的團體，也曾有進展的時刻。我發現我對**有成效**的定義跟團體成員的定義不太一樣。善加

處理「糟糕的」（bad）聚會，也能獲得絕佳的效果。當我分享我的看法時，我很訝異團體帶出的議題。事實上我很期待這個看似進展緩慢的過程，它其實就像團體的催化劑一般。

Landreth：對這個問題我的回答情況不一，因為我曾有過幾次團體聚會結束後，心中充滿著「真是令人倒胃口，什麼事都沒發生」的感慨。下一次團體聚會時，反倒是某位成員坐下來說道：「上個禮拜的團體真是太棒了，我更瞭解自己了。」這種經驗發生了好幾次，我的結論是：我不能代替任何人評估，認定這次是否為有效的團體。對我來說可能沒有成效，但對團體的某人可不同。另一個我會有不同回答的原因是，通常會有些指標說明團體是否有成效。如果成員談的是自己而非活動，彼此分享感覺，這樣看來似乎較有成效。假使成員互相給予回饋，這是有成效的團體。還有一些看不太出來，但還是有成效的經驗——例如沉默就是。沉默其實是非常有成效的時刻。沉默時，我可能枯坐在那兒，覺得沒學到什麼，但對其他人而言，卻是相當有收穫的一段時間。我不會輕言斷定現在情況如何，不過有時我仍會在團體結束時說：「今天的團體不錯」，或「這次的團體收穫頗多」，或「這次的團體雖然大家都很努力，不過並沒有什麼太大收穫」。儘管我在其他方面有所學習，我發現我仍然會下這樣的評論。

問：對於帶領多種族背景的團體，您有哪些特別的建議？

Berg：我有一件事情要提醒這方面經驗尚不足的領導者。多元文化團體的潛在效益無窮，但經驗尚屬不足的團體領導者仍有一些要注意的地方。團體領導者首先必須具備一般的團體諮商經驗，熟悉成員的文化背景。文化與種族差異會拉大人際間的差異。

Landreth：會做出這樣的提醒，原因是此種團體的情緒有一觸即發之勢，因為成員對彼此的文化背景不是很瞭解。成員自身的經驗可能會引發某些情緒反應，領導者必須認識到這種瞬息萬變的可能性。

Fall：ASGW 已經發展出很好的「團體工作者多元文化能力準則」。這套準則可以協助新手和資深的團體工作者探索在這個多元文化的社會裡，帶領團體應注意的幾個面向。我很喜歡思索一個人的文化如何影響團體的凝聚力。每個團體都是多元文化團體，每位成員的獨特性都有助於團體的成長與學習，抑或變成成長的絆腳石。尊重差異已是團體工作的正字標記，我會盡我所能地去宣揚這個理念。

問：您剛才大略提到抗拒。可以請您再多說一些嗎？您如何辨識出抗拒？

Berg：沉默是團體表現抗拒最原始、直接的方式之一，其他方式還有：不願再做更深刻的互動、只停留在表面膚淺的談話、不直接面對對方、不願意再自我揭露。旁觀這些行為時，我能感覺到我們正背離團體初期階段時設立的目標、承諾與界線。每個人投入團體的方式各不相同，但除非在團體初期就好好處理這個議題，否則團體必然會在某個時刻碰壁。當領導者嗅出抗拒的意味時，最佳的介入策略是領導者說出他的感受和對團體的反應。領導者可以說：「瞧，我們似乎忘了原本同意的事。讓我們一起來回想，為什麼我們會來到這裡，什麼是我們想達成的目標，為什麼我們現在似乎很難去相信彼此。」這樣的分享可以讓大家重新檢視。我發現抗拒或多或少跟安全感與信任感有關。再次檢視是必要的。

Landreth：抗拒未必是壞事。當團體經歷和表現出抗拒時，可能是因為成員希望在團體中體驗更深度的情緒。有段「準備時間」是很重要的，這段時間歷時長短，端視團體或領導者如何反應，因此我們不會把抗拒視為壞事。有時候我看到團體正在做我所謂的**徒勞無功**（working at not working）之事，也就是抗拒。表面上看來，團體似乎頗有進展，互動頻繁、言之鑿鑿、熱切分享，但這些互動的內容都在說團體為什麼能為而不為、為什麼動不起來、他們應該要做什麼云云。成員說團體應該要怎樣，說了半天，每個人都心知肚

219

明，但卻光說不練。有時候，領導者必須指出這一點。領導者可以說：「就我所聽到的，我覺得大家好像很努力地不要讓團體動起來。」這麼一來成員的焦點就會轉移了。我認為團體有時候會陷在分析團體行為的過程中，或陷在當下討論的主題裡，即使這並非他們的本意，但還是踩不了煞車，不知道該怎麼停下來，甚至不知道他們正在每況愈下。這時候需要有人出來說：「等一下，你們覺得現在發生了什麼事？」如同 Berg 所說的：「這真的是你們想花時間討論的事嗎？」你必須有心理準備，你會聽到兩種回答。如果領導者提出上述問題，而團體回答說：「沒錯。」那領導者接下來怎麼辦？這就考驗領導者的接納度了。領導者必須讓團體決定自己的方向，讓他們自己理出頭緒，得其所願。

摘要

本文探討一些團體諮商重要的議題。強烈建議某些團體諮商的聚會次數可以一週多次。結構化可以是促進團體互動發展的催化劑。新手團體領導者常難以理解團體諮商中的沉默，以為團體無時無刻都要有顯明易見的活動進行才行。我們認為沉默是團體互動歷程中相當自然的現象。為行為改變締約是增加團體活動、效能與凝聚力的好方法。

本文以問答的方式討論團體歷程常見的議題，回答的重點在可能的解決辦法和團體領導者應考量的層面上。

參考文獻

Carrell, S., & Keenan, T. (2000). *Group exercises for adolescents*. Thousand Oaks, CA: Sage.

Carroll, M. R. (1970). Silence is the heart's size. *Personnel and Guidance Journal*, 48, 536–551.

Corder, B. F. (1994). *Structured adolescent psychotherapy groups*. Sarasota, FL: Professional Resource Press.

Crutchfield, L., & Garrett, M. T. (2001). Unity circle: A model of group work with children. In K. A. Fall and J. E. Levitov (Eds.), *Modern application to group work* (pp. 3–18). Huntington, NY: Nova Science.

Devencenzi, J., & Pendergast, S. (1988). *Belonging: Self and social discovery for children of all ages*. San Luis Obispo, CA: Belonging.

Donigian, J., & Molnati, R. (1997). *Systemic group therapy: A triadic model*. Pacific Grove, CA: Brooks/Cole.

Drucker, C. (2003). Group counseling in the middle and junior high school. In K. R. Greenberg (Ed.), *Group counseling in K–12 schools*. New York: Allyn & Bacon.

Fall, K. A., & MacMahon, H. G. (2001). Engaging adolescent males: A group approach. In K. A. Fall and J. E. Levitov (Eds.), *Modern application to group work* (pp. 43–68). Huntington, NY: Nova Science.

Huss, S. (2001). Groups for bereaved children. In K. A. Fall and J. E. Levitov (Eds.), *Modern application to group work* pp. 19–42). Huntington, NY: Nova Science.

Jacobs, E. E., Harvill, R. L., & Masson, R. L. (2006). *Group counseling: Strategies and skills* (5th ed.). Pacific Grove, CA: Brooks/Cole.

Khalsa, S. S. (1996). *Group exercises for enhancing social skills and self esteem*. Sarasota, FL: Professional Resource.

Kottler, J. E. (2001). *Learning group leadership: An experiential approach*. Boston, MA: Allyn & Bacon.

Landy, L. (1992). *Child support through small group counseling*. Charlotte, NC: Kidsrights.

Lane, K. (1991). *Feelings are real: Group activities for children*. Muncie, IN: Accelerated Development.

Walker, E. (2000). *Helping at-risk students: A group counseling approach for grades 6–9*. New York: Guilford.

附|錄|F

團體工作專家學會團體工作者多元文化能力準則

221　註：取自 Haley-Bañez, L. et al. (1999). Association for specialists in group work principles for diversity-competent group workers. *Journal for Specialists in Group Work, 24*(1). Taylor & Francis Group, LLC. 未經 Taylor & Francis Group, LLC. 書面同意，不得轉載使用。

1998 年 8 月 1 日 ASGW 執行委員會核准通過
起草人：Lynn Haley-Bañez、Sherlon Brown 與 Bogusia Molina
顧　問：Michael D'Andrea、Patricia Arrendondo、Niloufer Merchant 與 Sandra Wathen

前言

　　團體工作專家學會（ASGW）致力於瞭解多元文化對團體工作各層面的影響，包括（但不限於）：培育具備多元文化能力的團體工作者、進行多元族群的團體工作研究、瞭解多元文化如何影響團體歷程與動力、協助團體領導者在不同場域帶領多元文化族群時，增益他們的覺察、知識與技巧。

　　做為一個專業組織，ASGW 簽署本文件，認同多元文化議題會影響團體歷程與動力、團體領導、訓練與研究。做為一個專業組織，我們

認為種族歧視、階級歧視、性別歧視、異性戀主義（heterosexism，歧視同性戀）、健全至上主義（ableism，歧視殘疾）等等，都會影響每個人。身為專業組織的一份子，我們有責任透過覺察、知識與技巧傳達這個議題。身為專業組織的一份子，我們必須增加個人對偏見、價值觀、信念的覺察，瞭解它們如何影響我們所帶領的團體。我們也必須覺察團體成員的偏見、價值觀、信念如何影響團體歷程與動力。最後，我們必須增加帶領各種多元文化團體的知識、信心、能力，誠正不阿，言行一致。

定義

　　為正確傳達本文之目的，實有必要瞭解本文使用之語言文字。**優勢**（dominant）、**弱勢**（nondominant）與**目標對象／群體**（target persons and/or populations）等詞彙，意指美國境內長期以來沒有獲得均等權力、金錢、特權（例如因經濟拮据而無法使用心理健康服務，或無合法結婚權的同性伴侶），及（或）因位居政府與政黨機關而具有影響或實施社會政策的個體或群體。這些詞彙並非用來指稱全體美國國民。這些詞彙亦非本文用來激化偏見和各種公開或隱微形式的壓迫。

　　為正確傳達本文之目的，**障礙**（disabilities）一詞意指有生理、心理、情緒、學習能力與風格差異的人。它不是用來當作定義一個人的詞彙，例如不說個體是學習障礙者，而是指「有學習障礙的人」（a person with a learning disability）。

　　本文的撰寫有其歷史與當代文化、社會與政治等脈絡因素，本文作者的原意僅限定於這個時代的用語。出於此種考量，我們建構的是「動態文件」（living document），會因社會政治和文化脈絡變動而更迭。

222

總則

- 覺察自我；
- 態度與信念。

多元文化能力團體工作者要能從渾然不覺到逐步覺察，敏察自身的種族、民族、文化傳承、性別、社經地位、性取向、能力、宗教信仰和靈性，重視並尊重差異。

多元文化能力團體工作者要能逐漸覺察自身的種族、民族、文化、性別、社經地位、性取向、能力、宗教信仰和靈性等如何受個人經驗與成長背景影響，反過來也會影響團體歷程與動力。

多元文化能力團體工作者在和與自己的種族、民族、文化（含語言）、性別、社經地位、性取向、能力、宗教信仰和靈性、信念、價值觀、偏見等相異的團體成員工作時，須認清自身的能力與技巧限制（欲進一步釐清限制、專業知能與團體工作型態，請參見 ASGW 訓練標準與最佳實務指南，1998；ACA 倫理守則，1995）。

多元文化能力團體工作者發現他們與團體成員間的種族、民族、文化、性別、社經地位、性取向、能力、宗教信仰和靈性、信念、價值觀、偏見等存在歧異時，要能坦然視之，展現自身的容忍度與敏感度。

知識

多元文化能力團體工作者要能瞭解自身的種族、民族、文化、性別、社經地位、性取向、能力、宗教信仰和靈性等特定知識，以及個人與專業的經驗如何影響他們對「正常」（normality）的定義和團體歷程。

多元文化能力團體工作者要能瞭解任何形式的壓迫——如：種族歧

視、階級歧視、性別歧視、異性戀主義、健全至上主義與刻板印象等，如何影響個人與專業生活。

　　多元文化能力團體工作者要具備社會影響力的知識。他們瞭解各種不同的溝通風格，知道與多元文化的成員工作時，個人的風格可能抑制、也可能推動團體歷程。預先考慮到對他人的影響程度。

技巧

223

　　多元文化能力團體工作者須尋求教育、諮詢與訓練經驗，加強瞭解那些認同自己為美國原住民、非裔美人、亞裔美人、西班牙裔、拉美裔、同性戀、雙性戀、跨性別者（transgendered persons），或有生理、心理／情緒、學習困難的團體成員，提升處遇效能，涉及種族或族裔時尤應如此。在這樣的脈絡下，團體工作者要能認清自身能力的限制，並：(a) 諮詢請益；(b) 參加進階訓練或教育；(c) 將成員轉介給資歷更佳的團體工作者；或 (d) 綜上所述。

　　多元文化能力團體工作者要持續不斷地瞭解自身（公開和未公開）的多元身分，例如同時具有同性戀、拉美裔、基督徒、出身藍領階級、女性等多元身分，並鍥而不捨地改掉暗地和公然加重壓迫，特別是加深種族歧視的行為舉止。

團體工作者對團體成員世界觀的覺察

態度與信念

　　多元文化能力團體工作者須覺察對美國原住民、非裔美人、亞裔美人、西班牙裔、拉美裔、同性戀、雙性戀、跨性別者，或有生理、心理／情緒、學習困難者的任一負面情緒反應。他們願意以不批判的態度，

將他們和具有美國原住民、非裔美人、亞裔美人、西班牙裔、拉美裔、同性戀、雙性戀、跨性別者，或有生理、心理／情緒、學習困難等身分團體成員的信念與想法互相對照比較。

多元文化能力團體工作者要覺察對美國原住民、非裔美人、亞裔美人、西班牙裔、拉美裔、同性戀、雙性戀、跨性別者，或有生理、心理／情緒、學習困難者的刻板印象和先入為主的觀念。

知識

多元文化能力團體工作者具備美國原住民、非裔美人、亞裔美人、西班牙裔、拉美裔、同性戀、雙性戀、跨性別者，或有生理、心理／情緒、學習困難等團體成員的特定知識與資訊。他們須覺察美國原住民、非裔美人、亞裔美人、西班牙裔、拉美裔、同性戀、雙性戀、跨性別者，或有生理、心理／情緒、學習困難等團體成員的生命經驗、文化傳承與社會政治背景。這些特殊的知識與各種民族／少數族裔、性取向的發展模式，可參見相關文獻（Atkinson, Morten, & Sue, 1993; Cass, 1979; Cross, 1995; D'Augelli & Patterson, 1995; Helms, 1992）。

多元文化能力團體工作者須瞭解種族、民族、文化、性別、性取向、能力、社經地位等其他無法改變的個人特質如何影響人格養成、職業選擇、心理疾病、生理「不適」（dis-ease）或身體症狀、求助行為、適應或不適應的各種表現形式、不同的團體工作理論與取向等。

具備多元文化知能的團體工作者能瞭解會侵犯美國原住民、非裔美人、亞裔美人、西班牙裔、拉美裔、同性戀、雙性戀、跨性別者，或有生理、心理／情緒、學習困難者生活的社會政治因素。移民議題、貧窮、種族歧視、壓迫、刻板印象和無助感會反過來影響這些人，因此也會影響團體歷程或動力。

技巧

多元文化能力團體工作者須熟悉跟美國原住民、非裔美人、亞裔美人、西班牙裔、拉美裔、同性戀、雙性戀、跨性別者，或有生理、心理／情緒、學習困難者的心理健康議題相關研究與最新發現。他們主動接受教育訓練，以增進知識並瞭解催化多元團體的技巧。

多元文化能力團體工作者積極地參與團體工作／諮商情境外（社區、社會與政治集會、慶典、友誼、街坊鄰居等）跟美國原住民、非裔美人、亞裔美人、西班牙裔、拉美裔、同性戀、雙性戀、跨性別者，或有生理、心理／情緒、學習困難者有關的大小事，這樣他們對少數族群的觀點才能超越學術象牙塔，或經由正式客觀的第三方而更加熟練。

因文化制宜的介入策略

態度與信念

多元文化能力團體工作者尊重成員的宗教信仰和價值觀，因為這會影響他們的世界觀、心理功能和表達苦惱的方式。

多元文化能力團體工作者尊重民俗助人方式，尊重美國原住民、非裔美人、亞裔美人、西班牙裔、拉美裔、同性戀、雙性戀、跨性別者，或有生理、心理／情緒、學習困難者，也能發覺和運用社區已有的守望相助網絡。

多元文化能力團體工作者重視雙語和手語，不會把他種語言視為團體工作的絆腳石。

知識

多元文化能力團體工作者對團體工作的本質和理論有清楚具體的知識與瞭解，也知道它們可能會與美國原住民、非裔美人、亞裔美人、西班牙裔、拉美裔、同性戀、雙性戀、跨性別者，或有生理、心理／情緒、學習困難者的信念、價值觀和傳統相牴觸。

多元文化能力團體工作者能覺察制度和機構對美國原住民、非裔美人、亞裔美人、西班牙裔、拉美裔、同性戀、雙性戀、跨性別者，或有生理、心理／情緒、學習困難者所設的層層關卡，阻撓他們主動參加各類團體（即任務團體、心理教育團體、諮商團體、心理治療團體），或能提供這些服務的單位。

多元文化能力團體工作者須瞭解評估工具、施測程序、結果解釋所隱含的偏見，抑或主動尋找各種評估團體效能的方式。他們會將團體成員的語言、文化和其他自我認同的特質謹記在心。

多元文化能力團體工作者具備有關美國原住民、非裔美人、亞裔美人、西班牙裔、拉美裔、同性戀、雙性戀、跨性別者，或有生理、心理／情緒、學習困難者的家庭結構、輩分、價值觀、信念等知識。他們瞭解這些社群的特質，以及社區和家庭的資源。

多元文化能力團體工作者能從社會和社區的角度，覺察到帶有歧視意味的實務工作可能會影響這些群體的心理福祉，也會影響他們取得服務的便利性。

技巧

多元文化能力團體工作者能夠依據團體的類型（任務團體、心理教育團體、諮商團體或心理治療團體）和團體成員多重的自我認定角色（例如美國原住民、非裔美人、亞裔美人、西班牙裔、拉美裔、同性

戀、雙性戀、跨性別者，或有生理、心理／情緒、學習困難者），採行多樣的語言和非語言團體領導技巧。他們有能力正確、合宜地傳達與接收多元文化族群的語言和非語言訊息。他們不會只限定在一種團體領導方式或取向，知道助人的形式與方法跟文化息息相關。當他們覺察到自己的團體領導風格有限甚至可能不宜時，他們能預先設想到且運用其他相關的多元文化技巧來改善它的負面效應。

多元文化能力團體工作者有能力代表團體成員行使機構斡旋技巧。他們能協助成員辨識跟機構的相處「問題」是否來自於對美國原住民、非裔美人、亞裔美人、西班牙裔、拉美裔、同性戀、雙性戀、跨性別者，或有生理、心理／情緒、學習困難者的壓迫，這是一種「健康的」偏執狂（"healthy" paranoia），如此一來，成員才不至於把問題不當地攬在個人身上。

多元文化能力團體工作者在對那些自我認同為美國原住民、非裔美人、亞裔美人、西班牙裔、拉美裔、同性戀、雙性戀、跨性別者，或有生理、心理／情緒、學習困難者進行治療時，在適當的時機下，他們不介意向傳統的民俗和宗教療癒者諮詢請益。

多元文化能力團體工作者有使用團體成員的語言來和他們互動的責任。若實施起來有困難，就要進行適當的轉介。如果團體工作者跟團體成員的語言技能（含手語）實在不能搭配，將會產生嚴重問題。當某位或數位團體成員的語言技能不相稱時，同樣的問題狀況也會發生。在這種情況下，團體工作者應：(a) 尋求具有文化知識和專業經歷的翻譯者協助；以及 (b) 轉介給會說雙語或能使用手語的團體工作者。有時候團體可能須由會說相同語言的團體成員組成，或將團體成員轉介至個別諮商。

226

多元文化能力團體工作者受過專業訓練，具備運用傳統團體工作評估與測驗工具的專業知能，例如以之篩選成員。他們亦能覺察這些工具和施測程序的文化偏見與限制。他們依循文化制宜的程序來運用工具，以多元文化團體成員的福祉為前提。

多元文化能力團體工作者須留意並致力於消弭偏見、成見、壓迫與歧視。他們明白社會政治的脈絡可能會影響團體工作的評估與規範。因此他們應該要培養對壓迫、種族歧視、性別歧視、異性戀主義、階級歧視等議題的敏感度。

多元文化能力團體工作者負起教育團體成員何謂團體歷程的責任，例如：目標、期待、合法權利、正確的倫理實務，以及團體工作者帶領多元文化族群團體的理論取向。

結論

本文是給團體工作者的「起點」，希望團體工作者對多元文化族群的團體領導能越來越覺察、累積知識、熟練技巧。本文不是「指導型」文件（"how-to" document），而是 ASGW 用來呼籲大家採取行動，和（或）以此為行動方針，也代表 ASGW 的宗旨是承諾我們願意瞭解服務對象的需求。本文是一份「動態文件」，ASGW 認為我們生活和工作在一個變動不居的世界裡，因此以知能、慈悲、尊重、誠實來好好地認識多元文化的團體成員是第一步。只要我們繼續覺察，培養知識與技巧，這份文件亦會隨之進化成熟。只要這個專業的知識持續發展，本文原先據以撰寫的社會政治脈絡改變，也要制定新版的「團體工作者多元文化能力準則」。本文的操作運用以定義適當的團體領導技巧和介入策略為始，也為想瞭解多元文化團體成員對團體歷程與動力的影響之研究提出建議。

參考文獻

American Counseling Association. (1995). *Code of ethics and standards*. Alexandria, VA: ACA.

Association for Specialists in Group Work. (1998). Best practice guidelines. *Journal for Specialists in Group Work*, 23, 237–244.

Atkinson, D. R., Morten, G., & Sue, D. W. (Eds.). (1993). *Counseling American minorities* (4th ed.). Madison, WI: Brown & Benchmark.

Cass, V. C. (1979). Homosexual identity formation: A theoretical model. *Journal of Homosexuality*, 4, 219–236.

Cross, W. E. (1995). The psychology of Nigrescence: Revising the Cross model. In J. G. Ponterotto, J. M. Casas, L. A. Suzuki, & C. M. Alexander (Eds.), *Handbook of multicultural counseling* (pp. 93–122). Thousand Oaks, CA: Sage.

D'Augelli, A. R., & Patterson, C. J. (Eds.). (1995). *Lesbian, gay and bisexual identities over the lifespan*. New York: Oxford University Press.

Helms, J. E. (1992). *A race is a nice thing to have*. Topeka, KS: Context Communications.

附 錄 G

團體工作專家學會團體領導者倫理守則

227 註：取自 Haley-Bañez, L. et al. (1999). Association for specialists in group work principles for diversity-competent group workers. *Journal for Specialists in Group Work, 24*(1). Taylor & Francis Group, LLC. 未經 Taylor & Francis Group, LLC. 書面同意，不得轉載使用。

前言

　　專業組織的特徵之一就是擁有一套知識體系、技巧和公開宣示的倫理實務標準。包含這些標準的倫理守則得到專業組織會員正式和公開的認可，做為專業行為、解除職務、解決道德兩難的指南。藉由這份文件，團體工作專家學會（ASGW）確定有利於成員的倫理行為標準。

　　ASGW 知道會員對母會──美國諮商與發展學會（American Association for Counseling and Development, AACD）的倫理守則有全然的承諾，因此本文件不是用來取代母會的倫理守則。這些標準是要用來補充 AACD 在團體工作這一領域的守則，闡明團體領導者的倫理責任，並加強大家對團體領導知能的關注。

　　團體領導者是社會大眾期待的專業人士，因此必須認真負起倫理歷程（ethical process）的責任。ASGW 視「倫理歷程」為團體工作的一

環，把「團體領導者」視為「倫理代理人」（ethical agents）。團體領導者對團體成員負有回應的責任，因為團體成員本來就容易遭受倫理風險。團體領導者對自身行動的意圖與脈絡責無旁貸，因為領導者的意圖會透過團體工作影響他人的行為，其中必存在倫理的含義。

　　以下列出的倫理守則，用意乃是鼓勵團體領導者表現倫理行動。這些守則的撰寫對象為學生及實務工作者，鼓勵他們反思、自我檢視，加強對這些議題和實務的討論。這些守則指出團體領導者有向團體工作的對象提供資訊的責任，以及提供個案團體諮商服務的責任。最後一節討論團體領導者捍衛倫理實務的責任，以及舉報不符倫理行為的程序。團體領導者應讓團體成員知曉這些標準。

倫理守則

定向與提供資訊

　　團體領導者應提供預定參加或新加入的團體成員，與現有或研擬中的團體相關、足夠且必要的資訊，或至少應說明下述資訊。

　　團體領導者應配合團體成員的成熟度，適當地解釋團體的報名程序、團體進行時間、對參加者的期待、付費方式、結束程序等。

　　團體領導者應揭露專業公開聲明，包括團體領導者的資格與可以提供的團體服務類型，其內容尤應與該團體的本質與目的相關。

　　團體領導者應說明團體成員和團體領導者的角色期待、權利、責任。

　　團體領導者應盡量詳實地陳述團體的目標，包括是「誰的」（團體領導者、機構、父母、法律、社會等）目標，以及團體成員對團體目標的影響或決定程度。

　　團體領導者應與團體成員一起探討，團體經驗引發的生活變化可能

帶來的風險，協助成員探索面臨這些可能性的準備度。

團體領導者應告知成員，團體或許會進行特殊或實驗性質的程序。

團體領導者應盡可能如實地解釋，在團體的結構範圍內能提供的服務與不能提供的服務。

團體領導者應鼓勵成員展現最佳的心理功能並與團體同在。團體領導者應詢問預定參加的成員是否服用任何會影響團體表現的藥物。團體進行期間不可飲酒與（或）濫用非法藥物，也不宜在團體聚會前飲酒與（或）服用（合法或非法的）藥物，方不致影響該成員或其他成員當下的身體或情緒狀態。

團體領導者須詢問預定報名參加的成員是否曾接受諮商或心理治療。若成員已與另一位專業人員建立諮商關係，團體領導者應建議該成員告知其諮商師要參加團體。

團體領導者應清楚告知成員團體聚會期間，團體領導者接受成員諮詢的意願與方式。

訂定團體諮商的收費標準時，團體領導者應考量當地預定報名參加成員的經濟狀況。領導者未在團體現場的時間不可收費，也應清楚向團體成員說明他們因個人因素未能出席時的收費規定。團體領導者應就參加費用和期間一事和團體成員訂定契約。在現行的契約未終止前，團體領導者不可隨意提高團體諮商服務費用。若想報名參加的成員不符合定案的收費規定，團體領導者應協助他們找到負擔得起的相似服務。

229 篩選成員

團體領導者須篩選（與他們的理論取向相符的）團體成員。可以的話，團體領導者須篩選需求與目標跟團體目標適配、不會阻礙團體歷程、身心健康狀態不因團體經驗受到煩擾的團體成員。團體定向（例如：ASGW 倫理守則第一項）也包含在篩選過程內。

篩選可以下述一種或多種方式進行，例如：

- 個別訪談；
- 全體訪談；
- 小組訪談；
- 填寫問卷。

保密

- 團體領導者可藉由清楚界定保密的意義、重要性、涉及法律執行時的困難來保護成員。
- 團體領導者保護成員能採取的措施有：界定保密的範圍與限制〔例如當某位成員的情況顯示對自己、他人或生命財產造成明確、立即的危害時，團體領導者應採取合理的行動並（或）告知負責單位〕。
- 團體領導者強調保密的重要性，對所有團體成員揭露的資訊設定保密規範。在團體初期和不同時期都要向團體再三強調保密的重要性。無法保密的情況也要清楚說明。
- 團體領導者應協助成員瞭解團體場合保密執行不易。團體領導者須說明無意中違反保密的案例，提升成員的覺察能力，減少違反保密的可能性。團體領導者須告知成員故意違反保密規定的後果。
- 團體領導者僅能保證就他們所能做到的部分保密，無法全然擔保成員該保密的那一部分。
- 團體領導者僅能在成員事前同意和瞭解錄音錄影資料會如何運用的情況下，方能對團體療程進行錄影或錄音。
- 與少數族群工作時，團體領導者應具體說明保密的限制。
- 團體領導者應讓強制參加團體的成員瞭解，領導者被要求做的任

何形式的報告程序。

- 團體領導者應以維護機密的態度保管或處理團體成員的紀錄（書面、錄音、錄影形式）。
- 於課程教學討論團體諮商案例時，應維護團體成員的匿名性。

自願／非自願參加

- 團體領導者應告知成員團體屬自願或非自願參加性質。
- 無論是自願或非自願參加的團體，團體領導者皆應採取確保知情同意的措施。
- 與少數族群工作時，團體領導者應遵循機構的特殊規定和程序。
- 雖是非自願團體，但團體領導者須取得成員合作，使其自願繼續參加團體。
- 團體領導者不能向僅願參加團體、但卻不願配合團體期待的成員保證團體的治療效果。團體領導者須告知團體成員沒有參與投入團體的後果。

離開團體

- 離開團體的規定是用來協助成員以有效的方式離開團體。
- 團體領導者須在團體初期、團體前訪談或第一次團體時，跟成員一起討論選擇提前離開團體的程序。
- 若為法院強制參加的團體諮商，團體領導者須告知成員自行提前終止團體的可能後果。
- 理想上，團體領導者和成員須並肩合作，判斷成員從團體經驗受益或得到反效果的程度。
- 如果預定離開的時間不甚理想，成員最終仍有權利在他指定的時間離開團體。

- 成員有權離開團體，但在他們決定離開團體之前，有必要將此決定告知領導者和其他成員。團體領導者須和想離開的成員討論提前離開團體的潛在風險。
- 離開團體前，團體領導者須鼓勵成員（若情況合適）討論不想繼續留在團體的原因。如果其他成員施加不當的壓力迫使該位成員繼續留在團體，領導者必須介入處理。

強迫與壓力

- 在合理的範圍內，團體領導者有保護成員免受肢體脅迫、恐嚇、強迫與不當同儕壓力的責任。
- 團體領導者須區分團體的「治療性壓力」（therapeutic pressure）與沒有治療效果的「不當壓力」（undue pressure）。
- 團體的目的乃是協助成員自己找到解答，而不是施加壓力要他們做團體認為合適的事。
- 團體領導者不可以關懷之名強迫成員改變他們已清楚表明、選擇的方向。
- 當成員施加不當壓力或試圖說服他人違背個人意志時，團體領導者有責任介入處理。
- 看見任何成員試圖以肢體攻擊其他成員時，團體領導者須介入處理。
- 當某位成員對他位成員施予口語攻擊或挑釁時，團體領導者須介入處理。

灌輸諮商師的價值觀

- 團體領導者須覺察個人的價值與需要，瞭解其對可能採取的介入策略的潛在影響。

231

- 雖然團體領導者須小心避免向成員灌輸個人的價值觀，但若隱瞞這些資訊會造成成員困擾時，則可適當地表達自己的信念、決定、需求和價值觀。
- 任何團體都有隱含的價值觀。在成員參加團體前，須讓他們明白這一點（特定的價值觀如：表達情緒、率直誠實、分享個人資訊、學習如何信任、加強人際交流、自己做決定等）。
- 團體領導者不可損害成員的福祉來滿足個人與專業的需求。
- 團體領導者應避免利用團體做為個人的治療工具。
- 團體領導者須覺察自身的價值觀與假設，以及該如何在多元文化的脈絡下運用這些價值觀與假設。
- 團體領導者須採取行動覺察自己對成員的反應是否有礙團體歷程，監測自身的反移情。團體領導者須覺察刻板印象與歧視的影響（例如：對年齡、障礙、種族、性別、宗教信仰或性取向的偏見），捍衛全體成員的個人權益與尊嚴。

公平待遇

- 團體領導者應盡一切合理的努力，公平對待每一成員。
- 團體領導者應認識與尊重團體成員的差異（如：文化、種族、宗教信仰、生活型態、年齡、能力、性別）。
- 團體領導者應時時覺察自己對個別成員的行為，留意偏心袒護或厚此薄彼可能對其他成員造成排擠的不良效應。團體領導者或許偏袒某些成員，但每位團體成員皆應享有公平待遇。
- 團體領導者應公平分配團體時間給每位成員，例如：邀請沉默的成員參與、留意非語言的溝通訊息、制止成員漫談和獨佔團體時間。
- 若是成員數較多的大團體，領導者應考慮延請另一位合格的專業人員擔任協同領導者。

雙重關係

- 團體領導者應避免與成員發展出有害客觀性與專業判斷的雙重關係，以及可能會損及成員全然投入團體的雙重關係。
- 團體進行期間，團體領導者不可濫用身為團體領導者的專業角色和權力，提高與成員私人和社交接觸的機會。
- 無論是團體進行期間或團體結束後，團體領導者皆不可利用與成員的專業關係提升個人利益。
- 團體領導者和團體成員發生性行為是違反倫理的。
- 團體領導者不可以用勞務交換（以物易物）的方式和團體成員交易專業服務。
- 團體領導者不得對自己的家人、親戚、部屬或朋友進行團體諮商。
- 團體領導者應和成員討論在團體外發展親密關係可能會產生的不良影響。
- 若學生是因為團體課程的要求而參加團體，教師不可以他們的投入參與程度做為學業成績評分依據。團體諮商授課教師的評分標準應與學生參加團體無涉，允許學生決定想探討的議題、決定何時停止，以此降低可能對學生造成的負面影響。
- 團體領導者不宜懇求同班同學（或附屬機構）參加他私人的諮商或治療團體。

232

技術使用

- 若非受過訓練或在熟悉此種介入策略的督導協助下，團體領導者不應嘗試運用該項技術。
- 團體領導者須有系統地說明帶領實務的理論取向，闡述介入策略

的原理。

- 依據介入策略的類型，團體領導者須接受相稱的訓練以瞭解技術的潛在效應。
- 為契合各種多元文化與族群的需要，團體領導者有必要覺察並修正技術。
- 團體領導者須協助成員將團體所學類化至日常生活中。

目標發展

- 團體領導者須盡一切努力協助成員發展個人目標。
- 團體領導者運用技巧協助成員將目標具體化，亦讓團體其他成員瞭解目標的本質。
- 團體進行期間，團體領導者須協助成員評估個人目標達成程度，並適時協助修正目標。
- 團體領導者協助成員在該團體的脈絡下界定目標可達成的程度。

諮詢

- 團體領導者應向團體成員詳盡說明和解釋團體聚會期間的諮詢途徑。
- 團體領導者須留意與確保成員不致利用聚會期間的諮詢，來迴避理應在團體處理的議題。
- 團體領導者應鼓勵成員將聚會期間尋求諮詢的議題帶到團體中來討論。
- 團體領導者對倫理有所疑慮或遭遇損及有效領導的困境時，應尋求諮詢或督導。
- 團體領導者個人的問題或衝突有可能危及專業判斷和工作表現時，應尋求適當的專業協助。

- 團體領導者僅能在專業諮詢和教育目的下討論團體案例。
- 團體領導者應告知成員尋求諮詢時保密的相關規定。

結束團體

- 根據參加團體的目標，團體領導者須敦促成員以最有效率的時間結束團體。
- 團體領導者須不斷地留意每位成員的進展，定期邀請成員探索與重新評估他們在團體的經驗。團體領導者有責任協助成員適時從團體獨立。

評估與追蹤

- 團體領導者須盡力做好後續評估，為團體設計追蹤程序。
- 團體領導者瞭解後續評估對團體的重要性，協助成員評估個人的進展。
- 團體領導者須在團體最後一次聚會（或團體結束前）執行團體整體經驗評估，也要進行後續評估。
- 團體領導者應監控自身的行為，明白自己是團體的榜樣。
- 追蹤可採會面、電話或書面聯絡的方式。
- 追蹤聚會可採個別成員、團體或兩者兼具的方式，確定以下各點達成的程度：(1) 成員是否達成目標；(2) 團體對參與者的正負面效應；(3) 成員是否獲得轉介；(4) 可用於修正未來團體的資訊。如果沒有辦法召開追蹤聚會，也應讓所有成員瞭解，若有需要一樣可以申請個別的追蹤會面。

轉介

- 如果團體無法滿足某位特殊成員的需求，團體領導者應轉介至其他合適的專業服務。
- 團體領導者須熟知當地的社區資源，以轉介團體成員獲得專業的服務。
- 成員有需要時，團體領導者應協助他們尋求進一步的專業服務。

專業發展

- 團體領導者應瞭解專業成長是終其一生、持續不斷的發展歷程。
- 團體領導者須透過繼續教育、臨床經驗和參加專業發展活動，以維持及更新知識與技巧能力。
- 團體領導者應瞭解團體研究的最新發現與發展。

234

捍衛倫理實務及舉報不符倫理行為的程序

前述內容代表倫理與專業團體實務之守則。這些條文的定義並非一成不變、食古不化。不過，無視本文件所載之倫理關注議題的實務工作者，可能會成為 ACA 倫理委員會和 ASGW 同仁的檢查對象。

對 ASGW 倫理守則或團體倫理兩難有任何問題或諮詢，請聯繫 ASGW 倫理委員會主席。ASGW 倫理委員會主席之姓名、地址與聯絡電話請洽維吉尼亞州亞歷山大市（703）823-9800。

若團體領導者的行為有違反倫理之嫌，可遵循之程序如下。

蒐集更多的資訊，進一步確認其違反 ASGW 倫理守則之事實。

面質確實違反倫理守則之個體，以保護成員的安全，協助團體領導者修正不適當的行為。若未獲致令人滿意的解決方式，接著：

　　以書面形式舉報，內含違反倫理之具體事實、日期及相關佐證資料。舉報內容應裝入註有「機密文件」之信封內，確保原告與被告嫌疑人之秘密，將消息寄至以下單位：

- 各州的諮商師證照委員會（State Counselor Licensure Board）主席。
- 倫理委員會，或轉交 ACA 理事長。地址：（22304）維吉尼亞州亞歷山大市史蒂文生路 5999 號（5999 Stevenson Avenue, Alexandria, Virginia 22304）。
- 被告嫌疑人所屬之證照核發機構或專業組織。

索引

（條目後的頁碼係原文書頁碼，檢索時請查正文側邊的頁碼）

名詞部分

A

國家圖書館出版品預行編目（CIP）資料

團體諮商：概念與歷程／ Robert C. Berg, Garry L. Landreth,
Kevin A. Fall 著；陳增穎譯.--初版.--臺北市：心理，2014.11
面； 公分.--（輔導諮商系列；21111）
譯自：Group counseling: concepts and procedures, 5th ed.

ISBN 978-986-191-625-5（平裝）

1.團體諮商

178.4   103019495

輔導諮商系列 21111

團體諮商：概念與歷程

作　　者：Robert C. Berg、Garry L. Landreth、Kevin A. Fall
譯　　者：陳增穎
執行編輯：高碧嶸
總 編 輯：林敬堯
發 行 人：洪有義
出 版 者：心理出版社股份有限公司
地　　址：台北市大安區和平東路一段 180 號 7 樓
電　　話：(02) 23671490
傳　　真：(02) 23671457
郵撥帳號：19293172　心理出版社股份有限公司
網　　址：http://www.psy.com.tw
電子信箱：psychoco@ms15.hinet.net
駐美代表：Lisa Wu（Tel：973 546-5845）
排 版 者：臻圓打字印刷有限公司
印 刷 者：正恒實業有限公司
初版一刷：2014 年 11 月
Ｉ Ｓ Ｂ Ｎ：978-986-191-625-5
定　　價：新台幣 420 元